변하는 세상에서의 복음

Faith in a Changing World by Lesslie Newbigin

Originally published by AAP Publishing PTE LTD.
as *Faith in a Changing World* by Lesslie Newbigin
ⓒ2012 by Lesslie Newbigin
Translated and printed by permission of AAP Publishing PTE LTD,
BlK 8D, Dempsey Road #03-02, Singapore 249672.
Website: alpha.org
Korean Copyright ⓒ2014 by Abba Book House, Seoul, Korea.
All rights reserved.

변하는 세상에서의 복음

레슬리 뉴비긴 지음

홍병룡 옮김

아바서원

차례

서문

폴 웨스턴

내가 레슬리 뉴비긴을 처음 만난 것은 이미 그가 80대 중반의 노인이었던 1990년대였다. 당시 나는 런던의 킹스 칼리지에서 앤드류 워커 교수를 만나 뉴비긴의 사역에 관한 박사학위 논문을 쓸 수 있을지를 의논하고 집으로 돌아온 뒤였고, 그는 맨 처음 할 일이 그 위대한 인물에게 전화를 하는 것이라고 일러주었었다. 당연한 말처럼 들렸지만, 막상 실행에 옮기기가 쉽지 않았다. 일종의 의무감에 이끌려 런던전화번호부에서 'Newbigin'을 뒤진 뒤에 'Newbigin, Lesslie'를 찾았다. 그 사람임에 틀림없다는 생각이 들었다. 중간에 s가 둘 붙은 '레슬리'는 흔치 않았기 때문이다. 번호를 돌리기 시작은 했는데 그가 응답하면 무슨 말을 해야 할지 갑자기 난감해졌다. 드디어 그가 전화를 받자 나는 "당신이 흥미를 가질만한 박사학위 논문을 생각하고 있습니다"라고 말했다. "아 그렇군요"하고 그가 대답하며 "그게 무엇이죠?"라고 물었다. "바로 당신입니다!"라고 힘주어 대답했다. 처음에는 놀라는 반응을 보이더니 겸손한 어투로 이렇게 덧붙였다. "글쎄요, 나는 나 자신에 대해 별로 관심이 없는 사람으로 알려져 있을 텐데요. 나를 만나러 오시는 게 좋겠군요. 내일 계획은 어떤가요?" "아무 계획도 없습니다." 기회를 놓칠세라 얼른 대답했다. 그리하여 다음 날 우리는 내 프로젝트에 관해 얘기하는 일로 거의 종일을 보냈고, 나는 언제나 너그럽게 시간을 내주고 면도날처럼 날카롭게 사유하는 한 인물을 알아가기 시작했다. 뉴비긴과의 개인적인 '대화'는 이렇게 시작되어 이후 이런저런 형태로 계속 이어졌으며, 덕분에 변증과 복음전도, 공적인 삶에서의 신학의 위치 등에 관한 내 사상이 점차 정립되어갔다.

당시에 레슬리 뉴비긴은 홀리 트리니티 브롬턴(HTB) 신학교의 초청을 받아 신학과 선교에 관한 강의를 하는 중이었고, 이 책은 1994년과 1995년에 그 신학교에서 행한 두 차례의 연속강좌를 묶은 것이다. 이 강좌는 본래 두 권의 책 『변화하는 세상에서 진리 발견하기』(*Discovering Truth in a Changing World*), 『변화하는 세상 가운데 살아 숨 쉬는 소망』(*Living Hope in a Changing World*, 서로사랑 역간)으로 출간되었으나, 내가 여러 장을 다시 정돈하여 통일성 있는 한 권의 책으로 만들었다. 이 새로운 합본에서 여러분은 뉴비긴 특유의 관심사들이 그만의 명쾌한 언어로 표현되어 있음을 알게 될 터이고, 독자들이 진지하게 성찰하면 많은 유익을 얻을 것이라고 확신한다.

이제 레슬리 뉴비긴을 잘 모르는 독자를 위해 그의 생애, 그의 저술이 다루는 핵심 주제들, 이 책의 강조점 등을 소개할까 한다.

뉴비긴의 생애

레슬리 뉴비긴이 1998년에 사망했을 당시 〈더 타임즈〉는 기사에서 그를 "그의 세대에서 가장 손꼽히는 선교 대가의 한 사람"이자 "20세기 후반 세계 기독교계의 가장 뛰어난 인물 중 하나"로 묘사했다.[1] 뉴비긴에 관해 들어본 영국인들은 1974년에 인도 선교사역에서 은퇴한 이후 서양의 선교사상에 미친 큰 영향 때문에 그를 알게 되었을 것이다. 그로부터 24년에 걸쳐—특히 1983년 이후에—그는 수많은 강연을 했고, 오늘날 서양이 직면한 선교적 도전에 관하여 열다섯 권의 책과 160개가 넘는 글을 썼다(이 모든 저술을 70대 중반의 노년기에 집필했다는 것을 생각하면 누구나 감명 받지 않을 수 없다!). 하지만 그 사망기사가 지적하듯이, 그는 이미 오래 전에 국제적인 명성을 얻었고, 그런 명성을 얻게 된 계기 중에는 1947년 남인도 연합교회의 초대 주교의 한 사람이었다는 점과 세계교회협의회(WCC)의 대표적인 에큐메니컬 지도자였다는 사실이 포함되어 있다.

성장과 회심
뉴비긴은 1936년에 인도 선교사로 떠났다. 그는 1909년 뉴캐슬에서 태어나 잉글랜드 동북부에서 성장했고, 바스에 있는 퀘이커 학교에 다닌 후 지리학(나중에는 경제학)을 공부하러 캠브리지 대학교에 가서 사상의 자유를 만끽했다. 당시에는 하나님에 대한 관념을 '지지 가능한 가설' 정도로 치부했으나 얼마 지나지 않아 학생신앙운동(SCM) 모임에 초대를 받아 개인적인 신앙에 대해 마음을 반쯤 열게 되었다. 하지만 믿음의 길에 들어선 상태는 아니었다. 전환점은 1학년 여름방학 때 사우스 웨일즈의 실직한 광부들을 위한 퀘이커 캠프에 도우미로 참여했을 때 찾아왔다. 바로 거기에서 '무관심과 절망'에 직면한 광부들에게 정말 필요한 것은 '모종의 신앙'이라는 것을 깨달았다. 캠프가 끝나가던 어느 날 밤 뉴비긴은 침대에 누워 있다가 영적인 '각성'을 경험했다. 그것은 그리스도의 십자가가 "하늘과 땅 사이의 공간에, 이상과 현실 사이에 걸쳐있고, 그 팔로 온 세계를 끌어안고 있는" 생생한 그림이었다.[2]

신자가 되어 캠브리지로 돌아온 뉴비긴은 기독교 활동에 헌신하게 되면서 신앙이 급성장하기 시작했다. 이후 2학년이 끝날 무렵 또 다른 중요한 전환점에 도달하게 된다. 친구들과 알프스를 등반할 수 있는 기회를 포기하고 더비셔 카운티의 스완위크에서 열린 SCM수련회에 참가했는데, 거기서 여러 강의와 세미나를 통해 많은 은혜를 받고 스스로 생각하고 기도하는 시간도 가졌다. 그는 기도하는 중에 목사안수를 받는 것이 하나님의 뜻이라고 확신했고, 이 확신이 그의 인생 경로를 바꿔놓았다. 이후 3년 동안 글래스고에서 SCM 간사로 일한 뒤에 캠브리지로 돌아와 웨스트민스터 칼리지에서 안수에 필요한 공부를 했다.

 신학공부의 기회는 뉴비긴에게 중요한 의미가 있었고, 그것이 그의 신앙에 큰 변화를 가져왔고 깊이를 더해주었다. 1933년에 '전형적인 자유주의자'로 출발했던 그는 바울의 로마서를 공부하면서 심오한 '복음주의적 회심'을 경험했고, 공부가 끝날 즈음에는 그리스도께서 십자가에서 완수한 사역에 대해 강한 복음적 확신을 품기에 이르렀다. 이 확신은 그의 장래 사역에 의미심장한 영향을 미치게 된다.[3]

인도

 뉴비긴은 1936년 헬렌과 결혼한 직후에 인도를 향해 떠났다(헬렌은 6년 전 SCM 사역 인터뷰를 할 때 처음 만난 여성이었다). 인도 선교사 가정에서 태어나 어린 시절을 인도에서 보냈기에 다시 그곳으로 돌아가고픈 그녀의 비전을 레슬리가 자연스럽게 포착했다. 이 부부의 인도사역은 1974년에 은퇴하기까지 38년 동안 계속될 것이었다. 그는 에든버러 장로교단의 안수를 받아 마드라스 선교부에서 스코틀랜드 교회 소속 선교사로 일하게끔 되어 있었고, 초기에는 복잡한 타밀어를 섭렵하는데 많은 시간을 보냈다. 1939년에는 내륙으로 80여 킬로 떨어진, 타밀나두 주에 있는, 칸치푸람으로 사역지를 옮겼다.

 칸치푸람에서 일하는 동안 레슬리는 남인도의 다양한 교단들을 에큐메니컬한 '연합교회'로 묶으려는 장기 계획에 관한 논의에 참여하게 되었다. 1942년에 중앙위원회의 위원으로 선출되어 그 계획의 열렬한 옹호자가 되었다. 드디어 5년 뒤에 ─ 인도와 영국에서 많은 논의와 논쟁을 거친 후—마침내 '남인도 교회 연맹'(CSI)이 탄생했고, 그 연맹은 1947년 9월에 마드라스 성당에서의 기념예배에 의해 정식으로 창립되었다.

이 창립예배에서 37세의 뉴비긴은 새로운 마두라이와 람나드 교구의 창립 주교로 임명되었다. 이후 12년 동안 이 직분을 수행하면서 그 지역의 다양한 기독교 집단들을 연합시키기 위해 노력했고, 마을 교회들을 방문하고 전도하는 일에 힘썼으며 한 주일에 열 번씩이나 설교하는 경우도 적지 않았다.

세계교회협의회

이 무렵에 시작된 일이 또 하나 있다. 뉴비긴이 세계교회협의회의 (WCC) 사역에 점차 발을 들여놓게 된 것이다. 1948년 암스테르담에서 열린 제1차 세계 총회에 '자문'으로 참석했다가 바로 발탁되어 1954년에 시카고에서 개최될 제2차 총회(주제는 '그리스도, 세상의 소망')의 조직 위원회에 참여하게 되었다. 그 후 WCC 신앙과 직제 위원회의 부위원장으로 임명되어 1961년 뉴델리에서 열릴 제3차 총회를 위해 에큐메니컬 의제를 설정했다.

그는 또한 WCC의 폭넓은 에큐메니컬 사역과 더불어 선교와 복음전도 이론 및 실천을 도모하는 국제선교협의회(IMC)의 사역에도 관여하게 되었다. 그리하여 독일 빌링겐에서 열리는 1952년도 회의(주제는 '교회의 선교적 의무')의 의제를 만드는 책임을 맡았다. 당시 이 협의회에 깊숙이 관여하는 바람에 5년 동안 주교 업무를 중단한 채 IMC 사역과 WCC의 광범위한 조직을 통합하는 과정을 진두지휘하기에 이르렀다. 1961년에는 새로 조직된 WCC 세계선교 및 전도 분과의 초대 대표 겸 WCC 부총무의 직무를 떠맡게 되었다.

그동안 사랑했던 인도와 인도 사람들을 떠나는 것은 결코 쉽지 않았다. 그의 일기를 보면 1959년 6월말 마두라이 역에서 그를 배웅하는 대규모 군중의 모습을 그린 감동적인 글이 있다. "마지막 순간 수많은 군중이 그 자리에 서서 나를 응시하고 또 응시하는 바람에 눈물이 날 지경이었다. 우리는 타밀어로 노래를 불렀고 마침내 기차가 움직이기 시작했으며 그 군중은 저 멀리 보이는 희미한 점으로 변했다."[4] 아울러 그의 행복을 염원하는 무리들이 모여서 그에게 선물을 주고 이별의 정을 나누었다.

그는 당시에 마두라이 사역을 마무리할 뿐 아니라 IMC 사역으로 전 세계를 여행하는 등 다양한 책임을 감당하느라 눈코 뜰 새 없는 나날을 보내게 된다. 1960년에는 아프리카를 순방하는 동안 15개국을 방문했고, 이듬해에는 태평양 지역과 남아메리카를 돌아다녔으며, 1962년에는 카리브 해 연안을 찾았다. 그 어간에 태국과 일본과 북아메리카를 짧게 방문하는 일도 있었다. IMC는 런던과 뉴욕과 제네바(뉴비긴이 주로 머물렀던 곳)에 사무실이 있었는데, 그 무렵에 뉴비긴 부부는 런던 남부에 집을 마련하여 넷으로 늘어난 자녀들을 잉글랜드 학교에 보내기로 결정했다. 뿐만 아니라, 그는 강의하고 글 쓰고 책을 출간하는 일을 계속했으며,[5] 협의회의 대표가 〈국제선교〉(*International Review of Missions*) 잡지의 편집장을 겸임했으므로 해마다 전 세계 선교동향을 개관하는 기사도 써야 했다.

1965년 말 5년간의 임대기간이 끝나면서 뉴비긴이 마드라스 주교로 임명되어 온 가족이 인도로 되돌아갔다. 3백만 명에 육박하는 대도시(그리고 매년 10만 명의 비율로 성장하는)에서 그는 금방 새로운 직무에 돌입하여 복음전도와 사회봉사를 주도하고 우후죽순처럼 늘어나는 슬럼가 사람들을 돕는 프로그램을 개발하기도 했다. 그는 여전히 폭넓게 여행하며 세계 곳곳에서 WCC사역을 개척하는 일에 참여했다. 그리하여 1968년 스웨덴 웁살라에서 열린 WCC 총회, 1971년 WCC 신앙과 직제 위원회의 루벤 회의, 1973년 방콕에 열린 세계 선교와 복음전도 대회(주제는 '오늘날의 구원')의 위원회 등에서 명망 높은 대의원으로 활약하기에 이르렀다.

'은퇴'

뉴비긴은 1974년 65세의 나이에 은퇴했으나 30대에 못지않은 에너지를 갖고 있었다. 사실 가장 중요한 사역은 이후에 이뤄졌다고 말해도 무방할 것이다.

뉴비긴과 헬렌이 맨 처음 결정한 일은 그들의 소유물을 여행용 가방 두 개와 배낭에 챙기고 마드라스에서 잉글랜드까지(약 8,000킬로미터) 육로로 여행하는 것이었다. 두 달에 걸친 여행길이었다. 먼저 마드라스에서 인도의 중부를 거쳐 델리로, 이어서 파키스탄과 아프가니스탄과 이란를 관통하고 아라랏 산을 경유하여 터키와 러시아의 접경에 도착했다. 거기서 서쪽으로 향하여 터키의 에르주름, 케사리를 거쳐 카파도키아로 갔다. 주일마다 그들은 예배를 드릴 교회를 찾으려고 애썼는데, 유독 카파도키아―초기 기독교 사상과 활동의 중심지였던 곳―에서는 교제를 나눌 다른 그리스도인을 찾을 수 없어서 둘이서 예배를 드려야 했다. 이 경험은 레슬리에게 심대한 영향을 미쳐서 훗날 유럽 문화를 비판하는 계기가 되었다. 한때 강력했던 기독교 유산이 어떻게 완전히 사라질 수 있는지를 가슴 깊이 절감했기 때문이다. 여행길은 타르수스(다소)와 '터키의 피한지'를 거쳐 안탈리아로 이어졌고, 북쪽에 위치한 에페소(에베소)와 서머나와 이스탄불을 방문한 뒤에 유럽 땅을 밟았고, 불가리아와 유고슬라비아, 오스트리아와 독일, 프랑스를 두루 지나갔다.

영국에 돌아온 뉴비긴은 버밍햄에 있는 셀리 오크 칼리지로부터 교수 초빙을 받아 선교사 후보생들에게 '선교신학'과 '에큐메니컬 운동'을 가르쳤다. 아울러 연합장로교단의 목사(1978-79년에는 의장으로 임명됨)가 되었고, 1981년에는 72세의 나이에 버밍햄의 윈슨 그린에 소재한 소규모 도심지 교회를 맡아 칠년 간 사역하게 된다.

'복음과 우리 문화'

바로 이 기간에 서구교회가 직면한 문제들과 씨름하는 뉴비긴의 작업이 본격적인 궤도에 접어든다. 그는 영국교회협의회(BCC)가 주관하는 실무그룹에 속하여 짧은 소논문을 썼는데, 1983년에 출간된 『1984년의 이면』(The Other Sides of 1984: Questions for the Churches)이다. 이 책은 즉시 베스트셀러가 되었고, 이후 세속화된 서구가 제기하는 선교적 도전에 초점을 둔 일련의 저술 중에 첫 번째 작품이었다. 그 책이 제기하는 문제들을 영국 전역의 교회들이 얼마나 빨리 채택하는지를 보고 그는 깜짝 놀랐고, 훗날 뉴비긴 특유의 겸허한 말투로 그 소책자를 '트럼펫이 아닌 양철 호루라기의 작은 소리'로 묘사했다. 그럼에도 불구하고, 나중에 '복음과 우리 문화'로 알려진 프로그램이 빠르게 진행되어 1990년과 1991년에 두 차례의 지역 대회가 열렸고, 1992년 7월에는 더비셔의 스완윅에서 400명이 참석한 국제대회가 개최되었다.

이와 같은 공적인 토론과 나란히 뉴비긴의 저술은 점차 서구의 선교적 도전이 제기하는 이슈들에 더욱 초점을 맞추기 시작했다. 『1984년의 이면』을 필두로 모두 열네 권의 책과 160편의 글을 썼는데, 그 중에서 가장 잘 알려진 것은 『헬라인에게는 미련한 것이요』(*Foolishness*, 1986, ivp 역간), 『다원주의 사회에서의 복음』(*The Gospel in a Pluralist Society*, 1989, ivp 역간), 『타당한 확신』(*Proper Confidence*, 1995, SFC 역간) 등이다.

뉴비긴은 말년을 1992년에 입주한 런던 남부에 있는 집에서 보냈다. 이 기간에 HTB 신학교(이후에 성 바울 신학 센터로 발전했다가 지금은 성 멜리투스 칼리지의 일부가 됨)와 관계를 맺게 되었고, 이 책의 내용은 본래 거기서 평신도 교육 프로그램의 일환으로 행해진 강의를 바탕으로 하고 있다.

레슬리 뉴비긴은 88세를 일기로 1998년에 숨을 거두었다.

핵심 주제들

이제 뉴비긴의 저술에 나오는 핵심 주제들을 살펴보자. 뉴비긴은 1974년에 은퇴하기 전에 인도사역과 WCC사역을 바탕으로 이미 열일곱 권의 책을 출판했고, 이 저서들은 영국으로 돌아오기 오래 전에 그를 20세기의 대표적인 에큐메니컬 선교사상가의 한 사람으로 우뚝 세워주었다. 이 책이 강조하는 몇 가지 사항들은 초기의 성찰에서 나오는 것으로, 서구문화와 그 선교적 도전에 관한 후기 사상을 살펴보기 전에 그 주제들을 간략하게 소개하는 것이 좋겠다.

삼위일체 신앙

뉴비긴은 그리스도인이 자기 신앙에 대해 삼위일체의 견지에서 생각할 필요가 있다는 견해를 옹호한 초창기 인물이었고, 이 책의 첫 세 장은 이 사상을 비교적 상세하게 다루고 있다. 우리가 지금은 이런 사상을 당연시할지 모르지만, 선교에 대한 뉴비긴의 삼위일체적 접근은 그가 이 사상을 전개한 1960년대 초반만 해도 획기적인 것이었음을 기억할 필요가 있다. 1963년에는 소책자 『삼위일체 교리와 오늘의 선교』(*The Relevance of Trinitarian Doctrine for Today's Mission*)를 인쇄하려고 WCC 진영 외부의 출판사를 찾아야 했을 정도였다.[6] 이 삼위일체적인 이해는 이후 계속해서 그의 선교신학적 접근의 바탕을 이루었다.

그런즉 당신이 이 책의 1부를 읽을 때 뉴비긴이 성부, 성자, 성령의 역동적인 상호관계를 묘사하는 하나의 방식으로 삼위일체의 주제들을 어떻게 다함께 끌어내는지 유심히 살펴보라. 아울러 세 위격이 창조질서를 향한 사랑의 손길에서 어떻게 자신을 계시하고, 창조세계를 다시 한 번 창조주와 조화를 이루도록 유도하는지도 주목하라. 또한 이 삼위일체의 영원한 목적이 어떻게 우리가 부름 받은 크나큰 선교사역의 우주적 배경을 형성하는지도 주시하라.

교회와 연합

뉴비긴은 신앙 공동체인 교회에 깊이 헌신했던 인물이고, 1953년에 쓴 『교회란 무엇인가?』(*The Household of God*, ivp 역간)는 여전히 교회론 분야에서 고전으로 꼽히는 책이다. 이 책은 교회에 대한 훌륭한 입문서일 뿐 아니라 1950년대에 벌써 기존의 프로테스탄티즘과 가톨릭과 나란히 어깨를 겨눌 오순절파의 중요성을 간파하고 강조하기 때문에 획기적인 연구서로 남아있다. 그는 이 새로운 카리스마적인 흐름이 중요한 자리를 차지할 것을 예측하는 동시에 세 가지 전통 각각의 독특한 강조점들이 장차 직면할 선교의 도전에 대처하는데 모두 필요하다고 강력하게 주장했다.[7]

그런데 우리가 뉴비긴의 생애를 개관할 때 살펴보았듯이, 그는 교회에 대해 열정을 품었을 뿐 아니라 교회의 연합에 대해서도 그러했는데, 이런 열정을 당신은 다음에 나오는 내용에서 특히 8장에서 포착할 수 있을 것이다.

1947년에 이뤄진 남인도 연합교회의 창립은 뉴비긴 사역의 중추적인 업적이었고, 이를 계기로 그리스도인들의 연합을 최우선시하는 평생의 신념이 더욱 강화되었다. 당시에 그는 "우리가 하고 있는 일은 조각들을 기워 맞추는 것이 아니라 성령의 인도를 받아 복음 진리의 충만함과 단순함으로 되돌아가는 것임을 전적으로 확신한다"고 썼다.[8]

뉴비긴에게 교회의 가시적인 연합은 단지 '제도적인 멋'에 불과한 게 아니라 복음의 뜻 자체의 본질적인 표상이었다. 훗날 그가 썼듯이 "화해의 복음은 오직 화해된 교제에 의해서만 전해질 수 있는 법이다."[9] 뉴비긴은 그리스도의 속죄사역에 의해 가시적으로 화해된 신자들의 공동체만이 세상을 향해 하나님의 좋은 소식이 무엇인지를 제대로 보여줄 수 있다고 열렬히 믿었다. 그리고 우리 교회가 이렇게 살 때에만 천국—하나님께 회복되고 화해된 창조세계—이 무엇인지를 선전할 수 있다. 따라서 교회가 분열과 분리를 쉽게 받아들이는 일은 뉴비긴에게 심각한 문제로 비쳤고, 이 때문에 그는 마지막 순간까지 헌신적인 교회연합주의자로 남아있었던 것이다. 그래서 "교회는 자기의 소명을 배신하지 않고는 이 몸부림을 그만둘 수 없다"[10]고 1993년에 썼다. 이로부터 거의 20년 전에 "이런 연합의 추구를 포기하는 것은 복음에 못 미치는 그 무엇에 안주하는 일이다"[11]라고 말했던 것도 이와 같은 취지다.

남인도 연합교회는 오늘까지 이처럼 의미심장하지만 참으로 보기 드문 신념을 가리키는 표지로 우뚝 서 있다. 즉 그리스도 안에서의 초교파적 연합의 가시적인 표상으로 남아있는 것이다.

우리는 어떻게 알게 되는가?

이 책의 2부('신앙과 교리')는 '지식의 문제: 우리는 어떻게 알게 되는가?'란 제목의 장과 함께 시작한다. (인식론 분야의 핵심 질문인)이 물음은 뉴비긴의 생애 내내 매우 중요한 자리를 차지했고, 그 의미에 대한 그의 분석은 이 책에 나오는 많은 토론, 특히 2부의 저변에 깔려있다.

이 주제를 다룬 최초의 시도는 1936년 캠브리지 신학생 시절에 썼던 '계시'란 제목의 에세이로 거슬러 올라간다.[12] 이 글에서 그는 계시의 교리에 대한 당시의 도전에 관해 논의했고, 참 지식은 '사실적'(따라서 '비인격적')이어야 한다는 지배적인 가정과 대조적으로 신적 계시는 참 지식이 본래 '인격적'인 것임을 보여주는 살아있는 증거라는 논리를 개진했다. "우리는 상대방이 자신을 나타내려고 할 때에만, 그리고 우리의 정신이 그의 계시에 반응할 만큼 예민하고 진실할 때에만 그 사람을 알 수 있다."[13] 그 물음에 이렇게 접근함으로써 하나님을 아는 지식을 그것을 받으려는 사람들에게 베풀어진 은혜의 선물로 묘사했다. 이 지식은 일종의 형이상학적 '정보'가 아니라 창조주가 자발적으로 자기를 나타낸 인격적인 계시이며, 그 목적은 그분의 피조물이 그분에 의해 알려지고 또 그분과 화해하게 하기 위한 것이었다.

우리가 어떻게 '알게' 되는가 하는 질문이 계속 중요한 논제로 남았던 이유는 과거에 서구문화가 '참'으로 믿을 수 있는 것과 없는 것과 관련해 미처 검토되지 않은 가정들을 많이 받아들였다고 그가 믿었기 때문이다. 이에 대한 논의는 특히 서구에서 그리스도인이 복음을 전하려 할 때에 부딪히는 도전들을 다루게 되는 1983년 이후에 등장한다. 그래서 뉴비긴의 후기 저술을 이해하는데 도움이 될 것 같아서 이 주제에 대해 몇 마디 할까 한다.

서구문화의 위기

『1984년의 이면』을 필두로 하는 뉴비긴의 후기 저술의 중심에는 '근대성'의 문화에 '포로'가 된 서구교회에 대한 지속적인 비판이 있다. 특히 두 가지 질문이 그의 사상을 지배하는 듯이 보인다. 첫째, 어떻게 하면 교회가 복음을 전하되 복음이 그 대상이 되는 문화 속에 뿌리를 박게 할 수 있을까? 둘째, 종교적인 의미가 주변으로 밀려나 단지 사적인 견해로 치부되는 상황에서 어떻게 하면 복음에 대한 자신감을 회복할 수 있을까?

이 주제들을 논의하는 대목에서는(가령, 4장과 5장을 보라) 프랑스 철학자 르네 데카르트(1596-1650)와 그의 잉글랜드인 후계자인 존 로크(1632-1704)를 주로 다룬다. 바로 이 두 사람이 지배적인 철학적 가정, 즉 참으로 간주될 수 있는 유일한 진술이나 관념은 과학적인 증명이 가능한 것에 국한된다는 가정을 확립하는 역할을 했다고 뉴비긴은 주장한다. 다른 글에서는 이렇게 말하기도 한다. "데카르트 이래 우리 문화는 도무지 의심할 수 없는 그런 지식, 위험감수와 신앙적 헌신이 필요 없는 그런 지식을 추구하는 노력에 의해 … 지배되어왔다. 틀림없고 명료한 수학적 확실성이 진정한 지식의 패러다임을 제공하게끔 되어 있었다. 영어권에서는 존 로크의 저술이 이 논점에 큰 힘을 실어주었는데 … 그는 믿음이란 것을 우리가 지식이 없을 때 의지하는 것으로 정의한 인물이다. 그런즉 '나는 믿는다'라는 말은 곧 '나는 알지 못한다'는 뜻이다."[14]

진리의 문제를 그런 불확실한 기초에 의거해 결정하려는 시도가 우리 문화의 핵심 문제라는 게 뉴비긴의 주장이다. 그리고 이 문제는 오늘날에도 두드러지는 다수의 이분법을 낳았고, 이 각각은 우리의 삶을 '공적' 영역과 '사적' 영역으로 나누는 경향이 있다.

'사실'과 '가치'

이 문제가 가장 극명하게 나타나는 경우는 우리가 '사실'로 받아들이는 것과 그저 '가치'로 생각하는 것을 구별 짓는 행습이다. '사실'은 과학적인 증명 방법에 의해 '참'으로 입증될 수 있는 것이다. 이 테스트를 통과하지 못하는 것들은 '참'으로 간주될 수 없고, 양심의 자유와 관련이 있는 '선택', '의견', 혹은 '가치'로 남게 된다. 그래서 뉴비긴은 이렇게 쓰고 있다. "공적인 세계는 각 사람의 가치관과 상관없이 모두에게 동일한 사실의 세계이다. 반면에 사적인 세계는 모든 사람이 자유로이 자신의 가치관을 선택하고 따라서 그에 부합하는 행동을 추구하는 가치의 세계이다."[15]

문제는 그런 방법에 기초한 '진리'는 그 범위가 너무나 좁아진다는 점이다. 그런 진리는 다양한 수학적인 문제들에 해답을 주고 DNA 분자구조를 정립할 수 있을지는 몰라도, 결국에는 인생의 가장 중요한 질문들, 즉 '나는 누구인가?', '나는 왜 여기에 있는가?', '나는 무슨 목적을 위해 창조되었는가?'와 같은 질문들에 대해서는 결코 만족스런 답을 줄 수 없을 것이다. 뉴비긴은 이런 문제들을 4장, 6장, 10장에서 다루고 있으며 특히 '목적'이란 개념을 중심으로 논의한다.

'아는 것'과 '믿는 것'

'사실'과 '가치'의 구별과 밀접한 관계에 있는 것은 '안다'는 개념과 '믿는다'는 개념을 따로 분리시키는 행습이다. 사실 전자는 후자로 이어질 수밖에 없는 이른바 '도미노 효과'가 있다. 뉴비긴의 주장에 의하면 과학의 영역에서 당신은 어떤 것들이 참이란 것을 알 수 있다고 생각한다. 우리가 다닌 일반학교와 대학교의 교과과정은 2 더하기 2는 4이고 워털루 전투는 1815년에 일어났다는 식의 전제에 바탕을 두고 있다. 반면에 종교적 지식의 영역에 들어서면, 당신은 그와 동일한 의미에서 어떤 것이 '참'이란 것을 도무지 알수 없다고 한다. 이 영역에서의 판단은 '주관적인' 수준에 머물러야하고, '진리-위상'에 관한 한 그것이 단지 '의견'으로만 간주될 수 있을 뿐이다.

그리하여 우주가 '빅뱅'으로 시작되었다는 것은 하나의 '사실'로 수용되는 반면에, 창조행위나 창조과정에 창조주의 존재와 개입을 가정하는 성경의 가르침이 옳을 수도 있다고 시사하면 그것은 정규과목을 벗어난 '의견'의 위상만 얻을 수 있을 뿐이다. 이런 현실을 뉴비긴은 『다원주의 사회에서의 복음』에서 이렇게 표현한다. "우리는 믿음이라 부르는 것에 대해서는 다원주의자이지만 사실이라 부르는 것에 대해서는 다원주의자가 아니다. 전자는 개인적인 결정의 문제인데 비해, 후자는 공적인 지식의 문제이다."[16]

'이성'과 '계시'

뉴비긴은 이 모든 논의를 요약하면서 이와 같은 구분들을 폭넓은 철학적, 문화적, 그리고 영적인 틀 안에 둔다. 그는 서구문화의 결정적인 결함은 뜻 깊은 지식—인격적인 하나님의 선물—을 '증명할 수 있는' 지식, 즉 탈인격화된 지식으로 축소시킨 점이라고 주장한다. "'이성의 시대'가 전제로 삼은 바는 인간이 의심의 여지가 없는 지식을 얻을 수 있다는 것, 이런 지식이 어떤 계시보다 더 믿을 만하다는 것을 모든 인간이 알 수 있다는 것, 따라서 그런 지식이 모든 신적 계시를 평가할 수 있는 기준을 제공할 수 있다는 것이었다."[17]

이로 말미암아 서구에서는 계시와 이성의 관계가 완전히 뒤집혔다. 신적 계시는 배척을 당한 반면, 인간의 이성은 인간적 진리와 신적 진리를 모두 포함하는 진리의 유일한 심판자로 등극한 것이다. 그리고 그 과정에서 만물의 창조주인 하나님을 아는 지식은 '공적인' 것임에도 불구하고 '사적인' 영역으로 밀려나고 말았다.

선교적 도전

뉴비긴이 오늘날의 교회가 직면한 선교적 도전을 이렇게 적나라하게 묘사한 것은 놀랄 일이 아니다. "교회는 대체로 사실들, 즉 결국 세계를 지배하는 실재들, 우리가 좋든 싫든 결국에는 인정하게 될 것들과 관계가 있는 것으로 인식되지 않는다." 그 결과 교회가 "조용히 그 믿음을 이데올로기의 슈퍼마켓에서 구입할 수 있는 많은 브랜드 중의 하나로 내놓기만 하면 아무도 거부반응을 보이지 않는다."[18] 그러나 그 이상으로 주장하면 문화적으로 용납할 수 없는 것으로 간주된다.

그러면 뉴비긴은 어떻게 반응하는가? 이에 대한 대답을 나는 당신 스스로 이 책에서 찾도록 내버려두고 싶다. 하지만 소개하는 의미에서 두 가지 사항을 간략하게 언급할까 한다.

첫째, 마이클 폴라니란 이름이 4장에 등장하고 3부의 첫 부분에 다시 나온다. 화학자 출신의 철학자인 그는 헝가리 사람으로서 사상적으로 뉴비긴에게 큰 도움을 준 인물이다. 폴라니가 1950년대에 쓴 중요한 책, 『개인적 지식』(*Personal Knowledge*, 아카넷 역간)은 뉴비긴에게 큰 영향을 주었는데, 과학자로서 "보통 정밀과학의 속성으로 여겨지는 완전한 객관성은 하나의 기만이고 사실상 그릇된 이상임"을 입증한 책이다.[19] 모든 지식은 모종의 증명되지 않은 (그리고 증명될 수 없는)신앙적 헌신과 함께 시작된다고 그는 주장했다. 이는 새로운 발견의 출발점에 해당하는, 실재의 본질에 대한 개인적인 직관을 말한다. 폴라니의 중요한 논점은 발견과정의 초기 단계에서는 일종의 개인적인 신뢰가 발휘된다는 것이다. 이는 아직은 참으로 증명될 수 없지만 앞으로의 사유와 행동의 근거에 해당하는 어떤 실재관(觀)에 대한 신뢰를 말한다.

'지식'의 문제에 대한 폴라니의 접근은 사실상 '이성'의 객관성과 우월성을 강조하는 '계몽주의' 모델과 완전히 엇갈린다. 뉴비긴은 이 통찰에서 더 폭넓은 지식 개념을 재확립하는 길을 기쁘게 발견하고, 폴라니의 '개인적 지식'이란 개념을 이용하여 하나님에 대한 우리의 지식 ─ 개인적일 수밖에 없는 것 ─ 역시 진정한 지식이란 사상을 변호하며, 따라서 다시금 종교적 지식의 진리성에 관해 얘기할 수 있는 가능성을 활짝 열어준다.

둘째, 서구의 선교적 도전에 대한 뉴비긴의 반응은, 성령의 능력으로 예수를 통해 얻는 이 지식, 곧 하나님을 아는 진정한 지식은 교회를 통해 집합적인 형태로 가시화된다는 것이다. 진정한 실재에 대한 지식은 신앙 공동체의 삶 속에서 그리고 그 삶을 통하여 명백히 드러나는 법이며, 그리하여 타인들도 그것을 이해할 수 있게 된다. 이런 맥락에서 뉴비긴은 1989년에 다음과 같은 글을 썼는데, 이 서문을 마무리하기에 적합한 대목이다.

기독교가 공적인 삶에 영향을 미치게 하려면 우리가 맨 먼저 고려해야 할 것이 기독교 회중이라고 생각한다. 복음은 어떻게 신빙성을 얻을 수 있을까? 어떻게 하면 인간사(事)를 좌우하는 결정적인 능력이 십자가에 달린 한 남자에게 있음을 사람들로 믿게 할 수 있을까? 이에 대한 유일한 해답, 복음에 대한 유일한 해석은 복음을 믿고 복음에 의거해 살아가는 남녀로 구성된 회중이라고 나는 주장하는 바이다.[20]

이제 본문을 읽으라. 당신 역시 우리 시대의 가장 중요한 선교 사상가의 한 사람에게 도전을 받고 영감을 얻게 되리라고 확신한다.

ㅡ 주

1) *The Times*, 31 January 1998.

2) Newbigin, *Unfinished Agenda,* pp.11-12.

3) 앞의 책, pp.28-29.

4) 앞의 책, p.157.

5) 1963년까지 그는 이미 10권의 책과 33편에 달하는 글 내지는 책 속의 장(章)들 을 출간했다.

6) Newbigin, *Relevance of Trinitarian Doctrine.* 그는 훗날 이 접근을 1978년 에 출간한 책 *The Open Secret: Sketches for a Missionary Theology*에서 더 욱 확대시켰다.

7) Newbigin, *Household of God*, p.111.

8) Newbigin, *Unfinished Agenda*, p.91.

9) Newbigin, *Household of God*, p.141.

10) Newbigin, 'Pluralism in the Church', p.6.

11) Newbigin, 'All in One Place', p.306.

12) 이 에세이는 Weston, *Lesslie Newbigin*, pp.18-21에 실려 있다.

13) Weston, *Lesslie Newbigin*, p.18.

14) Newbigin, 'Our Missionary Responsibility', p.103.

15) Newbigin, *Foolishness to the Greeks*, p.36.

16) Newbigin, *Gospel in a Pluralist Society*, p.27.

17) Newbigin, 'Religious Pluralism', p.233.

18) Newbigin, *Gospel in a Pluralist Society*, p.7.

19) Polanyi, *personal Knowledge*, p.18.

20) Newbigin, *Gospel in a Pluralist Society*, p.227.

─ 참고문헌

Newbigin, Lesslie. 'All in One Place or All of One Sort? On Unity and Diversity in the Church', in Richard W. A. McKinney(ed.), *Creation and Culture: Studies in Honour of T. F. Torrance*, Edinburgh: T & T Clark, 1976, pp. 288–306.

──. *Foolishness to the Greeks: The Gospel and Western Culture*, London: SPCK, 1986.『헬라인에게는 미련한 것이요』(IVP 역간).

──. *The Gospel in a Pluralist Societ*, London: SPCK, 1989.『다원주의 사회에서의 복음』(IVP 역간).

──. *The Household of God: Lectures on the Nature of the Church*, London: SCM Press, 1953.『교회란 무엇인가?』(IVP 역간).

──. 'Our Missionary Responsibility in the Crisis of Western Culture' (1988), reprinted in Eleanor Jackson (ed.), *A Word in Season: Perspectives on Christian World Missions*, Grand Rapids, MI/Edinburgh: Eerdmans/Saint Andrew Press, 1994, pp. 98–112.

──. 'Pluralism in the Church', *ReNews [Presbyterians For Renewal]* 4, No. 2, May 1993, pp. 1, 6–7.

──. *The Relevance of Trinitarian Doctrine for Today's Mission*, C.W.M.E. Study Pamphlets, No. 2, London: Edinburgh House, 1963.

──. 'Religious Pluralism: A Missiological Approach', in *Theology of Religions: Christianity and Other Religions*, Rome: Pontifical Gregorian University, 1993, pp. 227–44.

──. *Unfinished Agenda: An Updated Autobiography*, 2nd edn, Edinburgh: Saint Andrew Press, 1993.『아직 끝나지 않은 길』(복있는 사람 역간).

Polanyi, Michael. *Personal Knowledge: Towards a Post-Critical Philosophy*, Chicago: University of Chicago Press, 1958.『개인적 지식』(아카넷 역간).

Weston, Paul. ed., *Lesslie Newbigin, Missionary Theologian: A Reader*, London/Grand Rapids, MI: SPCK/ Eerdmans, 2006.

1부
신앙과 삼위일체

"우리가 어떻게 하나님은 사랑이라고 말할 수 있을까? …그것이 곧 성령의 끈 안에서 아들과 아버지 사이에 존재하는 사랑의 교제를 말하는 것임을 알게 되리라. …존재하는 모든 것 뒤에 있는 이 원초적 실재는 바로 하나님의 삶 속에 있는 사랑과 기쁨의 교제이다."

1.
삼위일체 하나님

이방인의 신 개념과 이스라엘의 하나님

성서공회는 성경을 수백 가지 언어로 번역했는데, 그 모든 언어가 하나님의 개념을 표현하는 단어를 적어도 하나는 갖고 있다는 것은 무척 흥미로운 사실이다. 아무리 모호한 개념일지언정, 각 언어는 우리 자신을 초월한 어떤 실재를 상징하는 단어를 적어도 하나—보통은 여럿—는 보유하고 있는 셈이다.

나는 인도 남부의 숲속에서 원시부족과 보냈던 날을 종종 회상한다. 그들은 동굴에서 살고 있었다. 정부에서 집을 지어줬으나 그들은 거기에 살려고 하지 않았다. 그들의 고유한 생활방식이 아니었기 때문이다. 한 사람이 나를 산꼭대기로 데려가서 그의 동굴을 보여주

었다. 아주 교묘하게 가려져 있어서 안내자가 없으면 도무지 발견할
수 없을 그런 곳이었다.

우리는 온종일 많은 것에 대해 얘기를 나누었다. 내가 "당신은 누
가 우리를 만들었다고 생각합니까?"하고 묻자 그는 주저 없이 "카다
불"(Kadavul)이라고 대답했다. 이는 하나님을 가리키는 많은 타밀어
이름 중의 하나이다. 그들은 기독교는 물론 힌두교와도 전혀 접촉이
없었음에도 불구하고 그들의 문화와 언어는 하나님의 개념과 불가
분의 관계에 있었던 것이다.

이처럼 하나님이 존재한다는 의식은 보편적인 것이다. 단 우리 문
화처럼 이상한 사고방식에 의해 억압되어온 경우를 제외하고. 물론
이 단어는 다양한 뜻을 갖고 있다. 나의 첫 선교지로 칠년을 사역한
마드라스에는 신전이 있다. 그 신전의 한 부분에는 은혜와 죄와 용서
의 개념에 기초한 놀라운 하나님 교리를 가르친 11세기의 위대한 유
신론 철학자인 라마누자의 가르침이 있었다. 다른 한쪽에서는 코브
라가 하나님으로 숭배를 받고 있었다.

인도는 무엇보다도 이른바 자연종교들의 고향이다. 자연종교란 하
나님에게서 특별계시를 받았다고 주장하지 않고 어느 의미에서 모
든 것 안에서 하나님을 보는 종교들을 일컫는다. 만물에 하나님의 존
재가 스며있다고 한다. 하나님이란 존재를, 자신의 본성을 분명하게
우리에게 알린 누군가로 생각하면 안 된다. 하나님은 인간이 도무지
알 수 없는 존재이다. 인간의 조건은 역사적 사건들이 아니라 자연의
모델로 이해해야 한다. 자연 속의 모든 것은 순환한다. 출생에서 성

장을 거쳐 성숙과 부패와 죽음에 이르고, 이어서 새로운 동물, 새로운 아이, 새로운 잎이 태어난다. 만물이 원으로 움직인다는 것이다.

행성들은 우리 주변을 돌고 있는 듯이 보인다. 지구는 태양 주위를 돈다. 제국과 문명과 철학은 발생하고 성숙하고 타락하고 스러진다. 이것이 우리 인간의 상황을 이해하는 자연스런 방식이다. 아시아의 위대한 종교들도 대체로 이렇게 생각한다. 하나님은 이 지나가는 변화무쌍한 세계에서 일어나는 모든 사건들을 초월해 있다. 힌두교 고전들이 말하는 가장 근본적인 교리 중의 하나는 하나님을 '니르구나'(nirguna), 곧 '속성이 없는' 존재로 본다. 여러분은 어떤 식으로든 하나님을 묘사할 수 없다. 여러분은 그에 관해 아무 것도 말할 수 없다. 그는 인간의 생각을 초월해 있다.

이와 대조적으로 '그 책의 종교'로 알려진 세 개의 위대한 종교가 있다. 기독교와 유대교와 이슬람교이다. 이들은 모두 역사에 나타난 하나님의 계시에 기초해 있다고 주장한다. 이들은 역사적 사건들을 보며 그 지점들에서 하나님이 자기를 알리셨다고 주장하고, 따라서 우리가 그분에 대해 모호하게 얘기할 수 없다고 한다. 그는 명확한 성품을 지닌 존재이다.

기독교가 탄생했던 그 옛날 고전세계는 어떤 의미에서 아시아의 연장이었다. 유럽이 바로 그러했고, 그 고전세계의 철학과 대중 종교들은 아시아의 것들과 동족에 속했으며 인도의 것들도 마찬가지였다. 그런데 그 세계 속에 유별난 공동체가 하나 있었다. 대규모 그리스 도시에는 하나같이 회당이 있었는데, 이 장소는 낯선 이스라엘 민족이 그 사회의 일반적인 종교적 믿음을 받아들이지 않고 그 신들을 숭배하기를 거부하며 아브라함과 이삭과 야곱의 하나님의 백성으로 남아 있었던 곳이다. 그들은 하나님으로부터 우리가 '율법'으로 번역하는 토라를 받았던 백성이다. 이는 하나의 법적 체계라기보다는 하나님의 지침에 가까운 것이었다.

토라가 무엇을 의미하는지 알고 싶으면 시편 119편을 곰곰이 읽어보라. 이 긴 시편에서 기자는 율법을 묵상하고 기뻐하면서 자기를 인도하고 가르치고 경고하고 징계하시는 하나님께 사랑을 표현하고 있다. 그런즉 이스라엘 백성은 고전세계에서 일종의 비국교도였던 셈이고, 때때로 그들의 유일신 신앙 때문에 동경을 받기도 하고 멸시를 받기도 했으나 미움을 받는 경우가 더 많았다. 그들은 그들을 둘러싼 자연종교 너머에 계신 하나님, 즉 '니르구나'가 아니라 명확한 성품을 가진 분이요 만물의 창조주인 그분의 실재를 가리키는 손가락과 같았다.

모든 것은 궁극적으로 그분의 통치 아래 있었다. 하지만 그분은 또한 언약의 하나님, 즉 순전한 은혜와 친절로 언약을 맺은 하나님이었다. 최초의 언약은 창세기 9장의 홍수 이야기에 나오듯이 무지개를 징표로 온 인류와 맺은 것이었다. 당시에 하나님은 인류에게 다시는 그들을 쓸어버리지 않겠다고 약속했다. 즉 하나님은 지도하고 인도하고 경고하고 징계했던 분이다.

우리가 십계명을 "나는 너를 애굽 땅, 종 되었던 집에서 인도하여 낸 네 하나님 여호와니라. 그러므로 너는 나 외에는 다른 신들을 네게 두지 말라"는 기록된 말들로 시작하지 않고, 계명들로 시작하게 되면 율법의 하나님을 잘못 이해하기 쉽다. 여기서 첫 계명이 한 문장의 두 번째 부분이므로, 이 문장의 첫 번째 부분이 순전한 은혜인 것을 보지 못하면 첫 계명을 오해하게 된다. 그들에게 다른 신들을 예배하지 말고 자기를 저버리는 짓을 일체 하지 말라고 경고하는 분은 바로 자기 백성을 구출하여 그들과 언약을 맺은 그 하나님이었다. 창조와 언약과 징계에 있어서 하나님은 진노의 하나님인 동시에 사랑의 하나님이다. 이 둘은 서로 상반되지 않고 동일한 동전의 양면일 뿐이다. 우리를 향한 하나님의 사랑은 매우 커서 우리가 등을 돌리고 다른 신을 찾으면 그분의 진노를 도발할 따름이다. 여기에 진노에 찬 사랑과 사랑의 진노가 동시에 있다.

이 하나님은 명확한 성품을 지닌 분이었다. 나는 인도에서 오랜 기간 살면서 사람들이 서구에서보다 '신'이란 용어를 훨씬 자유롭게 사용하는 모습을 보았다. 여기서 우리의 지식을 초월하는 모호한 신의 개념과 성경을 통해 알려진 명료하고 명확하고 두렵고 피할 수 없는 성품을 지닌 하나님의 개념 간의 차이를 알게 된다. 성경은 하나님의 위대한 업적을 다룬 이야기인 만큼 그분의 성품을 묘사한 책이다.

앞에서 말했듯이 그 옛날 고전세계의 도시들에는 회당들이 있었다. 안디옥 회당에 두 명의 만만찮은 인물, 바나바와 바울이 들어왔다. 그 순간이 그 회당에서 세계적인 종교인 기독교가 탄생할 폭발적인 사건의 시발점이었다. 여러분이 유대인 예배자의 입장에 서서 바울과 바나바의 메시지를 들어보면 그들이 새 종교를 전파하는 것이 아님을 알게 되리라. 그들은 여러분이 그동안 갈망하고 기도하고 믿었던 일이 실제로 발생했다고, 혹은 발생하기 시작했다고 말하고 있었다.

유대 민족은 그들에게 거룩한 땅을 주셨던 하나님, 곧 은혜로운 하나님의 언약에 의해 빚어졌던 사람들이었다. 그분이 그들에게 비록 그들의 죄 때문에 벌과 징계를 내리지만 결국에는 그들을 거룩한 땅으로 복귀시킬 것임을 약속했었다. 그는 그들을 온 땅을 위한 복으로 삼을 것이고, 그들의 적을 흩뜨리고 또 적을 그들의 발아래 둘 것이다.

하나님이 진정 하나님이라면 그의 약속을 지켜야 했다. 만일 그렇지 않으면 그는 하나님이 아니었다. 그 이방 도시들에 있는 이스라엘 공동체는 거룩한 땅이 이방인에게 더럽혀지고 짓밟히고 있다는 것과 그들 자신이 온 세계에 흩어졌다는 것을 알았으나 안식일마다 하나님의 위대한 약속을 읽는 일을 계속했다. 그들로서는 하나님이 결국 그분의 약속을 지키지 않는다는 것은 믿을 수 없는 일이기에 긴장이 가득한 소망 가운데 살았던 것이다.

그래서 여기에 하나님이 그의 약속을 지키기 위해 행동하셨지만 그들이 기대한 것과는 달랐다고 말하는 사람이 있었다. 그런 하나님의 방법을 많은 이들이 믿기 어려워한 것은 그들이 품고 있던 하나님의 구원의 개념과 양립할 수 없는 듯이 보였기 때문이다. 바울과 바나바를 비롯한 여러 사도들이 회당을 돌아다니며 했던 일은 유대인 청중에게 예수 그리스도 안에서 일어난 일에 비추어 성경을 다시 공부하고 새롭게 보라는 도전이었다. 구약성경은 하나님이 대대로 자기 백성에게 경고했었다는 사실을 보여주었다. 그분은 그들을 벌하고 징계했으며 선지자들을 보내어 그들에게 온 땅을 위한 그분의 구원이 되고 이방인에게 빛이 되는 것이 그들의 소명임을 상기시켰으나, 그들은 그 선지자들을 배척하고 핍박하고 죽여버렸다. 선지자들을 통해 말씀하시던 하나님은 친히 자신의 고뇌를 이렇게 토로하셨다. "에브라임이여, 내가 어찌 너를 놓겠느냐? 이스라엘이여, 내가 어찌 너를 버리겠느냐? … 내 마음이 내 속에서 돌이키어 나의 긍휼이 온전히 불붙듯 하도다"(호 11:8).

우리는 하나님의 자기 백성에 대한 진노가 그들을 향한 신실한 사랑과 씨름하는 장면에서 그분의 고뇌를 목격하게 된다. 그래서 바울과 바나바가 유대인들에게 다시 성경을 읽고 하나님의 은혜와 자비와 영광이 바로 고난 가운데 나타났음을 깨달으라고 요청한 것이다. 그 기나긴 이야기가 드디어 절정에 이르러 메시아가 친히 찾아와서 고난을 당했다고 말했다. 예컨대, 세상의 죄를 담당한 여호와의 종에 관한 이사야의 위대한 예언이 이제 예수 그리스도의 삶과 죽음과 부활을 통해 성취되었다는 것이었다.

하나님께서 거룩한 죽은 자를 일으킬 것이란 믿음은 유대 민족이 이미 품고 있었던 종말론적 소망, 메시아적 소망의 일부였다. 구약성경의 초반부는 부활과 같은 것에 대한 소망을 내놓진 않지만, 이는 수많은 유대인이 안식일에 싸우기보다는 차라리 하나님의 율법을 위해 죽음의 길을 택한 마카베오 전쟁(기원전 2세기) 기간에 등장한 것처럼 보인다. 당시에 결국에는 하나님이 그들을 버릴 수 없다는 강한 믿음이 생긴 것이다. 그들이 죽은 상태에서 일으킴을 받아 하나님의 승리의 기쁨에 동참할 것이라고 믿었다. 그리하여 부활을 조금이라도 시사하면 사람들은 이것이 새로운 시대, 새로운 창조의 시작임에 틀림없다고 확신하여 흥분하기 일쑤였다.

구약성경에는 새 시대가 왔다는 징표로 하나님의 영이 모든 육체에 부어질 것이라는 예언들도 있다. 그리고 그 일이 당시에 일어났던 것이다. 그래서 바울과 바나바가 이고니온과 루스드라와 더베 등지의 회당에서 성경을 다시 읽어보라고 권했던 것은 하나님이 지금 그들 신앙의 중심에 있던 그 갈망을 성취하기 위해 실제로 행하셨다는 것을 깨닫게 하기 위해서였다. 그러나 그들이 기대했던 바, 즉 그들의 적을 무찌르고 거룩한 땅을 다시 점령하게 되는 일을 통해 이뤄진 것은 아니었다. 오히려 그와 정반대 방향으로 성취되었다. 이스라엘로부터 하나님의 화해의 말씀이 전파되어 선지자들이 자주 말한 이스라엘의 소명이 이뤄지게끔 되어 있었다. "너희는 이방인에게 빛이 될 것이고, 땅 끝까지 내 구원이 될 것이라." 이 사도들은 새로운 아이디어나 새로운 종교를 말한 게 아니라 이미 주어진 새로운 사실을 진술하고 있었다. 이 일을 하나님이 이미 이루셨기 때문에, 여러분이 성경을 제대로 이해하기만 하면 새로운 시대가 동텄고 새 창조가 벌써 시작되었다는 것을 알게 되리라.

예수와 삼위일체

그들이 말한 이 예수는 누구였는가? 그는 여느 인간과 마찬가지로 고난을 겪었던 사람이었다. 하지만 그의 사역을 시작할 때 아버지 하나님에게 그분의 아들로 인정받고 하나님의 영으로 기름부음을 받은 인물이기도 했다. 예수의 세례는 그의 정체성이 드러나는 계기가 되었다. 즉, 예수가 아버지 하나님의 아들이란 것과, 아버지께서 그에게 성령을 부었을 뿐 아니라 그를 통해 아들에게 준 모든 사람에게도 성령을 부었다는 사실이 드러난 것이었다.

나는 여러분에게, 한 자리에서 사복음서 중의 하나를 처음부터 끝까지 읽고 그로부터 얻은 예수의 이미지를 여러분의 뇌리에 새기라고 권하는 바이다.

예수는 많은 기적을 통해 하나님의 권능을 나타냈다. 또한 가르침을 통해 하나님의 권세를 밝히 보여주었다. 그는 토라를 인용하며 "옛 사람에게 말한 바…를 너희가 들었으나"라고 말한 뒤에 "그러나 나는 너희에게 이르노니…"라고 가르쳤다. 이것은 물론 토라를 폐기하려는 것이 아니라 그것을 완성하기 위함이었다. 그가 말하고 행한 것은 무엇이든 자신의 권위로 한 것이 아니라 아버지의 보냄을 받은 자로서 했다. 모든 것이 아버지를 가리키고 있었다. 그는 마치 정복에 나선 다윗의 자손인양 온 세상을 휘어잡으려고 하지 않았다. 이는 오히려 그가 세례를 받은 직후에 광야에서 사탄이 부추겼던 시험이었다.

그는 온 세계를 다스리는 주권자인 아버지를 사랑하고 순종하는 아들이었다. 어떤 상황에 처하든지 아버지께 순종함으로써 하나님이 통치하신다는 말이 무슨 뜻인지를 직접 보여주었다. 달리 말하면, 그는 몸소 하나님의 왕권, 하나님의 나라를 나타냈고, 이것이 그가 전한 메시지의 핵심이었다. 또한 아들로서 아버지가 어떤 분인지를 드러내므로, 우리는 예수와 아버지의 친밀한 관계를 엿볼 수 있다. 예컨대, 성령으로 아버지의 권능을 받아 사람들을 치유하고 가르치는 행위를 통해 그런 관계를 보게 된다.

따라서 그것은 새로운 종교가 아니라 이스라엘의 소망이 성취된 것이었다. 그것을 새로운 출애굽, 새로운 오순절이라 불러도 무방하지만 좀 더 근본적인 차원에서 새로운 창조의 시작이라고 부르는 게 좋겠다. 그러므로 하나님에 대한 우리의 모든 이해는 예수의 사역에서 실제로 일어난 일에 비추어 새롭게 조명될 필요가 있다.

사복음서 저자들이 그리스어로 쓰다가도 예수의 말을 인용할 때에는 아람어로 빠지는 것을 보면 참으로 흥미롭다. 여러분이 나처럼 외국(인도)에 살아본 적이 있다면, 내가 모국어(영어)를 쓰지만 그 나라에서 접한 어떤 경험이나 단어에 대해선 그 나라의 말(타밀어)로 생각하게 된다는 것을 여러분도 공감할 터이다. 그 발음들이 지금도 내 머릿속에 남아있다. 그리고 여러분이 타밀 사람이 영어로 하는 강연을 들을 때, 그 강사가 이따금 마음속 깊은 곳에 있는 타밀어로 빠지는 모습을 보게 될 것이다.

그래서 드물긴 하지만 복음서의 저자들이 예수가 말한 아람어로 그의 말을 인용했던 경우를 볼 수 있다. 예수가 늘 입에 달고 살았던 두 개의 아람어 단어가 있다. 하나는 아바(Abba), 아버지이다. 이는 그리스어가 아니라 아이가 '아버지'를 가리킬 때 사용하는 친밀한 아람어다(한국어로는 '아빠'와 같은 것—역주). 이것은 예수의 마음속을 들여다볼 수 있게 해주는 단어로서 그와 아버지의 친밀한 관계를 보여준다.

또 다른 단어는 아멘(Amen)이다. 이 단어는 보통 '진실로'로 번역된다. "진실로 너희에게 말하노니." 우리가 알기로는 예수 이외에 문장의 초두에 아멘이란 단어를 습관적으로 사용한 사람은 없었다. "아멘 내가 너희에게 말하노니." 이는 '절대로 믿을 만하다'는 뜻을 지닌 히브리어에서 나온 엄숙한 단어다. 예수가 중대한 말을 할 때 서두에 이 단어를 사용한 것은 매우 독특한 습관이다. 이 단어는 완전한 권위와 절대적 신빙성과 함께 진리를 표현한다는 뜻이다. 아바와 아멘 이 두 단어를 함께 묶으면 예수의 마음속을 비추는 빛이 된다. 한편으로 그는 이제껏 어느 인간도 말한 적이 없는 방식으로—하나님의 권위와 함께—말했고, 다른 한편으로는 아이처럼 아버지와 친밀한 관계를 누렸다.

이 점은 무엇을 의미하는가? 그것은 하나님에 관한 우리의 생각에 어떤 영향을 주는가? 사실 여기에 함축된 의미를 파악하는데 오랜 세월이 걸렸다. 신약성경에 아버지와 아들과 성령을 언급하는 어구가 아주 많고, 속을 들여다보면 바울의 편지들에도 이 삼중적인 언급이 거듭 나오는데도 불구하고 그랬다. 여기에 함축된 의미를 완전히 끌어내는데 오랜 시간이 걸린 것은 그것이 '하나님'의 개념에 대한 혁명적인 발상이었기 때문이었다.

그 이야기는 정말로 흥미진진하다. 내가 늘 유감스럽게 생각하는 것이 있다. 그것은 신학생 시절에 첫 4세기 동안 나타난 이단들을 모두 공부했음에도 불구하고, 아무도 그것이 예수와 함께 세상에 들어온 새로운 진리를 그리스 철학 사상 및 구약의 유일신 사상으로 물든 옛 언어로 표현하려고 씨름했던 노력의 일부였다는 사실을 설명해주지 않았다는 점이다.

마침내 교회는 하나님이 하늘에 있는 단일체(a single monad)나 초인적인 존재가 아니란 것을 알게 되었다. 그래서 우리가 '하나님'이란 단어를 사용할 때에는 오직 사랑의 교제 — 영원히 주어지고 영원히 누리는 사랑의 교제 — 로만 묘사할 수 있는 어떤 것을 가리키게 된다. 만일 하나님이 단일한 인격이라면, 우리가 어떻게 하나님은 사랑이라고 말할 수 있을까? 그럴 경우에는 창조 이전에 하나님이 사랑할 만한 대상이 전혀 없었을 것이기에 짝사랑에 불과하기 때문이다. 좀 더 성경적인 방식으로 표현하자면, 우리가 하나님에 관해 말하는 법을 예수에게 배운다면 그것이 곧 성령의 끈 안에서 아들과 아버지 사이에 존재하는 사랑의 교제를 말하는 것임을 알게 되리라. 우리는 지금 짝사랑이 아니라 영원히 주어지고 영원히 누리는 사랑, 곧 사랑의 교제에 관해 말하고 있는 것이다. 존재하는 모든 것 뒤에 있는 이 원초적 실재는 바로 하나님의 삶 속에 있는 사랑과 기쁨의 교제이다.

창조세계는 어떤 자의적인 뜻의 산물이 아니라 하나님의 존재에 다름 아닌 사랑의 교제에서 흘러나오는 것이며, 그리하여 그 엄청난 사랑을 반영할 수 있는 세계와 그 사랑을 돌려줄 수 있는 인류가 창조된 것이다. 이 사실은 여러분이 품은 '하나님'의 개념에 굉장한 변화를 초래한다.

예전에 아내와 처제와 함께 요크셔에 있는 파운틴즈 사원의 폐허를 둘러본 적이 있다. 옛 건물의 일부가 남아있는 곳이면 으레 안내 책자에 그것을 설명하는 대목이 있었다. 우리가 챕터 하우스의 옛터에 도달했을 때 다음과 같은 글귀가 눈에 들어왔다. "이 챕터 하우스에 수도사들이 일요일마다 대수도원장의 설교를 들으려고 모였는데, 삼위일체 일요일(Trinity Sunday)만은 그 주제가 어렵다는 이유로 예외였다."

왜 그 주제가 어려웠을까? 수도사는 본질적으로 일신론적인 하나님의 그림을 유산으로 물려받아 그것이 뇌리에 깊이 새겨져 있었기 때문이다. 그 그림의 기원을 논하려면 많은 시간이 필요하다. 대체로 소위 '자연 신학'으로부터, 즉 인간 경험에서 나오는 이성적인 근거로 하나님의 존재를 증명하려는 일종의 철학적 연습으로부터 왔다고 나는 생각한다. 이런 뿌리를 가진 하나님은 물론 삼위일체가 아닌 다른 그 무엇이다.

해결책으로서의 삼위일체

그런데 그 옛날 고전세계에 삼위일체 교리는 하나의 수수께끼가
아니라 해결책으로 다가왔다. 고전세계는 3세기와 4세기에 이르러
그 용기와 자신감을 잃어버리게 된다. 예수가 태어난 때는 고전세
계의 영광과 자신감이 절정에 달했던 아우구스투스의 시대였다. 그
러나 3세기와 4세기에 이르면서 그런 자신감이 증발하고 말았는데,
부분적인 이유로는 고전세계가 풀 수 없는 문제들에 당면했기 때문
이다.

첫 번째 수수께끼는 그리스인들이 지적인 것(the intelligible)과 감
각적인 것(the sensible)이라고 불렀던 것 사이의 관계였다. 이는 우
리가 영적인 것과 물질적인 것이라고 부르는 것이다. 우리의 역사를
형성하고 우리가 날마다 다루는 물질세계와 플라톤이 진정한 궁극
적 세계라고 불렀던 정신적이고 영적인 관념의 세계 사이에 절대적
이분법이 존재하는 듯이 보였다. 플라톤이 옳다면 현실은 단지 그림
자에 불과할 것이다. 반면에 이 물질세계에 사는 사람의 관점으로 보
면 플라톤의 관념 세계가 오히려 하나의 그림자로 보일 것이다. 영적
인 것과 물질적인 것 간의 이원론은 양자가 결코 만날 수 없다는 사
실과 실질적으로 우리가 소유한 것이라곤 계속 이어지는 이 물질세
계밖에 없다는 것을 의미했다.

도무지 풀 수 없었던 또 다른 큰 수수께끼는 고대인이 '미덕'과 '운
명'이라 불렀던 것들 사이의 관계에서 생겨났다. 전자는 한 사람이

고된 인생살이에 가져오는 기술, 용기, 지성, 재주를 말하고, 후자는 결국 언제나 인간 존재를 파괴하는 불가피한 운명을 일컫는다. 그리하여 인생은 아무리 용감하고 영웅적인 면모를 갖고 있을지라도 결국 불가항력적인 운명의 힘—포르투나(Fortuna) 여신—에 패배할 수밖에 없는 싸움을 하고 있는 셈이다.

이 두 가지 이분법은 옛 고전세계의 세계관으로는 결코 해결할 수 없는 문제였다. 교회가 새로운 모델을 개발했을 때, 즉 현실을 아버지와 아들과 성령의 견지에서 이해하는 새로운 방식을 개발했을 때, 그 수수께끼가 풀릴 수 있었다. 이방인이 '운명'이라 불렀던, 만물을 다스리는 힘(power)과 이에 대처하려고 인간 속에서 움직였던 영(spirit)이 인생길을 베들레헴에서 갈보리로 걸었던 인간 예수 안에서 하나가 되었다. 그리고 보이지 않는 영적인 세계, 만물을 다함께 지탱하는 영적인 보편적 원리, 즉 로고스(logos)가 역사의 일부로 구현되어 우리가 알고 보며 듣고 경청할 수 있는 예수 그리스도란 실제 인물이 되었던 것이다. 이렇게 하여 인간의 상황을 이해할 수 있는 새로운 모델이 제공되었다. 이로 말미암아 야만인의 침입으로 몰락한 고전세계의 폐허로부터 삼위일체 하나님 교리의 견지에서 본 성경 이야기에 기반을 둔 새로운 문명이 일어날 수 있었던 것이다. 그런즉 이 교리는 하나의 수수께끼가 아니라 수수께끼를 푸는 해답이었던 셈이다.

이것은 기독교 제자도에 어떤 의미를 지니는가? 두 가지다. 첫째는 우리의 세계관과 인간에 대한 이해를 변화시킨다. 우리는 고전세계와 마찬가지로 싸움과 폭력의 개념에 기초한, 인간 상황의 모델들에 익숙한 편이다. 구약성경의 배경에는 용이 살해되고 그 시체로부터 세계가 만들어지는, 원초적 싸움에 관한 이방 신화가 있다. 이는 폭력을 인생의 기원 내지는 토대로 보는 원초적 신화이다. 우리 시대에는 다윈의 진화론이 지닌 다양한 함의로 말미암아 인생은 하나의 권력투쟁이라서 약자는 패배하고 강자가 살아남는다는 사상이 널리 퍼져있다.

이 관념이 우리의 뇌리에 깊이 박혀 있고 의심할 여지가 없는 일종의 세계관으로 자리를 잡았다. 이 때문에 오늘날 TV에 쓸데없는 폭력이 난무하고 특히 어린이의 프로그램에도 그런 현상이 나타나는 것이다. 반면에 삼위일체 하나님의 교리는 인생의 궁극적 의미에 대해 전혀 다른 그림을 제공해준다. 이는 만물의 기원이자 최종 목적지인 그 원초적 실재가 삼위일체의 존재, 곧 사랑과 축복의 교제임을 의미한다. 따라서 우리는 인간 상황을 전혀 다르게 이해할 필요가 있는 것이다.

우리가 신약성경에서, 아니 성경 전체에서 보는 것은 그 신화와 상충되는 그림이다. 오늘날 우리 사고방식의 상당부분은 삼위일체적인 특성을 충분히 띠고 있지 않다고 말할 수밖에 없다. 예를 들어, 우리는 창세기의 창조 이야기를 마치 외로운 주권자의 명령인 것처럼 읽는 경우가 많은데, 사실 신약성경은 그와 달리 이 세계가 아버지와 아들과 성령, 곧 삼위의 하나님에 의해 창조되었다고 가르친다. 신약성경은 창조에서의 그리스도의 역할에 대해 많이 얘기하고 있고, 물론 창세기의 창조기사는 창조 시 성령의 역할에 관해 말하고 있다. 그래서 우리는 창조세계를 단지 하나님의 명령의 결과물일 뿐 아니라 그분의 사랑이 흘러넘친 결과로 보게 된다. 창조세계는 하나님의 사랑의 선물이고, 칼빈이 말하듯이 하나님의 영광, 곧 하나님의 사랑이 반영되고 나타나게끔 되어 있는 '그분의 영광이 드러난 극장'이라고 할 수 있다.

최근 들어 창세기 1장에서 우리가 하나님의 형상으로 만들어졌고 특히 남자와 여자로 그렇게 만들어졌다고 명시하는 대목에 주목하게 된 것은 참으로 의미심장한 사실이다. 기독교 역사의 대부분은 우리가 남성으로서 하나님의 형상을 따라 지음 받았다는 생각으로 채색되어 있다. 그래서 우리가 하나님의 형상으로 창조되었다는 말의 뜻에 관해 신학자들이 논의한 내용을 보면, 그것을 남자의 이성과 추론 능력, 그리고 피조물을 다스리는 그의 능력으로 이해했음을 알게 된다.

창세기는 우리가 남자와 여자로서 하나님의 형상으로 창조되었다고 단언한다. 이로 말미암아 우리는 태초부터 창조세계 속에 남자와 여자를 묶어주는 사랑, 즉 하나님의 사랑을 반영하는 그 사랑이 내장되어 있음을 알 수 있다. 그러므로 창조에 대한 지식의 핵심에는 일차적으로 권능이나 이성의 개념이 아니라 사랑의 개념이 있는 것이다. 이는 하나님이 우리와 함께 나누고 우리도 창조세계에서 반영하고 구현하기를 기대하는 그분의 사랑이다.

그런즉 첫 번째 함의는 전반적인 세계관과 관련이 있다. 달리 말하면, 우리의 인생을 이해하게 해주는 이야기와 관계가 있다는 뜻이다. 오늘날 우리 사회에 몸담은 사람들은 그들의 인생을 적자생존의 이야기, 곧 강자가 약자를 이기는 이야기로 이해한다는 사실을 부인할 수 없다. 이런 관념이 우리의 마음속 깊이 뿌리박혀 있다. 그러나 삼위일체 하나님을 아는 지식은 그런 관념과 상충되고, 만물의 뿌리이자 만물이 수렴되는 그 원초적 실재가 서로 누리는 사랑의 교제, 성삼위의 축복이라고 단언한다.

두 번째 적용 내지 함의는 우리가 기도와 묵상을 통해 어떻게 하나님을 알게 되는지와 관련이 있다.

모든 인간은 때에 따라 기도한다고 나는 생각한다. 그런데 우리는 기도할 때 과연 무엇을 하고 있는 것인가? 누군가 응답해주기를 막연히 바라며 우주를 향해 그저 우리의 소원을 털어놓는 것인가? 복음서에는 예수가 어떤 장소에서 기도한 뒤에 제자들로부터 "주여, 우리에게 기도를 가르쳐 주소서"라는 부탁을 받는 대목이 나오는데, 이 구절에서 나는 때때로 감동을 받는다. 그 장면은 제자들에게 둘러싸인 예수가 그의 아버지와 어린이처럼 친밀한 교제를 나눈 후, 기도하는 법을 모르는 그들이 예수에게 가서 "우리에게 기도를 가르쳐 주소서"라고 말하는 대목이다.

예수는 그들에게 "아들과 또 아들의 소원대로 계시를 받는 자 외에는 아버지를 아는 자가 없다"고 말했다. 우리는 예수 없이는 하나님을 아버지로 알 수 없다. 우리는 기도할 때 "우리 주 예수 그리스도를 통하여"라는 말로 끝마치곤 한다. 그 말 속에 얼마나 많은 뜻이 있는지 궁금할 때가 가끔 있다. 만일 우리가 기도할 때 제자들이 예수에게 "주여, 우리에게 기도를 가르쳐 주소서"라고 부탁한 장면에서 시작하면, 우리의 기도가 언제나 (이 말을 하든 하지 않든) "우리 주 예수 그리스도를 통하여" 드려진다는 것을 의미할 터이다. 우리가 날마다 예수의 말과 행위 속에 푹 빠져 있으면 예수를 더 잘 알게 될 것이고, 그는 '우리의 영원한 동시대인'이 될 것이다. 그 결과 우리는 예수와 함께 또 예수를 통하여 기도하려고 애쓰게 되고, 이는 곧 우리가 예수와 아버지의 교제 속으로 들어가는 것을 의미한다. 우리는 예수가 그의 아버지께 드린 기도를 우리의 것으로 삼는데, 이것은 예수가 우리에게 그의 영을 주었기 때문에 가능한 일이다. 예수를 그의 아버지와 하나가 되게 하는 바로 그 성령에 우리도 동참하는 것이다.

삼위일체의 가르침이 매우 중요한 또 다른 맥락은 공적인 예배이다. 이는 성령의 능력으로 아들을 통해 아버지께 드리는 예배를 말한다. 이것이 우리가 진정한 예배를 드리는 유일한 길이다. 우리는 스스로 하나님을 예배할 자격이 없지만, 예수가 성령의 사역을 통해 우리를 그의 소유로 삼았기 때문에 우리는 공동의 몸으로서, 한 가족과 한 교회로서 예수의 기도의 일부가 될 수 있는 것이다. 히브리서는 예수가 "아버지의 오른편에서 우리를 위해 간구하신다"고 말한다. 그런즉 우리의 기도는 그저 빈 하늘을 향해 우리의 소원을 털어놓는 것이 아니다. 우리는 예수가 늘 아버지께 드리는 그 기도 속으로 들려 올려지는 것이다. 여기서 우리가 동방정교회에서 배워야 할 점이 있다. 여러분이 그런 교회의 예배에 참석한 적이 있다면 사람들이 항상 들락날락 하는 것을 알 터이다. 언제 예배가 시작하고 언제 끝나는지를 도무지 알 수 없다. 정교회의 관점에서 보면 이런 말이 터무니없는 소리일 것이다. 우리는 삼위일체의 영원한 예배의 삶에 잠깐 방문하고 있을 뿐이기 때문이다.

한 성공회교인 친구가 크레타 섬에서 휴가를 보내던 중 주일 아침에 교회에 갔다. 그는 세 시간 동안 서 있어야 할 줄은 꿈에도 생각 못 했다. 한 시간 반쯤 지나자 사제가 조금씩 힘들어지기 시작한다고 말하더니 손짓으로 집사를 불렀다. 그가 귓속말로 몇 마디 하니 집사가 나갔다가 10분 뒤에 돌아와서 내 친구가 서 있는 곳에 가서는 "부속실에 삶은 계란이 있다"고 일러주었다. "그런데 예배는요?"하고 내 친구가 응답했다. 그러자 그 집사가 "예배는 영원합니다. 계란은 곧 식을 겁니다!"라고 대답했다. 그의 관점에서 보면 밖으로 나가서 삶은 계란을 먹고 다시 돌아오는 게 전혀 문제가 되지 않았던 것이다. 예배는 일차적으로 우리의 것이 아니다. 예배가 10시 30분에 시작해서 12시에 끝난다고 말하는 것은 어불성설이다. 그것은 우리가 성 삼위일체의 영원한 예배에 잠깐 들르는 일이다. 그렇기 때문에 정교회에서는 아이들이 언제나 들락날락 뛰어다녀도 아무도 방해를 받지 않는다. 그들은 삼위일체의 삶 그 자체인 영원한 예배에 동참하는 중이기 때문이다. 우리가 요한복음에 나오는 위대한 성별 기도로 알 수 있듯이, 우리 주님이 속죄의 죽음을 감당한 목적은 우리가 아버지와 아들의 영원한 사랑의 교제 안에서 그들과 하나가 되게 하기 위함이다. 이것이 만물의 기원이고 우리를 포함한 만물이 창조된 목적이다.

2.
성육한 아들, 예수

예수는 누구였는가?

　　예수에 관해서는 어떻게 말해야 할까? 해가 지구의 빛이듯이 그는 세상의 빛이다. 우리는 해를 바로 쳐다보려고 하지 않는다. 그러려고 할 때는 눈을 돌려야 한다. 온 세상을 해로 인해 보기 때문이다. 그러면 우리는 어떻게 예수를 바라보는가?

　신자와 불신자를 막론하고 모든 사람에게 예수는 매력적인 인물이다. 예수에 관한 책이 끊임없이 출간되고 있으며, 그 중에는 유익한 것들도 있고 그렇지 않은 것들도 있다. 다수는 과거의 진정한 예수는 현재 교회가 말하는 예수와 다르다고 주장한다.

　어떤 의미에서 이런 주장을 이해할 수 있는 것은 기독교 신조가 예수의 생애에 대해 한 마디도 하지 않고 그냥 넘어가기 때문이다. 사도신경만 봐도 "동정녀 마리아에게서 나시고, 본디오 빌라도에게 고난을 받아 십자가에 못 박혀 죽으시고, 장사된지…"라고 되어 있다. 예수의 삶과 사역에 관해서는 언급이 없다. 그리고 이런 점은 사람들로 하여금 예수를 신학 방정식에 나오는 일종의 부호나 인수로 생각하게 할 위험이 있다.

18세기에 유럽의 지성계는 기독교 신앙에 등을 돌리고 그 대신 합리적 세속주의 신앙을 받아들였다. 이와 동시에 새로운 역사관도 채택했다. 계몽주의 이후 역사를 다른 방식으로 보게 된 것은 당시에 나타난 진보 교리가 과거를 전혀 다른 방식으로 고찰하도록 만들었기 때문이다. 그래서 사람들은 "글쎄, 진짜 예수는 누구였을까? 교회가 전파하고 얘기하는 그리스도가 아니라 이 실제 인물은 누구였을까? 그는 도대체 어떤 사람이었지?"라고 묻기 시작했다. 이를 '역사적 예수'(혹은 역사상의 예수)의 탐구라고 부른다. 그동안 교회가 묘사해온 예수가 아니라 실제로 존재했던 예수를 묘사하기 위해 수백 권의 책이 집필되었다.

어떤 의미에서 이것은 전형적인 자만심의 발로이다. 내가 예수의 과거 모습 그대로를 얘기한다면, 나는 그를 제대로 모르는 다른 사람들과 달리 나에게 보이는 예수에 관해 말하고 있는 셈이다! C. S. 루이스는 이런 생각을 '연대기적 우월의식'이라고 부른다. 우리가 21세기 사람이라고 해서 과거의 인간들, 심지어는 예수와 가장 가까운 시대의 사람들보다 더 나은 이해력을 갖고 있다고 생각하는 것이다. 그래서 상당 기간에 걸쳐 '역사상의 예수'에 대한 탐구가 이어져온 것이다.

그러면 우리의 출처는 무엇인가? 우리는 어떻게 예수에 관해 알 수 있는가? 물론 우리의 출처는 모두 예수를 주님이요 구원자로 믿고 그의 부활을 믿었던 사람들이 쓴 글들(내가 나중에 언급할 한 가지만 제외하고)이다. 가장 초기의 자료는 바울을 비롯한 여러 사도가 쓴 편지들이다. 이 편지들이 최초의 것이었다는 사실을 잊으면 안 된다. 그 중의 일부는 부활로부터 10~20년 내에 기록된 것이 확실하다. 이 편지들은 예수의 생애에 관한 상세한 이야기를 전해주는 게 아니라 예수가 누구였고 지금 우리에게 무슨 의미가 있는지를 말해준다.

그리고 사복음서도 있다. 이 책들은 예수에 관해 말한 사람들의 이야기에 기초를 두고 있기 때문에 어느 의미에선 가장 초창기로 돌아간다고 할 수 있다. 그러나 지금과 같은 형태의 사복음서는 서신서들보다 후기에 기록되었다. 기독교의 복음은 예루살렘에서 사방으로 빨리 퍼졌고 그 대부분은 우리가 모르는 사람들에 의해 전파되었다는 사실을 기억할 필요가 있다. 초기의 위대한 세 교회―알렉산드리아, 안디옥, 로마―모두 우리가 모르는 사람들에 의해 창립되었다. 그 창립자들 가운데는 박해를 피하려고 예루살렘을 떠났던 이들이 포함되어 있으나, 그들은 사도들도 아니었고 주로 복음을 전하며 예수에 관해 얘기했던 선교사들도 아니었다.

이 세 교회를 비롯한 여러 센터들에서 맨 처음 좋은 소식을 전했던 사람들이 일러준 이야기를 근거로 해서 예수에 관한 기억들이 쌓

여갔다. 여러 교회에 다양한 기억들이 있었던 만큼 그런 이야기들이 점차 모이기 시작했다. 훗날 이것들을 함께 묶어서 질서정연한 형태로 정리하려고 노력한 결과 현재의 사복음서가 탄생한 것이다. 마태, 마가, 누가, 요한 등 네 개의 복음서는 서로 약간씩 다른 점이 있다. 물론 공통된 자료도 상당히 많지만 제각기 나름의 특징을 갖고 있는 것은 서로 다른 환경을 배경으로 하고 다양한 집단의 기억을 구현하고 있기 때문이다.

어떤 사람들은 이런 차이점에 우려를 표명한다. 사실 무슬림은 이것을 기독교에 대한 비판의 빌미로 삼기 일쑤다. 그와 대조적으로 코란은 일절 의심의 여지가 없는 단어들로 구성된 틀림없는 경전이라고 자랑한다. 예수의 말이나 행위가 서로 다른 형태로 전해지지 않은 것이 거의 없을 정도이다. 이것은 우리가 진짜 복음(그들이 '인질'이라 부르는 것)을 상실했음을 뜻하는 것이라고 무슬림은 해석하고, 그러므로 신약성경을 믿을 수 없다고 주장한다.

그러나 우리가 아는 대로, 만일 어떤 소송에서 모든 증인이 어느 한 편을 들어 동일한 증거를 내놓는다면, 우리는 변호사가 그들에게 그런 생각을 심어주었다고 의심하게 될 것이다. 사실 진정한 역사적 사건의 특징은 다양한 사람들의 해석과 인식에 따라 다양한 방식으로 보도된다는 점에 있다.

사복음서에는 서로 다른 기억들과 출처들에서 나온 자료가 담겨있다. 그리고 이 자료는 실제 사건과 훨씬 가까운 만큼 1세기의 다른 지역과 관련된 어떤 자료보다도 더 신빙성이 있다는 것을 우리가 유념해야 한다. 예컨대, 시저의 『전쟁들』(Wars)에 관한 최초의 사본들도 신약성경의 초기 사본들보다 늦게 기록되었다. 그런즉 복음서에 기록된 사건들에 대한 증거는 당시 세계의 다른 지역에서 일어난 다른 어떤 사건의 어떤 증거보다도 더 유력하다고 할 수 있다.

이 모든 문헌은 예수를 죽음에서 부활하여 만물을 다스리는 주님으로 믿은 사람들에 의해 기록되었고, 그는 오늘날 우리가 기도 중에 찬양하는 주님과 동일한 분이다. 고대 문헌 가운데 로마 역사가인 타키투스가 예수를 언급한 대목이 있다. 그는 1세기에 로마에서 일어난 폭동에 대해 묘사하면서 그리스도인들이 유발한 것으로 의심을 받고 있다고 기록한다. 그의 기록에 따르면, 그리스도인들은 과거에 테러리스트로 로마 총독에 의해 처형당했던 그리스도라고 불리는 인물이 아직도 살아있다고 믿는 '성가신 분파'였다고 한다.

이것이 (거의)동시대에 기록된, 예수를 언급한 유일한 자료이다. 타키투스에 의하면 그것은 실제로 발생한 사건이었다. 물론 어느 것이 실제로 일어난 사건에 대한 올바른 이해인지를 우리가 정하지 않으면 안 된다. 타키투스의 것인가, 아니면 사도들의 증언에 담긴 것인가?

1세기 이스라엘에 대한 이해

예수의 생애를 제대로 이해하려면 우리는 먼저 그가 찾아온 세계를 이해하려고 노력해야 한다. 여러분이 당시에 이스라엘 자손으로서 오늘날 우리가 팔레스타인이라 부르는 땅에 사는 독실한 유대교 신자라고 상상해보라. 여러분의 배후에는 그 모든 하나님의 약속들이 즐비하다. 위대한 출애굽 이야기, 해방, 약속의 땅에 정착하기, 그 땅을 백성들에게 분배하기, 이스라엘의 죄악, 징벌, 널리 흩어짐, 바벨론과 앗수르 등 사방으로 추방됨, 흩어진 거룩한 백성, 더럽혀진 거룩한 땅, 거룩한 땅을 짓밟는 이방의 로마 군대, 파괴된 성전이 최근에야 로마의 승인을 받아 재건된 일, 그래도 여전히 이방인에 의해 더럽혀진 거룩한 땅.

그리고 하나님께서 그의 백성을 그 땅에 복귀시키고, 그들을 전 세계를 다스리는 위대한 나라로 만들고, 모든 적들을 흩뜨리고 부끄럽게 할 것이라는 하나님의 약속들이 있었다. 구약성경의 페이지마다 그런 약속들로 가득하다. 그런데 무슨 일이 발생했는가? 하나님은 무엇을 하고 계셨는가? 만일 하나님이 그저 사태를 그대로 내버려둔다면, 그는 결코 하나님이 아니었다. 여러분이 신실한 이스라엘 자손이라면, 여러분은 하나님이 곧 개입하실 것이라고, 어떤 식으로든 하나님이 온 세상을 다스리는 그의 주권을 밝히 드러내고 그의 적들을 무찌를 것이라고 믿지 않을 수 없다. 그래서 이스라엘 전체에는 이런 기대감이 맴돌고 있었다.

어느 사회든 그 속에는 다양한 입장, 즉 하나의 스펙트럼이 있기 마련이다. 이스라엘 사회의 한쪽 극단에는 제사장들과 사두개인들이 있었다. 인도의 경우에도 지배국인 영국 정부가 로마인들이 했던 것처럼 작은 군주들로 하여금 여러 지방을 주관하도록 허용했다. 로마인들은 그들의 통제 아래 헤롯을 꼭두각시 왕으로 삼고 유대인을 기쁘게 하려고 성전을 재건하도록 허락했다. 제사장의 무리, 곧 제사장을 중심으로 한 사두개인들은 적당히 타협하며 나라살림을 꾸려가고 있었다. 예루살렘에서는 현상유지를 도모하고 그 어떤 극적인 개입도 배제시키는 입장이었다.

그리고 자기들 종교를 훨씬 더 진지하게 여기는 바리새인들이 있었다. 이들은 사두개파에 협력하여 성전을 소중히 여기며 성전 예배에 참석했다. 그러나 이들은 난국을 타개하는 관건을 다른 데서 찾았다. 말하자면, 이스라엘이 율법에 충실해야 한다는 것, 따라서 율법과 선지자를 가르치고 공부하며 율법에 따라 살도록 권면하는 회당에 충성하는 것을 밝은 미래를 여는 중요한 실마리로 여긴 것이다. 이것이 바로 하나님의 목적을 성취하고 그분의 오심을 예비하는 길이라고 믿었다.

이와 더불어 1947년에 쿰란 동굴에서 발견된 '쿰란 문헌'이 묘사하는 제3의 집단도 있었다. 이들은 사두개파와 바리새파를 모두 배척하는 한 분파였다. 바리새파는 사두개파와 너무 쉽게 협력한다는 이유로, 사두개파는 로마와 협력한다는 이유로 그들의 배척을 받았다. 이들은 광야에서 공동체를 만들어 장차 하나님이 개입하여 적들을 흩어버릴 날을 기다리며 기도하고 있었다.

끝으로, 스펙트럼의 다른 쪽 극단에는 열심당 내지는 테러리스트와 혁명가들이 있었다. 이스라엘을 향한 하나님의 목적을 이루는 유일한 길은 하나님이 두 세기 전에 마카베오 일족을 지지했던 것처럼 그들도 지지할 것을 바라며 무기를 들고 로마인을 쫓아내는 일이라고 믿었던 사람들이다.

당시에 이런 스펙트럼이 존재했던 한편, 사회 전역에는 설레는 기대감이 온통 팽배해 있었다. 이것을 나는 '연기를 풍기는 화산'이라고 불렀다. 이따금 불꽃이 뿜어 나오곤 했다. 간헐적으로 소규모의 테러가 발생하긴 했으나 대다수는 로마인에게 무자비하게 진압되고 말았다. 너무도 많은 사람이 십자가에 달리는 바람에 십자가를 만들 나무가 다 떨어졌다는 소문이 날 정도였다. 그러나 예수가 여러번 경고했듯이 이스라엘이 회개하지 않으면 화산이 폭발하여 엄청난 재난이 닥칠 것이었다. 이 비극은 실제로 주후 70년에 발생했다. 그 때 최후의 대규모 반란이 일어나서 로마인에게 진압되었고, 그로 인해 유대 나라가 파괴되고 예루살렘은 폐허로 변했던 것이다.

바로 이런 사회에서 예수가 태어난 것이다. 그리고 우리가 기억할 점은—사복음서가 말하듯이—무엇보다도 예수는 랍비로 인정을 받았다는 사실이다. 랍비는 오늘날의 성직자와 같은 전문인 계층의 일원이 아니었다. 그는 남들을 가르치는 선생이 되기 위해 성경을 공부하고 이해하고 섭렵했던 평신도였다. 바리새인과 사두개인이 하나같이 예수를 랍비라고 부른 것은 의미심장한 사실이다. 이로 보건대 예수가 나사렛에 사는 동안 단지 목수의 일만 했던 것은 아니다. 그가 실제로 목수였는지 여부는 우리도 잘 모른다. 그러나 예수가 성경을 공부하여 그에 대한 깊은 통찰력을 가졌으며 그것을 섭렵했기에 랍

비로 인정받았다는 것만은 확실하다.

예수의 생애

사복음서에 따르면, 예수가 공적 사역을 시작하게 된 계기는 세례 요한의 등장이었다. 모든 자료가 한 목소리로 그렇게 말한다. 세례 요한은 몇 세기 동안 선지자가 전혀 없었다가 출현한 인물이다. 말라기 이후 이스라엘 백성은 선지자가 없어서 신음하며 괴로워했다. 그런데 하나님이 자신의 목소리를 대변하도록 한 인물을 일으켜 세웠다. 그는 옛 선지자들과 같이 말했으며 이스라엘을 향해 회개하고 하나님께 돌아가도록 촉구했다. 그리하여 크나큰 회개 운동이 일어나 새로운 출발을 위해 세례를 받는 일이 이어졌다. 그리고 이 소식이 나사렛에 사는 예수에게도 전해졌다. 그는 그 소식을 아버지의 부르심으로 듣고 세례를 받으려고 군중과 함께 왔다. 예수의 공적 사역의 첫 장면은 그가 회개하려고 몰려드는 죄인들 사이에 있는 모습이다. 여기에 벌써 예수가 친히 세상의 죄를 짊어졌다고 표현되는 그 모습이 등장한다. 그는 그 자신과 남들을 구별하지 않았다. 죄 많은 남자들과 여자들과 나란히 세례를 받으러 온 것이다. 요한이 그를 만류하려 하자 예수는 "우리가 이와 같이 하여 모든 의를 이루는 것이 합당하니라"고 응답한다.

예수가 세례를 받을 때 아버지께서 "내 사랑하는 아들"이라고 인정하고, 사역의 시발점에 성령의 기름부음을 받는 결정적인 순간이 되었다. 이것이 나중에 정립된 삼위일체 교리의 발단이다.

직후에 예수는 광야로 이끌림을 받아 '하나님의 아들은 실제로 어떻게 행동하느냐?'는 두려운 질문을 붙들고 씨름한다. 광야에서의 격렬한 몸부림을 통해 예수는 자기를 아버지의 뜻에서 멀어지게 하려는 모든 세력을 물리쳤다. 그리고 그 격심한 영적인 싸움을 끝내고 승리를 얻은 뒤에 갈릴리로 돌아와서 다음과 같은 메시지를 전파하기 시작했다. "천국이 가까웠다. 하나님의 나라가 가까이 왔다."

이것은 무슨 뜻인가? 유대인이 하나님을 왕이라고 말하는 것은 전혀 새로운 것이 아니었다. 그것이 구약성경의 전반적인 메시지였기 때문이다. 하나님의 왕권, 하나님의 주권이 가까이 왔다는 말은 무슨 뜻이었을까? 이 말은 하나님의 왕권이 더 이상 먼 미래에 있거나 하늘에 있거나 신학적 토론 주제가 아니라 지금 여기 여러분 앞에 있다는 뜻이다.

하나님의 나라, 하나님의 통치, 하나님의 주권, 하나님의 주권적인 권세가 지금 여기에 여러분 앞에 있으나, 여러분이 그것을 보지 못하는 이유는 엉뚱한 방향을 보고 있기 때문이다. 그런즉 반대쪽으로 방향을 바꾸라. '회개하다'로 번역되는 그리스어 메타노에인(metanoein)은 정신적인 유턴을 하는 것, 곧 다른 방향을 보는 것을 의미한다. 이런 일이 필요한 것은 여러분이 "하나님은 왕이시다"라고 말하면서 그릇된 방향을 보고 있기 때문이다. 여러분은 다른 일을 기대하고 있는 중이다. 하나님은 그런 분이 아니다. 몸을 돌려라. 회개하고 따르라. 그들 중 일부는 흥분과 열정에 들떠서 그렇게 했다. 하지만 잠시 후 "하나님의 왕권이 어디에 있는가? 우리 눈에 보이지 않잖아"하고 묻기 시작했다. 이에 예수는 여러 비유와 이야기를 동원하여 응답한다. 이 이야기들을 잘 검토해보면 모두가 이스라엘의 이야기를 들려주고 있으나 그 이야기를 뒤집어 전혀 새로운 방식으로 그렇게 하는 것을 알 수 있다.

　내가 많은 예를 들 수 있지만 여기서는 포도원 농부의 비유(마 21:33-41)를 생각해보자. 이사야서에 나오는 포도원의 비유는 가장 잘 알려진 구약성경의 비유들 중의 하나였다. 이스라엘이 포도원이었다. 하나님이 열매를 거두기 위해 거기에 나무를 심고 소작인들, 곧 그의 백성인 이스라엘에게 주었으나, 그들이 열매를 맺지 못하자 그분이 종들, 곧 선지자들을 보냈지만, 그 백성이 하나씩 배척하고 말았다. 그래서 마침내 그분이 자기 아들을 보낸다면 그들이 어떻게 하겠는가? 그들은 그를 죽일 것이다. 그러면 주인은 어떻게 할까? 그 소작인들을 진멸할 것이다. 바리새인들은 이 비유가 무슨 뜻인지를 분명히 알아들었기 때문에 예수를 체포할 길을 찾았던 것이다.

　이 모든 비유들은 이스라엘의 이야기를 다시 들려주고 있지만 새롭게 마무리하고 있다. 그 새로운 마무리는 바로 예수 자신이다. 그러나 많은 사람은 그것을 알아듣지 못한다. 제자들이 예수에게 가서 잘 모르겠다고 말하자, 그분은 "하나님 나라의 비밀을 너희에게는 주었으나…"(막 4:11) 바깥사람들에게는 그것이 하나의 미스터리요 기적으로 보일 뿐이라고 말한다. 이와 더불어 첫 세 복음서가 '이적'이라 부르고 제4복음서가 '표적'이라 부르는 것이 있다. 이것들은 결코 주목을 끌기 위한 수단이 아니었고 예수가 모든 악한 권세를 정복했음을 입증해주는 권능의 행위였다.

예수는 사람들에게 자기가 행한 기적에 대해 말하지 말라고 했다. 그 기적들은 하나님의 사랑이 밖으로 드러난 결과일 뿐이다. 가장 아름다운 장면 중의 하나는 마가복음의 앞부분에 나온다. 한 나병환자가 예수께 와서 무릎을 꿇고 "주님, 원하시면 저를 깨끗하게 하실 수 있나이다"라고 말하자 예수는 한마디로 "내가 원하노니 깨끗함을 받으라"고 대답한다(막 1:40-41). 예수는 손을 내밀어 그에게 댔다. 그 손길은 선교전략의 일환이 아니라 순전히 하나님의 사랑의 행위였다. 하나님의 사랑과 능력이 표출된 것이었다. 그런데 다시 한 번 그 기적은 사람들을 분열시켰다. 한 번은 세례 요한이 "오실 그이가 당신이오니이까? 우리가 다른 이를 기다리오리이까?"하고 물은 적이 있다. 이에 예수는 "너희가 가서 보고 들은 것을 요한에게 알리되, 맹인이 보며, 못 걷는 사람이 걸으며, 나병환자가 깨끗함을 받으며, 귀먹은 사람이 들으며, 죽은 자가 살아나며, 가난한 자에게 복음이 전파된다 하라. 누구든지 나로 말미암아 실족하지 아니하는 자는 복이 있도다"라고 응답했다(눅 7:20-23).

어떤 사람들은 그 기적들을 하나님의 현존이 드러난 현상으로 보지 않았다. 예수의 사명이 무엇보다도 이스라엘을 위한 것이었음은 사실이다. 그의 우선적인 소명은 이스라엘이 하나님의 본래 의도에 순종하도록 촉구하는 일이었기 때문에 그의 제자들에게 잃어버린

이스라엘의 양떼에게만 가라고 명령했던 것이다. 예수는 장차 하나님의 종으로 고난을 받을 것이다. 그는 세상의 죄를 짊어질 터이다. 이사야서 53장에 나오는 환상은 여호와의 종이 거룩한 하나님과 죄 많은 세상의 교차점에서 고난을 받음으로써 모든 나라에게 하나님을 아는 지식을 가져오는 그림이다. 예수는 하나님이 이스라엘을 창조한 본래 목적을 이루도록 이스라엘에게 촉구하려고 애썼다. 그러나 이스라엘은 귀담아 듣지 않았다. 그는 이스라엘이 회개하지 않으면 닥치게 될 일을 여러 차례 경고했고, 이스라엘은 결국 주후 70년에 파멸을 맞았다.

이제는 이스라엘을 향한 하나님의 목적이 한 사람을 통해 이뤄져야 함이 분명해졌다. 바로 예수가 온 세상을 위해 고난을 받는 인물이어야 했다. 따라서 그는 장차 일어날 일을 위해 제자들을 준비시켰는데 그 중의 하나는 마지막 날에 있을 부활의 약속이었다. 당시에 이스라엘의 구속(救贖)을 기다리던 바리새인들과 같은 이들의 마음속에는 장차 죽은 자의 부활이 있을 것이란 확신이 있었다. 마카베오 전쟁 이후 하나님을 위해 죽은 자들은 장차 다시 살아날 것이라고 믿었다.

그러므로 부활은 하나의 근본적인 소망이자 믿음이었던 셈이다. 하지만 성경이 말하듯이, 사두개인들은 부활의 소망을 받아들이지 않았다. 그들은 현 상태에 아주 만족했기 때문이다. 현세에 잘 자리 잡고 있었기에 굳이 부활이 필요 없는 사람들이었다. 반면에 부활의 소망은 현 세계를 받아들이지 않고 근본적으로 다른 세계를 바라본다는 것을 의미했다.

예수의 죽음과 부활

그래서 예수는 제자들이 도무지 감당하기 어려운 일을 위해 그들을 준비시켰다. 내용인즉, 그의 사명은 반드시 실패로 끝나야 하고 그는 모든 사람을 대신해 고난을 당해야 한다는 것이다. 하지만 그들에게 부활의 약속도 주었다. 예수는 아버지를 완전히 신뢰하며 전진했다. 그리고 내가 앞서 언급한 두 개의 아람어 단어들이 그의 입에서 나오는 소리를 들을 수 있다. 그 말을 들은 이들은 그것을 결코 잊을 수 없었을 것이다. 복음서 저자들은 그 책들을 그리스어로 기록했지만 그 두 단어만큼은 본래의 아람어로 표현했다. '아버지'를 뜻하는 아바(Abba)와 '진실로'란 뜻을 지닌 아멘(Amen)이다. "아멘, 아멘 내가 너희에게 말하노니." 이 두 단어는 그 무엇에도 흔들리지 않는, 아버지에 대한 신뢰를 표현했다. 그리하여 그는 절대적인 믿음으로 전진하여, 인간적인 관점으로 볼 때 죽음뿐만 아니라 사명의 완전한 실패와 청중들에게 경고하고 그들을 준비시켰던 그 임박한 재난에 이르기까지 순종할 수 있었던 것이다.

그는 홀로 겟세마네로 발걸음을 옮겨야 했고, 이어서 홀로 재판과 채찍질, 조롱과 십자가의 죽음을 당해야 했다. 그럼에도 "아버지, 저들을 용서해주소서"(눅 23:34)란 놀라운 기도를 드렸다. 이 기도에 나오는 동사는 반복적인 행위를 가리키는 동사이다. 그러니까 망치가 그의 몸에 못을 박기 위해 내리칠 때마다 예수는 "아버지 용서해주소서, 아버지 용서해주소서, 아버지 용서해주소서, 아버지 용서해주소서"라고 소리쳤던 것이다.

그 후 우리는 "나의 하나님, 나의 하나님, 어찌하여 나를 버리셨나이까?"라는 끔찍한 울부짖음을 듣는다. 사랑받는 아들이 아버지에게서 떼어지고 말았다. 그 사랑받는 아들이 타락한 세상과 완전히 동일시되어 하나님에게서 단절된 나머지 그 타락한 세상의 비참한 상태에 동참했던 순간이었다.

그런데 우리가 이런 일에 대해 말하기 시작하는 시점에 반드시 유념해야 할 점이 있다. 그것은 예수의 십자가는 궁극적으로 접근은 가능하나 침투할 수 없는 하나의 신비라는 점이다. 예수의 십자가는 거룩한 하나님과 죄 많은 세상이 만나는 결정적인 교차점이다. 그곳은 온 우주 역사의 유일한 위기가 발생하는 장소이다. 우리로서는 거기에 담긴 뜻을 온전히 파악할 수 없다. 우리가 그것을 이해할 수 있다면 악도 설명할 수 있을 터이고, 악을 설명할 수 있다면 그것은 악이 아닐 것이다.

가장 초창기에 쓴 신약성경의 글을 읽어보면 예수의 십자가를 막강한 승리로 묘사하고 있음을 알 수 있다. "이제 이 세상에 대한 심판이 이르렀으니 이 세상의 임금이 쫓겨나리라"(요 12:31). 예수의 죽음은 막강한 승리다. 그것은 하나님의 능력이요 하나님의 지혜이다. 첫 수세기에 만들어진 성상들의 예수 그림을 보면 중세의 예수상(像)

에 나오는, 고통에 찌들어 고개 숙인 그런 모습을 결코 볼 수 없을 것이다. 반면에 고개를 똑바로 든 채 사탄의 권세를 짓밟는 인물을 항상 보게 될 것이다. 이것이 신약성경과 초창기 성화에서 볼 수 있는 십자가의 그림이다.

그러면 '어떻게 악이 정복된 것인가? 어떻게 대적이 패배하게 된 것인가?'라는 물음이 제기되기 마련이다. 이에 답하려면 신약성경에 나오는 다양한 은유들로 눈을 돌려야 한다. 이 모든 은유들이 유익하긴 하지만 그 어떤 것도 완전한 설명을 제공하는 것은 없다. 그 중 몸값(ransom)이란 은유가 있다. 예수께서 우리를 악의 권세에서 구출했다는 것이다. 하지만 이 은유를 너무 밀고 나가면, '누구에게 몸값을 지불한 것인가? 하나님께? 아니면 마귀에게?'라는 의문이 생긴다. 이에 대해 중세에 큰 논쟁들이 있었다.

또한 대속(substitution)의 개념도 있다. 예수께서 우리를 대신해서 죽었다는 것. 이것은 사실이다. 예수는 죄인들을 위해 죽었다. 바울이 말했듯이 그는 "죄로 말미암아 죄 있는 육신의 모양"(롬 8:3)을 취한 것이다. 그러나 그것은 우리를 그냥 내버려두는 그런 대속이 아니었다. 예수가 행한 일을 보고 우리가 "대단히 감사합니다만, 괜찮습니다"라고 말해도 좋은 그런 것이 아니었다는 뜻이다. 예수가 그 일을 행하신 것은 우리도 그를 따르고 그와 함께 십자가의 길을 걷게 하기 위해서였다. 그는 다른 어떤 누구도 할 수 없는 일을 행했지만, 그 의도는 다른 이들이 그런 일을 못 하게 하려는 게 아니라 모두가 그의 발걸음을 좇게 하려는 것이었다.

뿐만 아니라, 제물(sacrifice)의 개념도 있다. 이는 주로 히브리서에 나온다. 이것은 실로 단 한 번의 진정한, 온전한, 완전한, 충분한 제물이다. 이는 모든 제물의 완결판이지만, 우리는 다시금 '왜 하나님은 제물을 요구하시는가?'라고 묻지 않을 수 없다. 이에 대한 답은 성경에 나오는 증언의 중심부로 들어가야 찾을 수 있을 것 같은데, 구약성경에는 하나님의 고뇌가 거기에 있다. 호세아서 11장에서 하나님은 "에브라임이여, 내가 어찌 너를 놓겠느냐? 이스라엘이여, 내가 어찌 너를 버리겠느냐? 나의 긍휼이 온전히 불붙듯 하도다"라고 말씀하신다. 하나님의 마음속에는 하나님의 거룩하심과 하나님의 사랑 사이에 낀 고뇌가 있다. 하나님은 악과 도무지 타협할 수 없는 거룩한 분이다. 동시에 하나님은 악인도 포기할 수 없는 사랑을 지닌 사랑이시다. 그래서 하나님의 마음속에는 이런 고뇌가 있었고, 예수의 십자가 죽음은 그 고뇌가 인간의 역사 속에서 실제로 표출된 결과라고 할 수 있다.

나는 지금 그 깊이가 너무나 깊어서 인간이 완전히 파악할 수 없는 어떤 것을 붙들고 씨름하는 중이다. 예수의 십자가야말로 인류 역사와 우주 역사의 궁극적인 전환점이라고 확신하면서도 그것을 명쾌한 형식으로 표현할 수 없기 때문이다. 하지만 적어도 한 가지 방식은 있다. 우리가 십자가를 이해하려면, 앞에서 언급했듯이, 하나님을 삼위일체로 이해하는 일이 필요하다. 아들이 아버지의 가슴에서 떼어져서, 아버지에게 등을 돌려 그분에게서 소외된 세상의 일부가 되는 것이 아버지와 아들과 성령의 뜻이었다. 그리하여 역사상의 바로 그 자리에, 하나님에게서 단절된 타락한 인간 역사의 한복판에, 하나님이 죄 있는 육신의 모양으로 실제로 계셨던 것이다. 바울의 말대로 그는 우리 세계의 일부로 왔으나 하나님의 현존 그 자체로 왔던 것이다.

우리가 이것을 알게 된 것은 예수가 부활했기 때문이다. 아버지는 아들의 순종을 높이 사서 그를 죽은 자 가운데서 일으키셨다. 그 부활은 토대의 근거가 다른 세상의 어떤 이론에도 들어맞을 수 없다. 부활이란 것은 여러분이 그것과 함께 시작할 때에만 이해할 수 있다. 부활은 그로부터 시작하는 세계관의 일부만 될 수 있을 뿐 다른 어떤 세계관의 일부가 될 수 없는 법이다. 이유인즉 부활은 창조와 마찬가지로 완전히 새로운 시작이었기 때문이다. 무덤이 비어있었기 때문에 몸이 부활했다는 사실을 우리는 안다. 한 가지 명백한 증거가 있다면 그것은 바로 빈 무덤이다. 다른 한편, 부활한 예수의 몸은 닫힌 문을 통과할 수 없는 우리의 몸과 같지 않았다. 부활은 새로운 창조, 우리가 바라보는 새 하늘과 새 땅의 맛보기였다.

부활은 갈보리에서 일어난 일이 하나님의 사랑의 패배가 아닌 승리였다는 것을 보증하는 징표이자 맛보기이다. 그리고 이 비밀은 공유되었다. 예수가 그 증인으로 준비시킨 남자와 여자들에게 전해졌던 것이다. 비록 현재는 악이 승리하고 선이 고통을 당한다 할지라도 최후의 승리는 하나님의 손에 있다는 것을 그들은 알고 있었다. 교회는 예수가 십자가에서 고난 받은 이유를 대대로 전하도록 부름을 받은 공동체이다.

그렇기 때문에 예수가 두려워하는 제자들을 모아놓고 "아버지께서 나를 보내신 것같이 나도 너희를 보내노라"(요 20:21)고 말한 것이다. 그는 그들에게 손과 옆구리를 보여주었는데, 그것은 세상의 죄를 짊어진 데서 오는 수난의 상처였다. 이는 교회가 그리스도의 몸임을 밝히는 흔적이 될 것이다. 이어서 그는 "성령을 받으라"고 말하며 그들을 향해 숨을 내쉬었다(요 20:22).

바울은 로마서 8장에서 하나님의 성령이 우리 속에서 탄식하신다고 말한다. 우리에게 성령을 주신 것은 우리도 세상을 위한 그리스도의 고난에 동참하고, 우리의 작은 고난과 신음이 성령의 큰 탄식 속으로 들려 올라가게 하기 위함이다. 교회는 세상의 죄를 짊어진 그 위대한 사역을 대대로 전하도록 부름을 받았기 때문에, 예수가 그들에게 "너희가 누구의 죄든지 사하면 사하여질 것이요, 누구의 죄든지 그대로 두면 그대로 있으리라"(요 20:23)고 말할 수 있었던 것이다. 이제 교회는 용서하고 화목케 하고 속죄하는 예수 사역을 역사의 마지막 순간까지 전달하는 장소가 되었기 때문에 지금은 누구든지 예수의 속죄 사역을 통해 하나님과 화해할 수 있는 기회를 갖게 되었다.

십자가에 관해 말한다는 것은 인간의 어떤 언어로도 다 표현할 수 없는 그 무엇에 관해 얘기하는 것임을 나는 알고 있다. 우리에게는 성경이 제공하는 모든 은유 ─ 몸값, 대속, 제물 등 ─ 가 필요하다. 십자가에 담긴 중심 진리를 이해하는데 도움이 되기 때문이다. 거기에 바울의 말처럼 "… 하나님의 능력과 하나님의 지혜"가 작동하고 있었다(고전 1:24). 그래서 여기가 바로 악이 최후의 패배를 당한 곳임을 우리는 알 수 있다.

이 인물이 바로 역사상의 예수이다. 역사상의 예수는 곧 신앙의 그리스도다. 지난 이백 년 동안 신학자들 사이에 벌어진 이 논쟁은 그릇된 전제에 근거해 있다. 한편에는 수천 명이 그 생애에 대해 쓰려고 했던 역사상의 예수가 있고, 다른 한편에는 우리가 교회에서 예배하는 신앙의 그리스도가 있는 것이 아니다.

예수는 한 분밖에 없다. 우리가 신약성경에서 읽는 그 인물이다. 역사상의 예수라고 불리는 인물은 기독교 신앙이 아닌 다른 신앙의 관점에서 본 예수일 뿐이다. 말하자면, 계몽주의적 합리주의의 관점에서 조망한 예수라는 뜻이다. 역사상의 유일한 예수는 신앙의 그리스도이기도 하다. 그분만이 유일한 주님이지 다른 주님은 없다.

3.
성령 안에서의 공동생활

　　우리가 전하는 복음의 중심부에는 이 세상의 공적 삶의 영역에서 하나님이 행동하셨다는 사실이 있다. 이것이 아시아 종교 및 여러 서양 종교의 지배적인 가정(假定)들과 대조를 이루는 점인데, 그들은 종교를 사적이고 내면적인 문제로, 그래서 인간 영혼과 하나님의 개인적인 관계의 문제로 여기기 때문이다. 이는 아시아 종교의 전형적인 특징이요 종교의 고전적인 형태임에 틀림없다.

　일반적으로 하나님은 역사적인 사건을 통해서 발견하는 게 아니라, 우리의 이성을 활용하고 다양한 영적 체험에 열려있을 때 찾을 수 있다고 생각한다. 이와 대조적으로, 우리가 복음을 얘기할 때에는 공적인 역사에 속하는 역사적 사건들이야말로 하나님이 이 세상 속에서 활동하고 계심을 보여주는 증거라고 선언한다.

물론 우리가 여기서 끝난다면, 예수는 우리가 흠모하고 따르고 싶은 과거의 인물에 불과할 것이다. 우리가 그를 아무리 존경하고 동경한다고 할지라도 그는 여전히 과거의 인물일 뿐이다. 이제 우리를 그리스도의 동시대인으로, 혹은 그리스도를 우리의 동시대인으로 만들어주는 성령의 사역에 대해 생각해보자. 우리가 고백하는 신앙과 우리의 삶은 본디오 빌라도 아래서 일어난 역사적 행위에 근거를 두고 있다. 사도신경에 나오는 이 대목은 우리가 당시의 로마총독을 거명함으로써 세계의 공적 역사에 속한 어떤 것에 관해 얘기하고 있음을 상기시켜준다. 우리의 신앙고백은 실제로 발생한 역사적 사건들에 바탕을 두고 있는 셈이다. 하지만 우리가 단지 과거의 어떤 것을 숭배하고 있는 것은 아니다. 오히려 하나님의 성령이 그리스도를 우리의 동시대인으로 만들고 우리를 그의 동시대인으로 만들어서 그의 삶에 동참하도록 한다는 것을 인정하는 일이다.

　우리가 하나님을 삼위일체로 이해할 때에만 이런 진리들을 이해할 수 있다. 우리가 하나님을 거론할 때는 아버지요 만물의 창조자이자 지탱자이며, 종종 감춰져 있긴 하지만 섭리를 통해 역사상의 모든 사건을 다스리는 분을 가리킨다. 그리고 하나님을 거론할 때, 우리는 세계의 공적 역사의 특정한 시기에 특정한 장소에서 인간이 되신 그 아들에 관해, 우리를 그리스도와 연합시키는 성령에 관해 말한다. 성령은 우리를 아들과 아버지와 하나가 되게 하심으로써 우리의 신앙을 역사적인 사건에 뿌리박게 하면서도 우리의 영과 하나님 사이에 지속적이고 살아있는 교제가 있도록 한다.

성령은 예수의 영이다. 신약성경은 끊임없이 우리에게 이것이 바른 잣대임을 상기시켜준다. 세상에는 수많은 영들이 존재한다. '영성'은 이제 유행어가 되었다. 한 친구는 그 말을 들을 때마다 총을 겨누고 싶다고 하는데, 나도 충분히 이해할 수 있는 심정이다. '영성'이란 미명 하에 온갖 괴상한 일이 벌어지고 있기 때문이다. 사도 바울은 유일한 잣대, 곧 성령의 징표는 예수를 주님으로 고백하는 것이라고 말한다(롬 10:9). 이 고백이 요한일서에는 더욱 명확하게 표현되어 있다. "예수 그리스도께서 육체로 오신 것"을 시인해야 한다고(요일 4:2). 우리의 머릿속에 그리는 막연한 예수가 아니라 실제로 인간의 몸을 입고 온 예수를 시인해야 한다는 말이다. 이것이 성령을 알아보는 잣대이다.

요한과 누가가 말하는 성령

이번에는 성령에 대해 가르치는 성경을 살펴보기로 하자. 우리는 당연히 창조에서 시작해야 한다. 태초에 성령은 혼돈 위를 운행하며 창조에 참여한다. 구약성경에서는 성령이 선지자를 비롯한 위대한 영웅들의 말에 영감을 불어넣는 등 구약시대 내내 활동하고 있는 모습을 보게 된다. 그리고 우리는 선지자 계열의 마지막 고리라고 할 수 있는 세례 요한에 이른다. 그는 옛 선지자들처럼 하나님께 돌아가라고 이스라엘을 촉구하러 왔다. 그는 회개의 세례를 베풀었고, 이스라엘을 출발점으로 되돌려 다시 시작하도록, 회개하고 하나님의 복을 받도록 도전했다. 아울러 요한은 "나는 물로 너희에게 세례를 베풀거니와 나보다 능력이 많으신 이가 오시나니 … 그는 성령과 불로 너희에게 세례를 베풀 것이라"고 약속했다(눅 3:16).

그래서 예수가 세례 요한이 촉구했던 그 회개, 이스라엘의 방향전환을 추구하려고 온 것이다. 그는 겸손하게 물세례를 받아들였고 이어서 성령의 기름부음을 받았으며, 하나님의 사랑하는 아들로 선포되었다. 그 시점에서는 물세례와 성령세례가 거의 동시에 주어진 셈이다. 예수는 물세례를 받아들였고, 그 직후에 성령의 능력으로 기름부음을 받았던 것이다.

이후에 우리가 접하는 내용은 성령이 그를 광야로 이끌고 갔고 거기서 예수가 한동안 시험을 받으며 "네가 만일 하나님의 아들이라면 어떻게 할 것이냐? 어떻게 네 능력을 보여줄 것이냐? 어떻게 네가 하나님의 능력을 발휘할 것이냐?"는 질문을 붙들고 씨름하는 대목이다. 예수의 비유들 중에 언급된 적이 있는 그 힘겨운 싸움을 통해 그는 대적의 능력을 압도했고, 광야에서 돌아와 성령의 능력에 힘입어 갈릴리와 유대의 여러 마을을 돌아다니며 하나님의 나라와 권세를 선포하고 많은 기적을 행하였다.

예수는 그들에게 자신의 큰 사역 안에서 일하는 분은 바로 성령이란 것을 거듭해서 상기시켰다. 하지만 사도 요한이 분명히 말하듯이(요 7:38-39) 성령이 아직 주어지지 않은 것은 예수가 아직 영광을 받지 않았기 때문이었다. 예수는 성령의 능력을 덧입어서 그 능력으로 그런 말과 행위를 했지만, 다른 이들에게는 아직 성령이 주어지지 않았다. 성령이 제자들에게 주어지지 않은 것은 예수가 아직 영화롭게 되지 않았기 때문이었다. 성령이 신자들에게 부어지려면 예수가 최후의 속죄사역, 최후의 화해사역을 성취해야 했는데, 아직 그 때가 이르지 않았던 것이다.

우리는 요한복음에 나오는 최후의 만찬에서 예수가 제자들에게 고별설교를 한 것을 기억한다. 거기서 예수 자신은 제자들을 떠날 테지만 성령이 오실 것을 이전과는 다른 방식으로 약속했다. 요한복음 14장에서는 패러클리트(paraclete), 곧 당신 곁에 서도록 부름 받은 이에 관해 말한다. 변호사 내지는 변호인이란 뜻을 지닌 말이다. 소송이 제기되면 변호인이 당신 곁에 서서 당신의 입장을 대변한다. 이런 의미에서 성령은 예수의 가시적인 몸이 더 이상 그들과 함께하지 못할 때 예수의 분신과 같은 존재가 될 것이었다.

그리고 14장의 끝부분에는 "그가 너희에게 모든 것을 가르치고 내가 너희에게 말한 모든 것을 생각나게 하리라"(요 14:26)는 말이 나온다. 15장 끝 무렵에 이르면, 교회가 직면할 배척과 박해에 관한 언급 뒤에 이런 대목이 나온다. "아버지께로부터 나오시는 진리의 성령이 오실 때에 그가 나를 증언하실 것이요, 너희도 처음부터 나와 함께 있었으므로 증언하느니라"(요 15:26-27). 그런데 일차적인 증인은 바로 성령이었음을 결코 잊으면 안 된다. 성령은 일차적인 증인, 상담사, 패러클리트, 위로자이다. 우리가 위로자란 단어를 사용할 때에는 조심할 필요가 있는데, 오늘날에는 부드럽게 보듬어주는 자라는 의미를 지니기 때문이다. 그러나 '위로'란 단어의 본래 의미는 강철을 연상시킨다. 위로란 성령께서 제자들에게 부여할 힘과 능력을 가리키는 말이었다.

16장에서는 성령이 죄와 의와 심판에 대하여 세상을 책망할 것이라고 예수가 말한다. 달리 말하면, 성령이 세상의 근본적인 생각이 잘못되었음을 입증할 것이란 뜻이다. 이런 의미에서 성령은 예수의 사역을 계속 이어갈 수 있다. 무엇보다도, 예수의 죽음은 하나님의 지혜와 능력이 그 연약하고 어리석은 십자가에서 나타났음을 보여주었다.

하나님은 이미 인간의 모든 지혜와 의와 권세를 심판하셨고, 이처럼 심판하고 잘못을 깨닫게 하는 그리스도의 사역이 성령에 의해 이어질 것이다. 성령이 계시는 곳이면 사람들이 죄와 의와 심판에 대한 그들의 잘못된 생각을 깨닫지 않을 수 없을 것이다. 이에 대해 완전히 재고해야 했다. 이것이 회개의 뜻이다. 근본적인 사고의 변화를 의미한다. 따라서 성령은 죄와 의와 심판에 대하여 세상의 잘못을 깨우치게 할 것이다.

둘째, 성령은 예수에 대해 증언할 것이다. 그는 제자들에게 예수가 말하고 행한 모든 것을 상기시킬 것이다. "그가 너희를 모든 진리 가운데로 인도하시리니, 그가 스스로 말하지 않고 오직 들은 것을 말하며 장래 일을 너희에게 알리시리라 … 무릇 아버지께 있는 것은 다 내 것이라. 그러므로 내가 말하기를, 그가 내 것을 가지고 너희에게 알리시리라 하였노라"(요 16:13, 15). 이 약속이 교회 선교의 중심에 있었다. 예수는 그들에게 "내가 아직도 너희에게 이를 것이 많으나 지금은 너희가 감당하지 못하리라"(요 16:12)고 말했었다. 1세기 팔레스타인 어부들로 구성된 그 소규모 집단은 하나님의 진리를 완전히 파악할 능력이 없었다. 그러면 어떻게 파악할 수 있을까? 그들이 복음을 들고 성령의 능력으로 열방으로 나갈 때, 성령이 예수가 주님이었고 지금도 주님이라는 진리의 온전한 뜻을 보여줄 것이다.

이것이 우리의 변증을 뒷받침해주는 토대이다. 우리가 복음의 빛이 모든 인간 상황에 비치게 할 때 그 빛의 진면목을 목격하고, 예수의 의미와 영광과 능력을 더 온전히 발견하게 된다는 것이다. 교회가 선교 사역을 위해 모든 나라로 나아갈 때, 성령은 아버지가 가진 모든 것이 예수의 소유임을 보여줄 것이다. 인간의 모든 지식이 우리로 예수의 존재를 뛰어넘게 하지는 못할 것이다. "무릇 아버지께 있는 것은 다 내 것이라. 그러므로 내가 말하기를, 그가 내 것을 가지고 너희에게 알리시리라 하였노라." 이것은 이른바 '교회의 문화적 선교'를 '공인해주는' 놀라운 말이다.

복음이 모든 문화에 전파될 때, 성령은 모든 것이 그리스도의 소유임을 보여준다. 그리고 교회가 이 순례의 길을 걸을 때, 성령은 그리스도의 빛이 비치는 모습을 보여주고 우리가 온 우주의 실재를 이해하도록 도와준다. "무릇 아버지께 있는 것은 다 내 것이라. 그러므로 내가 말하기를, 그가 내 것을 가지고 너희에게 알리시리라 하였노라"(요 16:15).

이제껏 나는 사도 요한의 이야기를 있는 그대로 추적했다. 이 이야기는 물론 다락방에서 있었던 다음 상황으로 연결된다. 바로 예수가 자기의 손과 옆구리를 보여준 뒤에 "아버지께서 나를 보내신 것 같이 나도 너희를 보내노라. 이 말씀을 하시고 그들을 향하사 숨을 내쉬며 '성령을 받으라'고 이르신"(요 20:21-22) 장면이다. 이 선물은 그들이 메시지를 전하도록 능력을 부여할 것이다.

누가는 그 이야기를 다르게 들려준다. 사도행전의 앞부분에 제자들이 예수에게 가서 "주님, 주님께서 이스라엘에게 나라를 되찾아 주실 때가 바로 지금입니까?"(행 1:6, 새번역)라고 질문하는 장면을 기억해 보라. 이에 예수는 다음과 같이 응답했다. "때와 시기는 아버지께서 자기의 권한에 두셨으니 너희가 알 바 아니요, 오직 성령이 너희에게 임하시면 너희가 권능을 받고 예루살렘과 온 유대와 사마리아와 땅 끝까지 이르러 내 증인이 되리라"(행 1:7-8).

제자들이 제기한 물음은 나라에 관한 것이었다. "주님이 그 나라를 회복시키실 것입니까?" 그런데 예수는 이미 "하나님의 나라가 왔다"는 메시지를 전했었다. 이전에는 마치 마귀가 십자가에서 승리를 거둔 것처럼 보였었다. 그러나 지금은 부활에 비춰볼 때 십자가가 진정 패배가 아닌 승리였다는 것을 알았다. 그렇다면 우리는 언제 그 나라를 보게 되는가? 지금 보고 있지 않는가? 지금이 그 때가 아닌가? 우리는 언제나 "주님, 언제 우리에게 당신의 능력을 보여줄 것입니까?" 하고 묻는다. 아주 자연스러운 질문이다. 이에 대한 예수의 대답은 경고와 약속의 형태를 띠었다. 먼저 이렇게 경고했다. "때와 시기는 아버지께서 자기의 권한에 두셨으니 너희가 알 바 아니다."

사람들이 나에게 교회의 미래에 대해 낙관적인지 비관적인지를 물어볼 때에는 약간 짜증이 난다. 나의 대답은 언제나 똑같다. 나는 예수가 죽은 자 가운데서 부활한 것을 믿기 때문에 그런 질문이 생기지 않는다고. 그것은 인간의 프로그램이 아니다. 관건은 하나님의 나라를 증언하는 일이다. 중요한 문제는 낙관주의자냐 비관주의자냐가 아니라 믿느냐 믿지 않느냐이다. 그래서 예수가 그들에게 "때와 시기는 너희가 알 바 아니라"고 경고했던 것이다. 그것은 어디까지나 아버지의 나라였다. 그들의 프로그램이 아니었다. "그러나, 오직 성령이 너희에게 임하시면 너희가 권능을 받고 예루살렘과 온 유대와 사마리아와 땅 끝까지 이르러 내 증인이 되리라."

그 질문("주님이 그 나라를 회복시키실 것입니까?")과 성령의 약속은 어떤 관계가 있는가? 정답은, 신약성경 전체가 보여주듯이, 성령은 그 나라의 맛보기라는 것이다. 그리스어에는 흔히 '보증'이나 '보장' 혹은 '약속'으로 번역되는 '아라본'(arrabon)이란 멋진 단어가 있다. 이것은 고전 그리스어가 아니기 때문에 학자들이 오랫동안 난감해했다. 그러다가 20세기 초 이집트 사막에서 발굴된 많은 파피루스에 아라본이란 단어가 자주 등장했다. 그것은 가게주인의 장부로 밝혀졌고 아라본이 지불 약속으로 예치한 보증금을 의미한다는 것을 알게 되었다.

한 이집트 학생은 나에게 그 단어가 지금도 사용된다고 일러주었다. 당신이 카이로의 한 양복점에서 특정 스타일의 양복을 맞추고 싶다면, 재단사는 완제품을 찾을 때 돈을 지불하겠다는 약속으로 보증금을 요구할 것이다. 이것이 바로 아라본이며, 이 단어가 성령을 언급하는데 사용된 것이다. 이는 맛보기, 보증 내지는 담보이다. 이것은 차용증서가 아니라 그 실물을 위한 현금이다. 그런데 중요한 것은 그 실물만이 아니라 이 '현금'이 앞으로 지불할 총액을 보증한다는 사실이다. 이것은 신약성경 여러 곳에서 성령을 지칭하는데 사용하는 안성맞춤형 단어이다. 성령은 구두적인 약속이나 차용증서에 불과하지 않고 하나님 나라의 보증수표이다. 우리에게 지금 주어진, 하나님의 능력과 사랑을 예증하는 진정한 맛보기 혹은 전주곡에 해당한다. 이는 장래에 대한 약속을 제공하는 것이다.

이것은─내가 초대받은 적이 거의 없는─호화로운 파티에 가는 것과 비슷하다. 거기에 가면 앞으로 무슨 음식이 나올지 궁금해 하며 서서 얘기를 나눈다. 잠시 후 딸랑딸랑 소리가 나고 음료수 손수레가 들어온다. 시원한 음료수가 있어서 기쁘지만, 더 중요한 것은 무언가 요리되는 중이고 드디어 만찬을 들게 되리라는 암시인 것이다! 성령은 하나님의 나라를 위한 식전 음료와 같다! 하나님의 사랑과 능력과 영광의 선물이다. 하지만 너무도 특별한 선물이라 그 이상이다. 그것은 장차 하나님의 충만한 영광, 완전한 능력과 무한한 지혜가 드러날 것임을 보증하는 약속이요 담보이다. 그래서 우리는 진정한 의미의 증인이 되는 것이다. 일차적인 증인은 성령인데, 그 이유는 성령의 현존이 우리에게 하나님의 영광을 바라보도록 보증해주기 때문이다.

그 약속이 오순절 날에 성취되어 한 곳에 모여 있던 제자들이 그 복을 받았다. 하늘의 불꽃이 각 사람 위에 임했는데, 이는 온몸에 주는 공동의 선물로 모두를 하나로 묶어주는 동시에 각자에게 준 개인적인 선물이라 그리스도의 능력과 임재를 개인의 삶에 가져오는 것이기도 했다. 이후에 나오는 사도행전의 이야기를 통해 우리는 성령이 선교의 사명을 다하도록 어떻게 사도들에게 능력을 부여하는지를 보게 된다.

바울이 말하는 성령

이제 바울의 이야기로 이동하면, 고린도전서에서 바울이 영적인 은사를 자랑했던 한 교회의 문제를 다루는 모습을 볼 수 있다. 성령의 은사 중에 어느 것이 제일 중요한지를 둘러싸고 파당이 생기고 논쟁이 벌어졌다. 바울은 12-14장에서 몸을 비유로 들어 성령이 어떻게 일하시는지를 설명했다. "우리가 다 한 성령으로 세례를 받아 한 몸이 되었다"(고전 12:13). 그런즉 물세례와 성령세례는 하나였다. 우리를 하나로 만드는 세례는 바로 성령 안에서의 세례이다. 그 몸을 한 몸으로 만들 수 있는 것은 바로 한 성령이다.

그런데 몸이 통일체가 되려면 그 지체들이 서로 달라야 한다. 차별성이 몸을 통일체로 만들어준다. 코만 있다거나 눈만 있으면 몸이 될 수 없으므로, 코가 최고라는 주장은 터무니없는 소리다. 그리고 이것이 자기들의 특정한 영적 은사들이 최고라고 주장하는 고린도교회에 대한 바울의 반론이었다. 바울은 여러 목록을 열거했다. 로마서와

에베소서, 골로새서와 고린도전후서 등 여러 편지에 서로 다른 목록들이 있는데, 그것은 성령의 은사들을 완벽하게 분류할 수 없기 때문이었다. 그러나 바울은 그 모든 은사들이 몸을 위해 주어진 것이고, 각 부분이 전체를 섬기게 하려는 것이라고 주장했다.

이어서 우리에게 가장 잘 알려진 참으로 아름다운 글이 나온다. "내가 사람의 방언과 천사의 말을 할지라도 사랑이 없으면 소리 나는 구리와 울리는 꽹과리가 되고, 내가 예언하는 능력이 있어 모든 비밀과 모든 지식을 알고 또 산을 옮길 만한 모든 믿음이 있을지라도 사랑이 없으면 내가 아무 것도 아니다"(고전 13:1-2). 다음에는 사랑이 무엇인지를 멋지게 묘사하며 그것이 손발 등 몸의 다양한 기관들이 전체의 일부로서 조화롭게 작동하게 하는 생명력임을 밝힌다. 만일 생명의 피가 더 이상 흐르지 않으면 손발과 기관은 죽고 말 것이다. 이처럼 사랑은 이 조화를 가능하게 하는 원동력인 만큼 성령이 주는 최고의 선물이었다.

14장에서 바울은 모든 교회 생활에서 볼 수 있는 다양한 은사에 대해 실제적인 충고를 한다. 이와 더불어 우리는 바울이 다른 본문에서 말한 것들, 특히 갈라디아서 5장에서 열거한 훌륭한 성령의 열매들을 거론해도 좋을 것이다. 사랑, 희락, 화평, 오래 참음, 자비, 양선, 충성, 온유, 절제 등.

성경 전체에서 성령에 관한 최고의 본문은 로마서 8장이 아닐까 생각한다. 사실 나는 이 아름다운 대목에 관해 끝없이 말하고 글을 쓸 수 있을 것만 같다. 도입 부분은 우리가 이제는 새로운 체제 아래 놓이게 되었다는 말로 시작한다. 우리가 이전에는 죄와 죽음의 법 아래 있었지만, 지금은 그리스도께서 죄 있는 육신의 모양으로 와서 우리를 위해 죽음으로 말미암아, 우리는 그리스도 예수 안에 있는 생명의 성령의 지배 아래 놓이게 되었다는 것이다. 즉, 정권과 체제의 변화가 있었다는 말이다. 우리는 한 체제에서 다른 체제로 옮겨져서 이제는 그리스도 예수 안에 있는 생명의 성령의 지배 아래 놓이게 된 것이다. 8-17절에서 우리는 다시 성령이 곧 보증인 것을 알게 된다. 하나님의 영이 우리에게 주어졌다면 그 영이 또한 우리의 죽을 몸에 생명을 부어줄 것이다. 성령은 부활을 보증하는 담보이다. 우리는 현재 이 죄 많은 세상의 일부이긴 해도 장차 몸이 완전히 구속되고 죽음에서 부활할 것이란 보증이 있는 것이다.

그리고 성령은 우리로 하나님을 '아버지'라 부르게 한다. 우리가 '아빠'라고 말할 수 있는 것은 바로 성령 덕분이다. 예수가 사용한 그 단어를 우리가 사용하여 하나님을 '아버지'로 부를 수 있는 것도 성령의 사역으로 인해 가능한 일이다. 이것이 성령의 징표인 것은 그 영이 바로 예수의 영이기 때문이다. 성령이 우리를 예수와 연합하도록 하기 때문에 우리가 예수 안에서, 예수를 통해, 예수와 더불어 하나님을 아바, 아버지로 부를 수 있게 된다.

그리고 우리가 자녀라면 우리는 상속자인 셈이다. 그리스도와 함께 상속자가 된 것이다. 달리 말해서, 자녀는 그리 중요하지 않은 존재로 보일지 모른다. 그들이 작고 연약할지 모르지만, 만일 그들이 엄청난 재산의 상속자라면 그렇게만 볼 수 없을 것이다. 그리스도인이 세상에서 작고 연약하고 보잘것없는 존재로 보일지 몰라도 성령은 우리가 상속자임을 확신시켜준다. 우리가 만일 하나님의 자녀라면 우리는 그 나라의 상속자인 만큼 그 나라의 풍성함을 바라볼 수 있다. 다시금, 성령은 장차 그 나라가 완성될 것을 보증해주는 담보이다.

그러나 바울은 즉시 한 가지 조건을 진술한다. 우리가 그리스도와 함께 고난을 받아야 한다는 것이다. 우리가 그리스도와 함께 고난을 받으면 장차 그와 함께 영광도 받을 것이다. 이것이 바로 징표가 되리라. 예수는 제자들에게 '성령을 받으라'고 말하며 숨을 내쉬었다. 그는 수난의 상처인 그의 손과 옆구리를 보여주었다. 그런즉 아바, 아버지로 부르는 우리의 고백이 과연 진정한 것인지, 우리가 참으로 예수와 하나가 되었는지 여부를 보여주는 징표는 그분과 함께 영광을 받기 위해 그분과 함께 고난을 받는 것이리라. 우리는 언제나 하나님의 통치를 사탄의 통치와 구분시키는 경계선에 예수와 함께 있다. 그곳은 두 나라, 두 정권 사이에 날마다 매시간 전쟁이 벌어지는 장소이다. 우리가 예수와 함께 고난을 받으면 그와 함께 영광도 받게 되리라.

18-27절에서는 바울이 고난의 주제를 이어가며 우리만이 아니라 피조물 전체가 고난을 받고 있다고 말한다. 모든 피조물이 고통 가운데 신음하는 중이다. 우리는 창조세계가 온통 고통과 고난과 좌절을 겪고 있다는 말을 굳이 들을 필요가 없는데도, 바울은 "이런 것이 새 창조의 해산의 고통"이라고 말한다. 이것이 바로 이런 고난의 의미

이고, 성령이 우리에게 이 점을 확신시켜준다. 성령은 새 창조의 맛보기이자 담보, 곧 아라본이다.

새 창조의 첫 열매인 성령을 이미 받은 우리는 입양될 것을 기다리며 속으로 탄식한다. 아울러 성령도 말할 수 없는 탄식으로 우리를 돕고 있다. 그래서 그 영은 예수의 영, 곧 십자가에서 죽고 부활한 분의 영, 그 몸에 못자국을 가진 분의 영이며, 이 영이 우리가 고통 가운데 신음할 때 우리와 함께하는 것이다. 그리고 새 창조가 이루어지는 중인만큼 우리는 이 고통이 해산의 고통임을 확신하며 신음하고 있다. 그래서 바울은 "우리가 이 소망으로(혹은 소망 가운데) 구원을 얻었다"고 말하는 것이다(롬 8:24).

여기에 소망을 품고 장래를 내다보게 하는 멋진 연결고리가 있다. 우리의 구원은 이미 이뤄진 과거의 일이다. 하지만 우리는 소망 가운데 구원을 받았다. 우리가 구원받았다는 사실로 결코 끝날 수 없다. 만사가 형통하고 아무런 문제가 없는 게 아니다. 우리가 이미 받은 구원은 계속 앞으로 움직이는 중이고, 우리는 소망과 함께 현재와 미래에 접근한다. 우리가 구원을 받은 것은 성령의 현존으로 인해 우리 역시 예수를 좇아 십자가의 길을 걷고, 우리가 참으로 하나님의 자녀임을 증언하고 우리와 함께 탄식하는 예수의 영을 소유함으로써, 우리도 새 창조를 위한 이 거대한 몸부림에 참여하기 위함이다. 이 주제는 많은 시간을 들여 다뤄야 마땅한데도 이렇게 짧게 얘기하는 것이 무척 유감스럽다. 그래서 나는 여러분에게, 성령 안에서의 공동생활에 관한 한 성경 전체에서 가장 풍성한 본문인 로마서 8장을 꼭 공부하라고 권하는 바이다.

결론

끝으로, 나는 출발점으로 되돌아간다. 본디오 빌라도 아래서 십자가에 죽은 역사상의 예수가 곧 우리에게 신앙의 그리스도인 것은 바로 우리의 삶에 임한 성령과 그의 사역 때문이다. 하나님의 영이자 예수의 영인 성령이 예수를 우리의 동시대인으로 만들어주고, 따라서 우리는 성령의 능력으로 우리 주 예수 그리스도와 속 깊은 개인적인 교제를 누리게 된다. 이런 의미에서 복음의 역사적 사실성 (factuality), 공적인 사실성―성육하여 본디오 빌라도 아래서 십자가에 죽고 부활한 사건―은 성령의 능력으로 그리스도와 함께하는 내면의 삶과 불가분의 관계에 있다. 이 양자, 즉 복음의 역사적 사실성과 계속 이어지는 내면의 영적인 삶을 모두 붙잡는 것이 굉장히 중요하다고 나는 생각한다.

어떤 의미에선 내가 말하는 모든 내용이 성찬식 때에 고백하는 말, 즉 "그리스도께서 죽으셨고, 그리스도께서 부활하셨고, 그리스도께서 다시 오실 것이다"라는 말로 요약될 수 있다. 그리스도께서 죽으셨다. 이것은 엄연한 사실이다. 이는 가장 기본적인 위대한 역사적 사실이다. 우리는 지금 공개적으로 검증할 수 없는 내면적이고 개인적인 경험에 관해 얘기하는 게 아니라 그리스도가 죽었다는 사실에 관해 말하고 있다. 그런데 이후에 그리스도께서 부활하셨다. 부활하신 주 예수 그리스도는 성령의 능력으로 인해 우리의 영원한 동시대인이 되고, 우리는 이제 그분이 다시 오실 때까지 그분과 대화하고, 그분의 말을 경청하고, 그분을 따르는 등 그분과 개인적인 교제를 할 수 있다. 그리고 그리스도는 다시 오실 것이다. 우리가 내면의 삶에서 예수께 더욱 헌신하면 할수록 장차 얼굴을 맞대고 그분을 보게 될 날을 더욱 갈망하게 될 것이다.

이런 확신을 우리에게 주는 분은 성령이다. 이미 우리가 새 창조의 담보이자 맛보기인 성령을 받았기 때문이다. 그래서 우리는 증인이 되고 고통과 몸부림 중에도 소망으로 충만할 수 있는 것이다. 그렇기 때문에 우리가 현재 성령을 통해 알고 있는 그 예수를 마지막 날에는 얼굴을 맞대고 보게 될 것임을 알게 되는 것이다. 우리 모두 하나님께 감사함이 마땅하다.

2부
신앙과 교리

"그 십자가라는 교차점에서 우리는 아무런 차별 없이 심판을 받고 정죄를 당했다. 십자가는 인류의 한 편이 다른 편에 대항하기 위해 이용하는 깃발이 될 수 없다. 그곳은 우리 모두가 차별 없이 하나님의 원수로 노출되는 장소이다. 하지만 그곳은 또한 차별 없이 모두에게 하나님의 무한한 친절과 사랑이 베풀어지는 장소이기도 하다."

4.
지식의 문제: 우리는 어떻게 알게 되는가?

이 책의 2부는 기독교 교리에 관한 내용이므로 먼저 우리가 과연 어떻게 '알게' 되는가 하는 문제를 면밀히 살펴보는 것이 좋겠다.

기독교 신앙은 '아는' 것이 아니라 '믿는' 것에 불과하다고 생각하는 사람들이 많다. 우리 문화는 아는 것과 믿는 것을 각각 별개의 영역에 둔다. 그래서 이것을 출발점으로 삼으려 한다.

의심이 먼저인가, 신앙이 먼저인가

우리 문화에는 의심을 믿음보다 더 정직하다고 보는 이상한 신념이 있다. 이에 따르면 믿음은 길을 잃게 할 수 있지만 의심은 정직한 탐구의 특징이라고 한다. 이것은 물론 난센스이다. 믿음과 의심은 각각 앎의 영역에서 나름의 역할이 있다. 하지만 믿음이 우선한다.

당신은 믿는 것으로 시작하지 않으면 아무 것도 알 수 없다. 이 시발점은 당신의 눈을 열고, 당신의 감각이 말하는 증거를 신뢰하고, 당신 바깥에 있는 세계를 인식하는 것을 의미한다. 애초에 이런 신앙의 행위가 있을 때에만 무언가를 '알기' 시작할 수 있는 법이다.

우리는 나중에 우리가 처음에 믿었던 어떤 것을 의심하게 될 수는 있다. 우리가 모든 것을 믿을 수는 없지만, 의심은 우리가 믿는 어떤 것에 근거를 둘 때에만 가능하다. 내가 어떤 말을 하면 당신은 그 말의 진실성을 의심할 수 있다. 그러면 나는 당신에게 왜 그것을 의심하느냐고 물을 수 있고, 당신은 "왜냐하면 나는 다른 것을 믿기 때문"이라고 대답할 것이다. 이에 대해 내가 "그러나 나는 그것을 의심해"라고 대꾸할 수 있다. 합리적인 의심은 신앙에 근거를 둘 때에만 존립할 수 있다. 따라서 신앙이 먼저이고 의심은 그 다음이다.

이처럼 의심을 신앙보다 더 정직한 것으로 여기는 오늘날의 풍조는 뿌리 깊은 보수주의를 낳는다. 그 이유는 각 사회마다 사회학자가 '개연성 구조'(plausibility structure)라고 부르는 것이 있기 때문이다. 대개 아무도 의문을 제기하지 않는 일종의 신념체계가 존재한다. 누구나 그것이 사물의 진면목이라고 당연시하며 그렇게 알고 또 받아들이는 전반적인 패턴이다. 만일 그런 개연성 구조와 상충되는 듯이 보이는 어떤 것이 제기되면, 우리는 그것을 의심한다. 그런즉 의심을 신앙보다 우위에 두는 경우는 우리가 다른 모든 사람들이 믿는 바를 수용하는 성향이 있다는 점을 보여준다. 이것은 대단히 보수적인 접근이지, 흔히 생각하듯이 급진적인 전환이 아니다.

나는 파푸아뉴기니의 고산 지대에 사는 원주민을 만나는 장면을 자주 상상해본다. 그들은 이제까지 유럽인을 만난 적이 없고 우리의 사상에 관해 들어본 적도 없다. 그들에게 하얀 피부에다 푸른 눈을 가진 사람들이 지구 저편 먼 섬에 살고 있다고 말해준다.

만일 내가 이 먼 섬나라 사람들은 우주가 일련의 우발적인 사건에 의해 존재하게 되었고, 우주가 질서정연하게 움직이지만 설계한 자도 없고 목적도 없다고 믿는다고 말하면, 그들은 "그 사람들은 아주 미신적인 부족임에 틀림없소!"라고 말할 것 같다. 이런 사상은 한 마디로 그들의 개연성 구조에 맞지 않을 것이다. 그런데 내가 대충 묘사한 이런 가정들이 오늘날 많은 사람의 사상을 지배하고 있다. 그런즉 신앙이 먼저이고 의심은 그 다음이다. 둘 다 필요하다.

서구문화는 지식을 뜻하는 '과학'의 활용법을 개발해왔고 이에 의존해왔다. 과학은 '앎'을 가리키는 또 다른 단어에 불과하다. 그런데 우리는 과학을 다른 종류의 앎에서 분리시켰고, 과학이야말로 소위 '객관적인 사실'을 제공해주고, 이렇게 불릴 만한 자격이 없는 것들은 순전히 주관적인 견해일 뿐이라고 믿는다.

이는 오늘날의 사고방식이지만 참으로 불합리한 것이다. 앎의 주체가 없으면 아무 것도 알 수 없기 때문이다. 주관성이 없으면 지식이란 것도 없다. 그래서 순전히 객관적인 지식이란 개념은 하나의 착각일 따름이다. 그럼에도 강력한 힘을 발휘하고 있다.

언젠가 내가 한 젊은이에게 신앙을 소개하려고 애쓴 적이 있다. 결국에는 그가 "글쎄요, 그건 그저 당신의 생각일 뿐입니다"라고 말하는 것이었다. 이에 대해 나로서는 "글쎄요, 이제껏 누구든지 생각이 없이 어떤 것이라도 발견한 적이 있었습니까?"라고 대꾸하는 수밖에 없었다. 당신의 생각과 상관없는 그런 종류의 지식이 있다는 개념은 실로 터무니없는 것이다. 그런데도 이것이 오늘날 서구문화를 지배하고 있는 착각이다.

앎의 주관성

앎의 주체가 반드시 존재해야 하고, 이 주체는 당연히 특정한 문화에 의해 형성되고 스스로의 심리구조에 의해 빚어진 어떤 인물이다.

더구나 앎이란 우리에게 그냥 주어지는 것이 아니다. 그것은 우리가 획득해야 할 그 무엇, 우리가 배우려고 애써야 할 하나의 기술, 그래서 성공할 수도 있고 실패할 수도 있는 것이다.

이런 면에서 앎은 우리의 헌신을 통해 습득한 하나의 업적이라 할 수 있다. 그것은 사진의 이미지와 같지 않고 하나의 기술과 비슷하다. 우리가 노력해서 이뤄야 할 업적이다.

그런데 우리는 먼저 앎의 전통을 배우는 견습생이 되어야 한다. 첫째, 언어에 구현되어 있는 기존의 관행과 행습이 있다. 우리는 어린 아이처럼 그 전통에 속한 언어를 말하는 법을 배운다. 이는 실재를 인지하거나 파악하는 방법인데, 이것이 없이는 앎에 이를 수 없다. 특히 과학이 그러하다. 과학은 대단히 보수적이고 전통적이다. 과학적 방법의 전통들을 배우는 견습 기간을 한동안 거치지 않고는 아무도 독자적인 연구를 할 만한 과학자로 인정받지 못한다.

우리는 우리가 '아는' 것이 정말로 참이란 것을 어떻게 확신할 수 있는가? 유명한 프랑스 철학자 르네 데카르트(1596-1650)가 우리로 하여금 길을 잃게 한 중대한 지점이 바로 여기라고 나는 생각한다. 데카르트는 회의의 시대에 살았다. 그는 이른바 '근대적인' 과학의 시대를 위해 기초를 놓은 17세기 지성 혁명의 문을 열었던 인물이다.

데카르트는 자기가 채용한 방법―이후의 과학을 선도했던 방법이다.―을 따르면 단순한 믿음 이상의 것, 곧 확실성과 확실한 지식을 획득할 수 있다고 확신했다. 이에 대해 세 단계로 접근했다. 맨 먼저 그가 도무지 의심할 수 없는 것으로 시작했다. 그 자신의 존재였다. "내가 비록 의심을 하고 있을지라도, 그것은 내가 생각하고 있음을 의미하고, 만일 내가 생각하고 있다면, 나는 존재한다. 나는 생각한다, 고로 존재한다. 이것만은 확실하다."

수학의 정밀성과 확실성과 함께 그는 다양한 논증을 통해 그 확실성 위에 일단의 분명한 진리를 세우려고 착수했다. 이것이 두 번째 단계였다. 끝으로, 그는 이른바 '비판의 원칙'으로 알려진 것을 개발했다. 이것은 그 이후 서구문화의 왕관에 달린 보석과 같은 역할을 했다. 지식으로 자처하는 모든 것은 이 두 가지 기준에 의해 테스트되어야 하고, 그런 의미에서 확실성에 못 미치는 것은 모두 지식이 아니라 믿음에 불과하다는 원칙이다. 그래서 위대한 철학자 존 로크는 믿음이란 "지식에 못 미치는 하나의 신념"이라고 주장했던 것이다.

따라서 우리가 교회 안에서 벌떡 일어나서 "나는 믿는다"라고 고백할 때, 로크의 정의에 따르면 우리는 알지 못한다고 말하고 있는 셈이 된다. 믿음은 지식과는 다른 어떤 것으로 간주되고 있는 것이다. 지식은 데카르트가 정한 방법에 근거하면 절대로 확실한 어떤 것이다. 우리가 말하는 근대과학의 세계는 바로 이 근거 위에 세워져 있다.

그러나 내가 의심에 관해 다룰 때 제기한 그 이유로 인해 데카르트의 비판적 방법도 결국은 파멸될 수밖에 없는 운명에 처한다. 비판의 원칙은 비판의 원칙 자체의 대상이 되어야 한다. 당신이 어떤 진술을 비판할 때에는 그것을 당신이 믿는 다른 것과 비교한 것을 근거로 그렇게 할 수밖에 없다. 그런즉 이 비판의 잣대를 거꾸로 돌려 그것을 비판하는 일이 언제나 가능하다. 이 때문에 데카르트 이후 여러 세기에 걸쳐 갈수록 회의주의가 짙어진 것은 놀랄 일이 아니다.

스코틀랜드 철학자였던 데이비드 흄(1711-1776)은 데카르트가 만든 원칙들 대부분을 무너뜨렸다. 동프로이센의 괴니히스베르크 대학교에서 논리학과 형이상학을 가르쳤던 임마누엘 칸트(1724-1804)는 확실한 지식의 근거를 회복하려고 노력했지만, 우리가 궁극적인 실재를 알 수 없고 그것은 우리의 지식을 초월하는 것이라고 결론을 내려야 했다. 그런데 칸트는 우리가 알지 못한다는 것을 어떻게 알았을까? 끝으로, 독일 철학자 프리드리히 니체(1844-1900)는 그동안 유럽 문화가 취한 방향으로 계속 나가면 필연적으로 우리가 더 이상 참이나 거짓, 선이나 악에 관해 말할 수 없는 지점에 도달할 것임을 명백하게 보았다. 진리를 안다는 주장은 하나같이 지배력의 행사가 될 것이다. 확실한 것이 하나 있다면 그것은 의지이고, 진리라는 주장은 지배권과 권력에 대한 주장으로 간주되어야 한다고 말했다.

그 결과 우리는 이제 이른바 '포스트모더니즘'에 빠지고 말았다. 사람들이 "글쎄요, 그것이 당신에겐 참인지 몰라도 나에겐 참이 아닙니다"라고 말하는 풍조, 일종의 믿음에 빠진 것이다. 지금은 객관적인 진리 같은 것은 아예 존재하지 않는다고들 믿는다. 과학 분야에는 아직도 객관적 진리란 개념에 대한 신뢰가 상당히 남아있지만 갈수록 허물어지고 있는 중이다.

우리가 실제로 어느 지점까지 도달했는가 하면,—문학 비평에 등장한 해체주의 운동과 함께—어떤 텍스트가 그 자체의 의미를 갖고 있다는 것까지 부정하는 지경에 이르렀다. 급진적인 신학자인 돈 큐핏(Don Cupitt)은 "언어는 순전히 문화적 구성물일 뿐 어떤 실재와도 상응하지 않는다"고 말할 정도이다. 따라서 우리가 "나는 하나님을 믿는다"라고 말하는 것은 일종의 주관적인 느낌을 표현하는 것일 뿐 그 말에 상응하는 실재가 전혀 없다는 뜻이다.

모든 진리 주장이 문화적 영향의 산물이라는 말은 옳다. 영어는 많은 언어 중의 하나일 뿐이고, 내가 어떤 진리를 주장한다면, 나는 그 언어에 함축된 문화와 관련한 진리를 표현하기 위해 이 특정 언어를 사용하고 있는 것이다. 만일 우리가 언어와 언어가 아닌 것들 간의 관계를 조사한다면 어떻게 될까? "나는 하나님을 믿는다"는 말은 언어가 아닌 어떤 실재에 상응하는 것인가? 언어와 언어가 아닌 것들 간의 관계는 언어의 문제일 수 없다는 것이 자명하지 않은가? 바로 여기에서 데카르트의 생각이 아주 잘못되었음이 명백히 드러난다. 17세기 이래 서구사상을 3세기 동안이나 지배했던 데카르트는 인간의 정신을 마치 몸에서 분리된 실체인 것처럼, 공평한 방식으로 세계를 바라보는 객관적인 눈인 것처럼 생각했다. 정신이 마치 세계의 일부가 아니라 바깥에서 세계를 바라볼 수 있어서 객관적인 안목을 취할 수 있는 것처럼 생각한 것이다. 즉, 특정한 개인적인 생각이나 느낌 혹은 문화적 영향에 의해 형성되지 않은 안목인 것처럼 본 것이다.

이런 초연한 안목 내지는 객관적인 안목은 물론 있을 수 없다. 정신은 몸에서 분리된 실체가 아니라 우리의 일부이다. 우리가 가진 모든 지식은 우리의 몸이 세계와 관계를 맺는 데서 생기는 것이다. 그렇지 않으면 우리가 아무 것도 알 수 없고, 우리는 실상에 관한 우리의 믿음을 그에 따라 행동함으로써 테스트한다.

어린이가 어떻게 세계를 이해하는 법을 배우는지를 예로 들어보자. 만일 풍선을 아기에게 가까이 가져가면, 그 풍선이 점점 커져 보인다. 아기가 거리와 인지의 개념을 이해하려면 오랜 시간이 걸리고,

보통은 사물을 붙잡고 손으로 느끼면서 그것을 이해한다. 이런 식으로 아기가 세계를 탐색하는 것을 쉽게 볼 수 있다. 아기의 눈이 모든 진실을 말해주지 않으면 손을 이용하게 된다. 우리가 세계를 이해하기 시작하는 일은 몸으로 그 실체에 관여할 때에만 가능하다.

우리는 우리가 알고 싶어 하는 이 세계의 일부이다. 데카르트의 철학 연구 이래 우리를 현혹해온 거대한 망상은 우리가 세계로부터 한 발 물러나 바깥에서 그것을 볼 수 있는 관찰자의 특권을 가진 것처럼 생각하는 관념이다. 이런 초연한 관점은 개인적인 신념이나 관심의 영향을 허용하지 않는다. 객관적인 지식은 그런 종류의 지식인 것으로 여겨지기 때문이다.

그것은 세계를 보는 하나님의 안목이고, 우리에게는 그런 특권이 없다. 우리는 세계와 그 속에 있는 모든 것의 일부일 뿐이고, 우리의 앎은 우리가 우리의 몸으로 그 실체를 이해하고 그에 대처하려고 애쓰는 일과 연관되어 있다.

앎의 구조

이제 내가 '앎의 구조'(structure of knowing)라고 부른 것을 좀 더 깊이 살펴보도록 하자. 글자가 적힌 종이 한 장을 예로 들어보자. 선들은 그저 하얀 종이 위의 잉크 자국일 뿐이다. 어떤 면에서 보면 그것이 거기에 있는 전부다. 우리가 읽기를 배우는 시기에는 이런 잉크 자국의 모양에 심혈을 기울이지 않으면 안 된다. 하지만 지금은 그 철자들의 모양을 살펴보던 때가 언제였는지 기억조차 할 수 없다. 우리는 그 글자들이 전달하는 의미에 주목하는 시기로 발전한 것이다.

이처럼 '한 단계에서 다른 단계로 움직이는' 구조는 우리의 지식 습득의 기본이다. 우리가 돋보기로 그림을 보면 여기저기에 칠해진 페인트 자국을 보게 되지만, 그림 전체를 보려면 뒤로 물러나야 한다. 우리가 그 그림을 보는 것은 자그마한 페인트 자국들을 무시하는 행위가 아니라 그 모든 자국들을 통합해서 하나의 통일체로 만드는 우리의 정신 활동에 의해서 가능하다. 이와 비슷하게, 종이 위의 잉크 자국들도 우리의 정신에 의해 통합돼 의미를 형성하게 되고, 우리는 이런 부차적인 실마리들에서 나오는 의미에 주목하게 된다. 물론 보통은 이런 실마리들을 우리가 의식하지 않는다. 그러나 우리가 읽기를 배우는 동안에는 그런 실마리들에 주목해야 하기 때문에 상당한 노력이 필요하다. 하지만 우리가 그 실마리들을 일단 습득하고 나면 무의식적으로 그것들을 묶어서 하나의 의미구조로 만들고, 이는 우리에게 폭넓은 지식을 가져다준다.

언어의 습득은 우리가 어떻게 전통의 '견습생'이 되어 배우는지를 보여주는 한 가지 실례이다. 시간이 흐르면서 우리는 처음에는 낯설게 보이는 단어, 개념, 모델, 그림, 이론, 가설 등을 배운다. "이 개념은 무슨 뜻인가?"라는 질문을 다룰 때에는 어린아이가 읽기를 배우는 동안 철자의 모양에 주의를 기울여야 하는 것만큼 우리도 주의를 기울일 필요가 있다.

이런 것을 섭렵하고 나면 그것은 부차적인 자리로 밀려나고 우리는 거기서 나오는 의미에 초점을 맞추게 된다. 그리고 이런 의미에서 우리는 그 전통에 '몸담게' 되는 셈이다. 우리의 모든 지식은 우리 안에 있는 신체적인 감각들과 관계가 있다. 내가 사람들을 볼 수 있는 것은 나의 망막이 다양한 방식으로 빛에 의해 자극을 받기 때문이다. 나는 그 과정을 의식하지는 않지만 이 과정에 의해 내가 보고 있는 대상의 의미에 주목하게 되는 것이다.

그러므로 우리는 삼중적인 앎의 구조를 갖고 있는 것이다. 첫째, 부차적인 요소들이 있고 이에 근거하여 우리가 핵심적인 의미에 초점을 맞추게 된다. 따라서 우리의 지식은 수많은 부차적인 실마리들을 합해서 핵심적인 의미를 만들려는 노력과 관련이 있다. 즉 부차적인 것들이 우선하고 그 다음에 핵심적인 의미가 있는 셈이다. 세 번째 요소는 내가 '발견하려는 열정'이라고 부르는 것이다. 내가 말했듯이 앎은 저절로 생기지 않는다. 우리는 열심히 노력해야 하고, 이 노력은 분리된 듯이 보이는 세목들 속에서 의미와 통일성을 찾는데 기울여져야 한다.

이 세 번째 요소, 즉 발견하려는 열정이 다름 아닌 알고자 하는 욕구이다. 이는 우리와 동물이 공유하는 것이다. 동물도 이전에 본 적이 없는 것을 보면 어리둥절해 하고 그것이 무엇인지를 알려고 노력한다. 이처럼 스스로 사물을 알고 발견하려는 뜨거운 욕구는 우리 본성의 일부이고, 우리가 동물의 세계와 공유하는 것임에 틀림없다.

그리고 사물의 진면목에 대한 추측, 즉 가능한 그림을 그릴 줄 아는 것은 상상력이다. 상당한 기간에 걸쳐 어떤 어려운 문제를 풀려고 애쓸 때에는 인내가 필요하고, 때로는 마지막까지 실패로 끝나는 경우도 있다. 아인슈타인은 말년에 상대성과 양자 물리학을 통합시킬 수 있는, 믿을 만하고 실행 가능한 이론을 정립하려고 애썼으나 결국 실패하고 말았다.

발견하려는 열정과 용기가 아인슈타인의 말년을 장식했다. 그런데 무슨 용기인가? 이는 기꺼이 위험을 감수하려는 마음이다. 아인슈타인의 경우처럼 언제나 실패의 위험이 있기 때문이다. 이 모든 지극히 개인적인 요소들이 앎의 문제에 내포되어 있는 만큼, 앎은 이런 주관적인 요소들과 관계 없이 순전히 객관적인 것이란 이상한 생각은 한 마디로 난센스이다.

그러면 당신이 이렇게 물을지도 모르겠다. '그렇다면 우리가 실제로 진실과 맞닿아 있다는 것을 어떻게 아는가?' 나는 이제까지 앎의 주관성을 강조했다. 그런데 앎의 객관성은 어떻게 되는가? 그 결과 우리가 실제로 실재와 연결되고 있다는 것을 어떻게 알 수 있는가?

이와 관련해서 우리가 고찰해야 할 주제가 적어도 세 가지는 있는 것 같다. 실재임을 가리키는 첫 번째 징표는 의미에 대한 감각이다. 과학자가 임의적인 듯이 보이는 많은 자료들을 놓고 그 뜻을 이해하려고 고심하다가 별안간 그 모든 것을 묶어주는 그림을 발견하면, 참된 그 무엇을 발견했다는 확신이 생긴다. 의미와 아름다움, 대칭과 통일성에 대한 감각이 객관성을 보증하는 첫 번째 잣대들이다.

두 번째 잣대는 과학자가 이런 발견을 발표하여 다른 과학자들에게 그 진리성을 고려하도록 초대하는 일이다. 이것은 기독교 선교 및 복음전도와도 관련이 있다. 우리가 공포할 준비가 되어 있지 않은 믿음은 진정한 믿음이 아니다. 어떤 것이 참이라고 우리가 믿는다면, 그 진리는 보편적이기 때문에 우리가 공포하기 마련이다.

셋째, 어떤 것이 참이라면 그것은 또 다른 진리로 이끌 것이다. 진정한 발견은 언제나 연구자 혹은 과학자로 하여금 또 다른 발견을 하도록 유도할 것이다. 많은 헌신적인 사람들이 오랜 세월 어떤 문제에 대한 해답을 찾았으나 수포로 끝난 경우가 많다. 몇 세기 동안 영구적인 동작과 중력의 관계를 이해하려고 애썼던 사상가들이나 금속을 금으로 만들어줄 현자의 돌을 생산하려고 했던 사람들을 생각해보라. 수많은 세월에 걸친 이런 노력들은 실패로 끝나고 말았다.

진리의 특징은 언제나 또 다른 진리로 이끌어준다는 점이다. 이는 데카르트의 그림과는 반대로 지식에 관한 역동적인 그림을 우리에게 제공한다. 데카르트는 이후의 많은 과학철학자들처럼 진리를 완벽한 어떤 것으로 생각했다. 의심도 없었고 불확실성도 없었다. 그것은 일종의 정적인 그림이었고, '위로부터' 올 때에만 가능한 그런 것이었다.

그러나 실무 과학자는 여러분에게 다른 그림을 제공할 것이다. 그는 앞으로 발견할 것이 더 있다는 사실을 알고 있다. 이미 발견된 것의 진실성 여부를 판가름하는 잣대는 더 이상 배울 것이 없는 것이 아니라 또 다른 진실로 계속 이끌어주는 점이다. 이것을 나는 '아래로부터의' 인식론이라고 부르고 싶다. 인식론이란 한 마디로 '앎에 관한 학문'을 말한다. 우리가 어떤 것이든 어떻게 알 수 있는가? 그 어원은 앎이란 뜻을 지닌 그리스어 단어 '에피스테메'(episteme)이다.

'위로부터의' 인식론이란 것이 있다. 한 철학자가 위로부터 어떤 진리 주장을 내려다보면서 그것이 견지될 수 있는지 여부를 판단하는 경우이다. 반면에 과학자들이 실제로 작업하는 방식에 해당하는 '아래로부터의' 인식론도 있다. 이는 최종 진리에 도달하지 않았다는 것을 알고 열심히 매진해서 더 많은 것을 찾으려는 경우이다. 그런데 그들이 실재와 맞닿아 있는지를 보여주는 잣대는 더 많은 발견으로 인도하는 가능성의 여부이다. 이는 데카르트의 개념과는 다른 역동적인 진리 개념이다.

두 종류의 앎

이제 우리는 중요한 새 영역에 도달했다. 앞에서는 과학자들의 대화에 나오는 그런 의미의 앎에 관해 다루었다. 자연세계, 즉 사물의 세계를 안다고 할 때의 앎이다. 그런데 또 다른 종류의 앎이 있다. 사람을 안다고 할 때의 앎이다. 많은 언어들은 이 개념을 표현하는 두 가지 별개의 동사들을 갖고 있다. 독일어의 경우 사물을 안다고 할 때는 '*wissen*'을, 사람을 안다고 할 때는 '*kennen*'을 사용한다. 프랑스어의 경우 전자에는 '*savoir*'를, 후자에는 '*connaître*'를 사용한다. 아쉽게도 영어(와 한국어)에는 오로지 한 단어밖에 없으나, 그 대상이 사물인 경우와 사람인 경우에 앎의 종류가 서로 다르다는 것은 누구나 인식하고 있다.

대상이 반응할 수 없는 사물인 경우에는 내가 그것에 대해 무엇을 할지를 결정한다. 나는 그것을 실험대 위에 올려놓고 해부할 수 있다. 그 사물에 대해 다양한 테스트를 한 뒤에 질문들을 제기할 수도 있다. 내가 통제권을 갖고 있다. 이것이 한 종류의 앎이다. 하지만 우리는 다른 종류의 앎, 곧 사람을 알게 될 때의 앎이 있다는 것을 안다. 어느 의미에선, 당신이 한 사람을 수술대 위에 올려놓고 해부하여 몸이 어떻게 움직이는지를 발견할 수 있다. 그러나 이 경우에는 그 사람을 알게 될 기회를 놓치고 말리라!

두 번째 종류의 앎은 객체가 곧 주체인 경우에 해당한다. 나의 앎의 대상은 그 남자나 그 여자, 곧 하나의 주체이다. 그러므로 나에게 완전한 통제권이 없다. 내가 그 사람을 알고 싶으면 나도 질문을 받을 준비를 갖춰야 한다. 나는 그 사람을 신뢰해야 한다. 기꺼이 내 마음을 열고 이 사람이 진실을 말하고 있다고 믿어야 한다. 이밖에는 한 사람을 알 수 있는 다른 길이 없다. 그래서 우리는 여기서 이차적인 의미의 믿음을 사용한다. 이 두 가지는 별개의 의미들이 아니다.

이번 장의 서두에서 나는 애초에 신앙의 행위가 없으면 우리가 아무 것도 알 수 없다고 말했다. 그것은 신앙의 인지적 측면을 말하는 것이다. 이런 의미에서 그것은 앎의 한 방식이라고 할 수 있다. 하지만 신앙은 감정적인 측면도 갖고 있다. 이는 사랑의 한 방식, 타인과 관계를 맺는 방식에 해당한다.

이 둘은 따로 분리되어 있는 게 아니라 신앙의 두 가지 측면이다. 그래서 "이 두 가지 앎의 방식은 서로 어떤 관계에 있는가?"하고 묻게 된다. 양자가 분리되어 있지 않다는 점은 분명하다. 우리는 어떤 사람을 몸이 없는 영적 존재로 알게 되는 게 아니다. 오히려 그의 말과 몸짓을 통해서, 이 물리적 세계에서 사람들이 서로에게 자신을 알리는 실질적인 행위를 통해서 알게 된다. 이 점이 앎의 기본이다.

기계의 정확한 작동과 역학구조는 그 속에 있는 금속들과 부품들의 품질에 달려 있는 만큼이나 그것을 만든 사람의 기술에 달려 있다. 그것은 그 부품들의 물리적·화학적 작용과 그런 작용을 가능케 한 사람의 유능한 설계에 의존한다.

당신이 예전에 본 적이 없는 기계를 접하면, 당신은 그것을 마음껏 살펴볼 수는 있겠지만 제작자나 제작자에게 배운 사람으로부터 그 용도를 듣지 않으면 그 기계의 목적을 결코 알 수 없을 것이다. 달리 말하면, 기계의 역학구조는 어떤 조건 하에서 작동하는지를 알려주긴 하지만 그 기계의 의미나 목적은 알려줄 수 없다. 이것은 다른 논리적 차원에 속하는 문제이다.

이제 사람을 아는 문제로 돌아가자. 예컨대, 신경외과는 지난 수년 동안 굉장한 발전을 이루어 의사들이 지금은 뇌를 검사할 수 있을뿐더러 그 복잡한 전기회로와 신경접합부가 어떻게 작동하는지를 더 정확하게 알게 되었다. 그러나 신경외과가 뇌의 기능에 대한 해부학적·생리학적 분석 면에서 아무리 발달한다고 하더라도, 이것은 외과의사에게 환자의 생각과 느낌에 대해선 단 하나도 알려줄 수 없을 것이다. 이는 전혀 다른 논리적 차원의 문제이다. 따라서 우리의 앎에는 계층을 달리하는 여러 논리적 차원들이 있다는 것을 알 수 있다.

화학 법칙은 물리학 법칙에 의존해 있지만 물리학이 결코 화학을 대치할 수는 없다. 역학 법칙은 물리학과 화학 법칙에 의존해 있지만 역학을 물리학과 화학이 대치할 수는 없다. 생물학은 이런 의미에서 이 세 가지 이론 법칙들에 의존해 있다. 새나 동물 역시 어느 의미에선 하나의 메커니즘이기 때문이다. 피조물이 움직이는 것은 화학적으로 경조직과 연조직 ─ 근육, 피 등 ─ 으로 구성되어 있고 또 이 조직들은 동물의 원자 구조로 이뤄져 있기 때문이다. 하지만 물리학, 화학, 역학 중에 어느 것도 생물학을 대치할 수 없다. 따라서 다양한 계층의 차원들이 있고, 각 차원은 상위 차원의 기능을 온전히 설명할 수 없는 것이다.

그러므로 인간을 조망할 때에는 물리적, 화학적, 역학적, 생물학적 차원을 뛰어넘는 차원이 있다는 것을 알아야 한다. 그렇지 않는다면, 당신은 인간이란 존재를 설명할 수 없다. 우리가 몸의 물리적, 화학적, 생물학적, 역학적 작용을 안다고 말할 때에 사용하는 '앎'의 의미로 한 사람을 아는 것은 불가능하다. 사물을 설명할 때 적절한 차원보다 낮은 논리적 차원으로 설명하려는 시도를 환원주의라고 부르는데, 지난 3세기에 걸친 근대적인 혹은 과학적인 세계관은 환원주의의 한 본보기였다고 말해도 좋을 것이다. 말하자면, 적절한 차원보다 낮은 차원으로 실재를 설명하려고 했다는 뜻이다.

플라톤의 난제와 진리의 실마리

이 논의가 우리의 주제에 얼마나 적실성이 있는지는 나중에 밝혀질 것이다. 지금은 앎의 문제와 관련된 플라톤이 내놓은 가장 유명한 난제들을 생각해보자. "진리를 추구한다는 것은 무슨 뜻인가? 진리란 우리가 알고 있는 그 무엇인가, 아니면 우리가 모르는 것인가? 만일 우리가 진리를 안다면 왜 그것을 추구하는가? 만일 모른다면, 우리는 그것을 발견할 때 어떻게 인식할 수 있을까?"

플라톤의 답변은 당시에 유행하던 환생의 교리를 환기시키는 것이었다. 그는 진리란 한 사람이 전생(前生)에서부터 인식하고 알고 기억했던 것이라고 말했다. 오늘날에는 플라톤의 설명을 수용하는 사람이 거의 없지만, 과학자들은 다음과 같은 난제에 답하지 않은 채 무언가를 '발견하려는' 노력을 계속 기울이고 있다. '진리를 추구한다는 것은 무슨 뜻인가? 사람들이 진리를 사랑한다고 말할 때 이 말의 뜻은 무엇인가?'

앞에서 말했듯이, 발견하려는 열정은 모든 앎의 세 번째 요소로서 얼핏 보기에 무의미한 것에서 의미를 찾으려는 열심을 말한다. 이런 열정은 어디서 오는 것일까? 발견하려는 열정을 이끌어내는, 우리를 초월하는 그 무엇에 대한 우리의 반응이 아닐까?

연구중심 과학자 마이클 폴라니(Michael Polanyi, 1891-1976)는 과학적인 발견을 많이 했던 교수였다. 그러던 중 플라톤의 난제를 붙들고 씨름하다가 그쪽으로 방향을 바꿨다. 그는 연구중심 과학자이자

한 인간으로서 직면한 그 수수께끼 속에 마치 감춰진 의미나 아름다움 혹은 정합성이 있는 것처럼, 무언가 더 발견할 것이 있다는 직관적인 느낌에 이끌려 열심히 정진했다. 과학자인 그는 과학의 영역을 넘어 새로운 차원으로 들어가고 있다고 느꼈다. 발견에의 열정은 우리보다 앞선 그 무엇에 대한 반응이고, 우리 존재에 관한 핵심 진리 중의 하나를 만지고 싶은 마음이다.

여기서 우리는 철학의 한계를 직면하게 된다. 기독교 신앙은 사물을 이해하는데 필요한 궁극적인 차원은 물리학이나 화학이나 생물학이나 역학의 차원이 아니라 인격적 차원이라고 주장한다. 우리가 인격적 차원을 인식할 때에만 우리의 존재를 이해할 수 있다는 것이다. 이 주장이 옳다면, 모든 것은 만물을 지배하는 인격적 존재가 그 목적을 우리에게 나타냈는지의 여부에 달려 있다고 할 수 있다. 그리고 이것이 바로 복음이 단언하는 내용이다.

무슬림은 하나님이 진리를 받아쓰게 하여 우리가 그것을 취하거나 내버려두게 했다고 주장하는데 비해, 복음은 하나님의 자기 계시는 그 안에서 진리와 은혜가 함께하고 진리와 사랑이 하나가 되는 하나의 행위라고 단언한다. 이 주장이 시사하는 바가 바로 하나님의 자기 계시이다. 이것이 우리를 그분께 나아가게 하는 것이다. 그리고 이 주장이 옳다면, 우리는 이것이 바로 앎과 존재의 비밀이라고 결론을 내려야 한다.

우리의 앎은 존재와 별개의 것이 아니다. 이것이 옳다면(복음은 옳다고 말한다), 도토리를 양배추가 아닌 상수리나무로 만들고, 태아를 괴물이 아닌 인간이 되게 하는 그 무엇이 존재한다. 전반적인 진화 과정을 개진시킨 그 무엇은 다윈의 생각처럼 아래로부터 작동하는 우연한 돌연변이의 결과가 아니라, 만물을 창조하고 창조세계가 완성되게 하는 분에 대한 창조질서의 반응이다.

따라서 우리의 앎의 중심에 있는 발견에의 열정은 하나님의 부르심에 대한 반응이라 할 수 있다. 만물 중에 오직 우리 인간만이 진리를 추구하되 그것을 그분 안에서 찾으라는 소명을 의식하는 존재이다. 그래서 데카르트와는 반대로 우리는 몸과 분리된 관념을 다루고 있는 것이 아니다.

진리는 오직 성육신을 통해, 역사 속에서의 하나님의 임재를 통해, 즉 역사의 한복판에서 우리에게 "나를 따르라!"고 부르시는 분을 통해서만 알 수 있다.

이는 앎의 궁극적 비밀이 예수를 좇는데 있음을 의미한다. 우리가 그 소명을 받아들인다고 해서 모든 것을 아는 체하는 사람이 되는 것은 아니다. 하지만 우리는 그 길을 가는 중이고 언젠가 완전한 진리에 도달하게 해줄 실마리를 갖게 된 것이다.

물론 어떤 사람들은 "이것은 비합리적이다. 이것은 단순한 신앙의 도약일 뿐이다. 그것은 합리적인 근거가 없다"라고 반응할 것이다. 그런데 이런 비판의 저변에 깔린 착각에 대해 아주 쉽게 지적할 수 있다. 만일 이 세계가 궁극적으로 하나의 사물이라면, 만일 (우리 자신을 포함한) 이 세계에 있는 모든 것이 궁극적으로 물리학과 화학, 역학과 생물학의 견지에서 이해되어야 한다면, 이 세계는 관찰과 이성에 의해 아는 수밖에 없을 것이다.

반면에 만일 이 세계를 만든 궁극적인 실재가 하나의 인격이고 삼위일체 하나님의 영원한 사랑이라면, 그 인격의 부르심에 대해 인격적인 반응을 할 때에만 우리가 진리를 알 수 있을 것이다. 그리고 이것이 우리 그리스도인의 고백이다. 성경은 "여호와를 경외하는 것이 지혜의 근본이라"(잠 9:10)고 말한다. 성경은 "여호와를 경외하는 것이 종교 교육의 근본이라"고 말하지 않는다. 그것이 모든 지혜의 근본이고, 여기에 우리가 모든 것을 이해하는데 필요한 실마리가 있다. 따라서 우리는 동시대인들에게 방관자의 베란다는 없다는 점을 상기시킬 필요가 있다.

그 젊은이가 나에게 "글쎄요, 그건 그저 당신의 생각일 뿐입니다"라고 말했을 때, 그는 전형적인 착각을 하고 있었던 셈이다. 그는 마치 소위 객관적인 입장, 곧 모든 생각에서 자유로운 그런 위치가 있는 것으로 착각했던 것이다. 이것은 하나의 착각일 뿐이다. 우리는 사실상 인격적인 헌신으로, 이해와 앎으로 부름을 받았고, 이는 자연 신학이 한계에 부딪히는 지점이다.

우리는 하나님이 우리 주 예수 그리스도의 은혜 안에서, 곧 살과 피를 입은 그분의 성육신과 죽음과 부활 안에서 자신을 계시하셨다는 것을 알기 때문에 비로소 데카르트의 착각을 알아차릴 수 있는 것이다. 따라서 우리는 성육한 주님이 주신 말씀을 따르는 공동체의 일원이 되라는 소명을 받아들이고, 바로 이것이 진리에 이르는 길임을 알고 있다.

5.
권위: 성경, 전통, 이성, 경험

대체로 우리는 권위를 나쁜 것으로 여긴다. 우리 문화는 외적인 권위에 반감을 품도록 부추긴다. 현대세계의 모태라 할 수 있는 18세기 이성의 시대가 외쳤던 큰 모토는 외적인 권위로부터의 자유였다. 진정한 권위는 내적인 것이어야 한다고 주장했다. 당시에 풍미했던 것은 진리 발견에 있어서 개인적인 사상의 자유, 양심의 자유, 자기책임성 등이었다.

그러나 사상의 자유가 최종 결론일 수는 없다. 이유인즉 저 바깥에 현실 세계가 있고, 우리는 그것을 탐구해야 하는데 우리의 생각이 옳은지 혹은 그른지를 알아야 하기 때문이다. 그러므로 양심의 자유와 사상의 자유 등 여러 자유들은 우리 문화의 신성한 아이콘이긴 하지만, 우리가 현실 세계를 가상현실로 대치하지 않는 한 그런 것들이 최종 결론이 될 수는 없는 것이다. 그리고 우리가 가상현실 속에 계속 살 수는 없는 노릇이다.

이 점을 우리는 경험적으로 알고 있다. 한 교사가 기하학 이론이나 시를 설명할 때에는 아이들에게 "이것이 옳으니 여러분이 잘 이해하길 바란다"고 말함으로써 일정한 권위를 행사할 것이다. 그리고 아이들이 처음에는 선생님의 권위에 따라 가르침을 받아들일 것이다. 하지만 학생들이 만일 어떤 이론이 옳다는 근거를 선생님이 한 말에서만 찾는다면, 선생님은 결코 달가워하지 않을 것이다. 유능한 교사라면 아이가 스스로 그 가르친 내용이 옳다는 것을 발견할 때까지 만족할 수 없을 터이다. 이와 같이 권위에는 외적인 면과 내적인 면이 모두 있다.

사마리아 우물가의 여인은 마을 사람들에게 자기가 경험한 예수에 관해 얘기했고, 그들은 그녀의 말을 그대로 받아들였다. 하지만 그들이 가서 직접 목격한 뒤에는 다음과 같이 선언했다. "이제 우리가 믿는 것은 네 말로 인함이 아니니, 이는 우리가 친히 듣고 그가 참으로 세상의 구주이신 줄 앎이라"(요 4:42). 여기서 다시금 권위의 내적인 면과 외적인 면을 보게 된다.

이제 권위의 외적인 면부터 논의해보자. 우리 그리스도인이 믿는 내용은 어떤 외적인 권위에 의거한 것인가? 프로테스탄트가 내놓는 전형적인 대답은 '성경'일 것이다. 로마 가톨릭교도라면 '성경과 전통'이라고 응답할 것이다. 그리고 성공회 신학에는 '성경과 전통과 이성'이라고 말하는 오랜 전통이 있다.

맨 먼저 가톨릭의 답변을 살펴보자. 이에 관해 할 말이 많아서 그렇다. 어느 의미에서 성경은, 아니 적어도 신약성경은 교회 다음이라고 말해도 무방하다.

전통과 성경

사도 바울이 신약성경의 상당 부분을 차지하는 편지들을 썼을 때만 해도 성경이란 것이 없었다. 적어도 신약성경은 없었다. 물론 당시의 사람들이 알았던 성경(우리가 구약성경이라 부르는 것)은 있었으나, 사도들은 하나의 전통을 전하고 있었다.

바울은 매우 신중한 자세로 "내가 받은 것을 너희에게 전하였다"고 거듭 말했다. 여기에 나오는 라틴어 단어가 나중에 'tradition'(전통)이란 영어 단어가 되었다. 이는 받은 것을 전달한다는 뜻이다.

오순절 날에 선포되었던 베드로의 첫 설교에 그 이야기의 줄거리가 나온다. 고린도전서 15장 1절에서 바울은 "내가 너희에게 전했다"고 말하는데, 여기서 사용하는 단어가 '전통'이다. 바울이 과거에 받은 것을 '전통'의 형태로 그들에게 전한 것이다. 내용인즉 그리스도께서 성경대로 죽으시고, 장사 지낸 바 되었다가, 성경대로 사흘 만에 살아나셔서, 아주 많은 사람들에게 보이셨다는 것이다. 이처럼 우리가 신약성경이라고 부르는 것을 만든 장본인은 사도들이었다. 이런 의미에서 보면 전통이 성경에 앞선다고 할 수 있다. 사도들은 신학에 관한 그들 나름의 생각을 피력한 독창적인 사상가들이 아니었다. 그와 반대로, 제일 처음 입으로 그들에게 전해진 것을 전달하는 사람들이었다.

바울은 선배 사도들인 베드로, 야고보, 요한, 바나바 등과 함께 그 전통에 귀를 기울였다. 우리가 사복음서라고 부르는 것은, 1세기 초반의 여러 교회에서 예수의 말을 실제로 듣고 그의 행위를 목격한 사람들이 소중히 간직했던 전통들을 다함께 묶은 것이다.

누가는 그의 복음서를 소개하는 대목에서 가장 초창기의 증인들을 중심으로 예수에 관한 진술을 찾아내는 프로젝트를 수행했다고 말한다. 여기서 그 책과 그 공동체는 쌍방통행적인 관계였던 것을 알 수 있다. 어느 의미에서 그 책을 만든 것은 그 공동체였지만, 또 다른 의미에서는 그 공동체를 형성한 것은 그들이 들려준 그 이야기였다. 이 양자는 언제나 서로 영향을 주고받는 관계를 맺어왔다.

첫 사도들은 자신들이 말하는 것이 성경, 즉 구약성경에 대한 참된 해석이라는 점을 항상 조심스럽게 주장했다. 예수의 오심과 복음의 사건들이 역사상 처음으로 구약의 예언과 율법의 진정한 뜻을 이해하도록 해주었던 것이다. 그것들의 참된 의미가 예수와 관련된 일에서 밝히 드러났기 때문에 사도들이 받고 전수했던 전통의 핵심은 바로 성경대로 그 사건들이 실제로 일어났다는 것이었다.

신약성경의 정경을 최종적으로 확정하는 일, 즉 어느 책을 포함하고 어느 것을 제외할지를 결정하는 일은 교회의 몫이었다. 어떤 책들은 오랜 논쟁과 의심의 대상이 되었다. 예컨대, 베드로후서를 정경에 포함시키는 데는 많은 진통이 따랐다. 다른 한편, 어느 사도가 쓴 것으로 주장되었던 도마복음은 제외되었다. 이 책은 전통을 충실하게 반영하고 있지 않다는 판정을 받았는데, 오늘날 우리가 도마복음을 읽어보면 그 이유를 충분히 알 수 있다.

한편으로 우리가 가진 신약성경 텍스트를 확정한 일은 교회가 맡은 몫이었다. 그러나 다른 한편, 교회가 그런 식으로 정경을 확정했다는 사실은 교회가 마음대로 생각할 자유가 없음을 인정했다는 것을 의미한다. 교회의 사상은 영원히 예수에 관한 원초적 메시지와 관련된 진정한 전통을 최대한 충실하게 반영하는 저술들에 의해 좌우되어야 하기 때문이다.

그러면 성경이 곧 하나님의 말씀이란 말은 무슨 뜻인가? 먼저 '하나님의 말씀'이란 어구가 신약성경에서 세 가지 측면으로 사용되고 있다는 점에 주목하자. 첫째는 예수를, 둘째는 사도들의 메시지를, 셋째는 기록된 성경을 일컫는 말로 사용되고 있다. 첫째로, 이 어구는 무엇보다도 예수 그분을 가리키는 말이다. 하나님께서 여러 번에 걸쳐 여러 가지 방법으로 선지자들을 통해 말씀하셨으나 지금은 아들을 통해 말씀하신 것이다. 사도 요한의 말처럼 그는 '육신이 된 말씀', 곧 인간의 몸으로 온 말씀이었다. 그리고 이 점은 우리가 아무리 강조해도 지나치지 않다.

앞 장에서는 과거 3세기에 걸쳐 데카르트가 주창한 진리관이 우리의 모든 사고에 미친 영향을 고찰했다. 그는 인간의 정신을 마치 일종의 몸에서 벗어난 눈처럼 생각했다. 또한 주관성이 일체 개입되지 않은 소위 객관적인 견해를 진리의 모델로 간주했다. 데카르트는 우리에게 이른바 객관적인 진리, 즉 주관성이 완전히 배제된 그런 진리를 진리의 이상형으로 삼도록 가르쳤던 것이다.

이와 정반대로, 우리에게는 특정한 시기와 장소에 살았던 역사상의 한 인물, 유일한 진리(the Truth)로 확인된 한 인간이 있다. 진리가 데카르트의 생각과 완전히 상반된 모습으로 나타났던 셈이다. 앞서 말한 첫 번째 의미에서, 진리는 예수란 인간의 실체를 통해 드러났다. 그분이 곧 하나님의 말씀이다. 그러므로 하나님의 말씀은 초연한 지적인 실체 내지는 정신적 실체가 아니라 궁극적으로 예수 그 자신이다.

그리고 둘째로, 예수가 주님이라고 전파하는 일을 가리켜 '말씀을 전파한다'고 말한다. 사도들의 메시지는 곧 하나님의 말씀이다. 여기서도 진리는 주관성이 전혀 개입되지 않은 초연한 진리 혹은 객관적인 진리가 아니다. 그것은 바로 행동하는 말씀, 세상의 삶에 실제로 관여하는 말씀이다. 이런 두 번째 의미로 '하나님의 말씀'이란 어구가 사용된 것을 우리가 볼 수 있다.

셋째로, 그 어구는 성경의 형태로 우리에게 주어진 바, 하나님의 말씀에 관해 증언한 글을 가리키는데 사용되고 있다. 사도들과 선지자들의 여러 글과 구약성경의 책들은 이제 예수 그리스도의 몸으로 구현된 이 말씀을 증언한 것으로 간주되고 있다. 그래서 성경 속에 담긴 모든 글은 맨 처음부터 거룩한 경전이었다고 할 수 있다.

따라서 분명하게 말하자면, 어떤 글들이 어쩌다가 나중에 정경으로 채택되어 거룩한 경전으로 간주되었던 것이 아니다. 오히려 이 모든 저술―하나님의 이름으로 세상의 삶에 관여한 사건들을 기록한 것―은 처음부터 세상에 개입한 하나님의 활동의 일부라고 보는 것이 옳다. 말하자면, 이 저술들은 거룩한 경전으로 간주되기 이전의 단계가 없다는 뜻이다.

이와 같이 '하나님의 말씀'은 세 가지 의미를 지니고 있다. 그 중에서 첫 번째 것이 가장 기본적인 뜻이다. 예수 그리스도는 하나님의 말씀이라는 것. 둘째로, 그리스도를 주님으로 전파하는 것은 곧 하나님의 말씀을 전파하는 일이다. 셋째로, 예수에 관한 선지자들과 사도들의 증언을 기록한 책도 역시 하나님의 말씀이다.

교회 역사에서 처음 1400년은 성경을 글로 읽지 않고 귀로 들었던 기간이었다. 책자로 인쇄된 성경이 없었기 때문이다. 성경은 교회의 예전을 통해 알려졌고, 교회 안에서 읽혀지고 해설되었다. 이런 식으로 교회가 예수 그리스도에 대해 증언한 것이다. 그런데 인쇄술이 발명되자 전혀 새로운 현상이 일어났다. 이제는 교회의 예배에 참석하지 않은 사람도 교회 밖에서 성경을 읽을 수 있게 된 것이다. 물론 기독교 세계 안에서 일어난 일이었다. 기독교가 유럽의 공적인 종교였기 때문에 성경은 여전히 기독교 신앙의 맥락 안에서 읽혀졌던 것이다. 그러다가 성경은 마침내 교회의 직접적인 통제에서 벗어났다. 그 통제는 여러 면에서 성경의 몇 가지 핵심 가르침을 모호하게 만드는 결과를 초래했었다. 이처럼 성경이 교회 바깥에서 읽히긴 했으나, 이는 여전히 기독교 세계 안에서 일어난 일이었다. 당시만 해도 성경은 여전히 거룩한 경전의 위상을 잃지 않았었다.

계몽주의의 영향: 자유주의와 근본주의

  이후에 우리는 계몽주의 내지는 이성의 시대라고 불리는 유럽의 거대한 지적인 방향전환에 도달하게 된다. 이때부터 성경은 거룩한 경전이 아니라 세상에 가득 찬 수많은 책들 중 하나로 읽히기 시작했다. 그런데 성경 텍스트의 창조를 통제했던 그 전통이 아닌 다른 전통 안에서 읽혀지게 되었다.

  (우리의 근대적 세계관을 낳은)18세기 지적인 방향전환의 시기에 일어난 가장 근본적인 변동이라면 영원한 진리는 역사를 초월한다고 봤던 예전의 고전적인 견해로 돌아간 것이 아닐까 생각한다. 이런 진리들은 역사 너머에 있었다. 즉, 시간을 초월한다고 본 것이다. 이런 영원한 혹은 보편적 진리들에 대해 역사는 실례들만 제공할 뿐 그 토대는 결코 형성할 수 없다고 생각한 것이다. 가장 자주 인용되는 계몽주의 사상가 중 한 사람은 독일 철학자 레싱(G. E. Lessing, 1729-81)인데, 그는 "역사의 우발적 진리들은 결코 이성의 필연적 진리들의 증거가 될 수 없는 법이다"라고 주장했다.

  17세기와 18세기에 걸쳐 살았던 아이작 뉴턴 경의 우주론, 즉 우주를 무한히 작동하는 거대한 시계 메커니즘으로 보았던 관점이 아마 이성의 영원한 진리들 중의 하나일 것이다. 그것은 그 어떤 역사적 사건에도 바탕을 두지 않은 초시간적인 진리였다. 그러나 성경은 역사적 사건들에 관한 이야기인즉 우리가 그 안에서 영원한 진리의 실례들을 찾을지는 모르지만, 그것들은 진리에 대한 지식의 출처가 될 수 없다고 한다. 데카르트에 따르면, 진리는 반드시 객관적인 실재로만 알려질 수 있기 때문이다. 달리 말해서, 정신이 저 바깥에서 세계를 조망하기 때문이라는 것이다.

이런 입장에 대해 교회는 어떻게 반응해야 했을까? 대체로 두 가지 가능성이 있었는데, 이를 지금은 '자유주의자'와 '근본주의자'라고 부른다. 나는 이런 호칭을 좋아하지 않는다. 상대편의 말에 귀를 기울이지 않는 변명거리로 자주 이용되기 때문이다. 하지만 쓸모가 없는 것은 아니다.

자유주의자의 반응은 기본적으로 복음주의 선교사의 그것과 다를 바가 없다. 우리가 어떻게 하면 이 현대인들로 하여금 성경에 귀를 기울이게 할 수 있을까? 우리는 어떻게 성경을 이 시대에 이해할 수 있는 책으로 만들 수 있을까? 자유주의자는 이런 질문에 답하려고 애썼다. 자유주의 운동의 아버지는 위대한 독일 신학자로 꼽히는 프리드리히 슐라이어마허(1768-1834)였다. 그는 과학과 형이상학이 발견한 어떤 것보다 더 깊은 곳에 인간 본성의 근본 요소가 있는데, 그것은 우리 모두가 궁극적으로 하나님께 의존해 있다는 느낌이라고 말했다. 우리는 우리 자신을 다스리는 주권자가 아니다.

우리가 어떤 믿음을 갖고 있든지 우리는 의존적인 피조물이란 것을 마음으로 알고 있다. 우리보다 더 큰 존재에 절대적으로 의존해 있다는 느낌이다. 슐라이어마허는 당시의 합리주의자에게 성경을 경청할 필요가 있음을 설득하는데 필요한 근거를 찾으려고 애썼다.

그리하여 우리의 기독교 사상에 '경험'이란 복된 단어가 들어왔고, 그 결과 종교는 경험과 내면의 느낌의 문제가 되었다. 19세기까지만 해도 'experience'란 영어 단어는 오늘날 우리가 말하는 'experiment'(실험)의 의미로 사용되었었다. 현재 우리가 사용하는 의미는 19세기 독일에서 나와서 지금은 널리 받아들여지게 된 것이다. 그래서 '어떤 경험?'이라고 묻지 않는다. 종교(이 경우에는 기독교)의 핵심으로 인정받게 된 것이 바로 경험일 따름이다. 하지만 기독교만 그런 것이 아니다. 모든 종교에 종교적 경험이 가득하기 때문이다. 그리하여 성경이 놀라운 종교적 경험의 보고로 높이 평가되기에 이른 것이다.

그런데 당신이 만일 계몽주의적인 현대적 관점에서 성경의 진리성에 관해 질문하기 시작한다면, 당신은 소위 '역사비평적인' 방법이 제기한 모든 질문을 던지기 시작할 것이다. 이 방법은 지난 100여 년 동안 신학대학과 신학교들을 지배해왔다. 이를 조사해보면 역사비평적인 방법이 가능한 것에 대한 일련의 가정들에 바탕을 두고 있음을 알게 된다. 그리고—성경이 아니라 다른 출처에서 끌어온—이런 가정들에 기초해 당신은 성경을 이해하는 법과 성경의 얼마만큼을 수용할 수 있는지를 결정한다.

이 운동이 낳은 긍정적인 열매가 있다. 그로 말미암아 성경 속에 들어있는 다양한 출처들을 풀어헤치고, 우리가 성경이라 부르는 이 책 안에 섞여있는 여러 구두적 및 문자적 전통들을 조사하려고 하는 단호한 노력이다. 그런데 이 모든 반응의 핵심은 어디까지나 성경의 메시지를 어떻게 현대 세계가 이해할 만한 것으로 만들 수 있는가 하는 것이다. 이런 의미에서 그것은 일종의 선교적인 의도였다고 말할 수 있다.

그러나 이제야 우리는 그것이 그릇된 반응이었음을 볼 수 있다. 실은 역으로 세상에 대해 문제를 제기했어야 했다. '이 세상은 복음이 없이 어떻게 의미를 지닐 수 있는가?' 물론 승승장구하던 이성의 시대에 이것이 진정한 질문이라고 인식하는 것은 실로 어려운 일이었을 것이다.

또 다른 반응은 보통 '근본주의자'라고 불리는 것으로서 이것도 계몽주의의 영향을 받은 입장이다. 사실 현대세계에 몸담고 있으면서 계몽주의 사상에 큰 영향을 받지 않는 것은 불가능하다. 근본주의자의 반응은 바로 이런 것이다. 만일 성경이 하나님의 말씀이라면, 그것은 데카르트가 진리의 척도라고 말한 그런 유의 확실성을 갖고 있어야 한다는 것이다. 그래서 성경에 나오는 모든 진술이 축자적으로 무오하다는 것과 데카르트가 말한 진정한 지식의 요건인 객관적 확실성을 소유하고 있다는 것을 확증해야 한다는 입장이다. 이는 우리가 성경에다 아주 생경한 진리의 개념을 부과하는 처사다.

간단한 예를 들어보자. 사도 바울이 고린도 교회에 "나는 너희 중 아무에게도 세례를 베풀지 않은 것을 감사한다. 아니, 내가 그리스보와 가이오에게는 세례를 베풀었지만, 그 밖에는 아무도 기억나지 않는다"(고전 1:14-16을 의역한 것)고 썼을 때, 그는 데카르트를 만족시키려고 무오한 텍스트를 쓰고 있었던 게 분명 아니다. 그것은 다른 종류의 언어였다. 따라서 거기에다 특정한 철학 전통에서 나온 확실성의 개념을 부과하는 일은 성경에 대한 부당한 짓이고 성경 텍스트를 왜곡하는 행위이다.

우리가 하나님의 말씀이 무엇인지를 알고 싶다면, 먼저 그 말씀이 무엇인지 혹은 무엇임에 틀림없다고 정해놓고 이 견해를 성경에 부과하면 안 된다. 오히려 하나님의 말씀이 무엇인지, 하나님이 어떻게 우리에게 말씀하시는지를 성경 자체로부터 찾아야 한다. 그리고 종교개혁이 선사한 위대한 통찰, 즉 하나님을 아는 우리 지식은 믿음을 통해 은혜로 주어진다는 점을 잊어버리는 것은 치명적인 잘못이다.

하나님에 대한 우리의 지식은 데카르트가 옹호했던 그런 종류의 지식이 아니다. 그것은 속죄와 화해와 용서를 통해 오는 지식이다. 그것은 우리처럼 회개와 회심이 필요한 인간들에게 베풀어주신 하나님의 은혜로운 행위를 통해 온다. 그것은 진리에 대한 다른 종류의 지식이고, 이것이 우리가 꼭 붙들어야 할 근본적인 사항이다.

이성과 전통

성공회에서 말하는 삼총사인 성경과 전통과 이성을 살펴보라. 여기서 이성을 포함시킨 것은 충분히 이해할 만하다. 다른 것과 마찬가지로 성경을 읽을 때에도 이성을 사용해야 하기 때문이다. 그러나 이성은 사실에 관한 정보를 제공하는 독자적인 출처가 아니란 점을 유의할 필요가 있다. 이성이란 주어진 자료의 뜻을 우리가 이해하는 데 필요한 기능을 말한다.

모든 이성적 담론은 두 가지 특징이 있다. 첫째로, 무언가가 당연시되어야 한다. 이미 주어진 어떤 자료가 있어야 한다. 둘째로, 이성적 담론은 언제나 어느 전통 안에서 작동하고, 전통은 언어를 내포한다. 이성은 언어가 없이는 작동할 수 없고 언어들은 서로 다르다. 언어는 다양한 상징과 개념과 모델이 없으면 효과적으로 작동할 수 없다. 어떤 추론이라도 정보, 전통, 언어가 없이는 일어날 수 없다. 이런 맥락에서 보면 언어는 단순한 의사소통의 수단 혹은 (동물들도 할 수 있는) 바람이나 욕구를 알리는 도구에 불과한 것이 아니다. 언어는 실재를 범주화하고 상징하는 영역에 속하기 때문에 추론이 가능해지는 것이다.

그리스도인이 이성을 사용할 때에는 복음의 사실을 주어진 자료로 삼는다. 복음은 예수 그리스도의 성육신과 죽음과 부활을 이미 주어진 것으로 삼는다. 이것이 출발점이기 때문에 우리가 그 배후를 캐려고 하면 안 된다. 따라서 기독교적인 이성은 그 출발점에서 발전한 기독교 신앙의 전통 내에서 작동하는 것이다.

그런데 우리가 이성을 언급할 때에는 계몽주의적 전통에 바탕을 둔 이성을 말하는 경우가 많다. 이런 의미의 이성은 현대세계에서 현대과학의 방법에 따라 경험적 관찰이 가능한 사실들을 기본 자료로 삼는다. 그리하여 한 전통에게 다른 전통을 비판하는 역할을 맡기게 된다. 이것은 이성을 독립적으로 사용하는 게 아니다.

계몽주의 시대의 가장 유명한 철학 저서 중의 하나는 임마누엘 칸트의 『이성의 한계 안에서의 종교』(*Religion Within the Limits of Reason Alone*, 아카넷 역간)이다. 칸트는 이성이 기본 전통을 제공하는 만큼 종교는 그 전통에 들어맞을 때에만 받아들일 수 있다고 생각했다. 현대 철학자인 니콜라스 월터스토프는 『종교의 한계 안에서의 이성』(*Reason Within the Bounds of Religion*, 도서출판100 역간)이란 훌륭한 책을 썼는데, 여기서 모든 추론은 어떤 추론의 전통 안에서 일어나는 법이고, 인류역사의 대다수 기간에 이성이 작동하는 틀은 종교적 전통이 마련해준 것이라고 지적한다.

이슬람 세계에서 코란은 하나님이 아랍어로 받아쓰게 한 경전이므로, 독자가 이해하든 못하든, 하나님의 진리의 계시로 받아들여야 한다고 말한다. 그리고 모든 번역은 곧 해석을 뜻한다. 최소한 텍스트를 이해하려고 노력하지 않고는 결코 번역할 수 없기 때문이다. 그런데 인간의 이해는 언제나 잘못될 소지가 있기 때문에 코란은 결코 번역될 수 없다는 것이 이슬람에서는 하나의 신조로 통한다.

코란의 영어번역본을 살펴보면 그것이 '코란의 한 해석'이라고 불리지 결코 '번역'이라 불리지 않는다. 당신이 실제로 하나님의 말씀을 듣기 위해서는 아랍어를 배워야 하지만, 배운다고 해서 반드시 이해할 수 있는 것은 아니다. 당신이 노력할지라도 이해가 보장되는 것은 아니다. 그것은 순전히 외적인 권위일 뿐이고, 이슬람이 이상으로 삼는 것은 코란 전체를 아랍어로 암송하는 일이다.

이와 대조적으로 우리는 예수를 바라본다. 코란과 병행하는 것은 성경이 아니라 예수이기 때문이다. 일차적인 의미의 하나님의 말씀은 바로 예수이고, 예수는 알다시피 책을 쓰지 않았다. 그가 글을 쓴 경우는 한 여인이 간음 혐의로 끌려왔을 때 땅 위에 무언가를 쓴 것뿐이다. 예수는 책을 쓸 수도 있었지만 그렇게 하지 않았다. 그는 제자들을 모은 뒤에 그들을 '친구'라고 불렀다. "이제부터는 너희를 종이라 하지 아니하리니, 종은 주인이 하는 것을 알지 못함이라. 너희를 친구라 하였노니, 내가 내 아버지께 들은 것을 다 너희에게 알게 하였음이라"(요 15:15).

우리가 사복음서에서 발견하는 바는 내가 여태껏 묘사하려고 애썼던 바로 그것이다. 한 마디로, 한 전통의 견습생을 만드는 일이다. 예수는 그의 제자들을 견습생으로 삼았고, 알다시피 견습이란 책을 읽는 일을 훨씬 뛰어넘는 훈련이다. 누구든지 의학 교재를 읽는 것만으로 의사가 될 수는 없다. 전문가가 일하는 것을 관찰하고 본보기를 따르는 등 노련한 의사의 견습생이 되는 길 이외에 다른 방법은 없다.

예수도 마찬가지였다. 그는 교육용 매뉴얼을 만들지 않았다. 그는 하나님의 계시를 종이 아닌 진정한 친구였던 그 친구 집단에 위임했고, 이들은 그분이 말하는 바를 장차 이해할 것이었다. 그렇기 때문에 예수의 말과 행위에 관해 서로 다른 이야기를 들려주는 네 개의 복음서들이 탄생한 것이다. 그래서 우리는 어느 비유나 기적을 가리키며 이에 대해서만은 예수가 말했거나 행한 것을 정확히 알고 있다고 자신 있게 말할 수 없는 것이다.

데카르트의 관점에서 보면 우리에게는 믿을 만한 확실성이 없는 셈이다. 이것이 무슬림이 그리스도인을 공격할 때 사용하는 무기다. 당신이 무슬림과 토론한 적이 있다면 다음과 같은 논리를 알 것이다. 즉 우리에게 단 하나의 복음이 아니라 네 복음서가 있다는 사실을 논증의 근거로 삼아, 우리가 원래의 복음(인질)을 상실해서 그것을 복구하려고 어설프게 끼워 맞춘 모음집들밖에 없다는 것을 증명하려고 애쓰는 모습이다. 그러나 이것은 결코 유감스런 사실이 아니다. 오히려 하나님이 그분의 계시를 우리에게 알려주려고 선택한 방법이므로 우리 신앙의 기본이라고 할 수 있다.

초기의 시리아 교회가 이 문제를 극복하려고 네 복음서를 합해서 단 하나의 내러티브(Diatessaron, 어원은 '넷을 통하여'란 뜻을 지닌 그리스어이다.)로 만들려고 시도했으나, 이런 생각은 교회의 배척을 받았다. 그리하여 네 가지 별개의 복음서들이 예수의 의도에 순종하는 일환으로 그대로 보존된 것이다. 이를 통하여 하나님이 그 자신을 우리에게 계시한다는 것이 무슨 뜻인지를 우리가 알게 된다. 하나님은, 일단의 친구들을 가르쳐 자기를 따르도록 훈련한 이 살아있는 사람, 예수 그리스도의 현존을 통해서 그 자신을 계시하기로 선택했던 것이다.

성령의 사역

이제 우리는 그 무엇보다도 중요한 주제를 다룰 차례가 되었다. 바로 성령의 사역이다. 우리가 성령에 관한 가르침을 이해할 때에만 현대세계의 사유를 거의 마비시킨, 객관성과 주관성 간의 이분법을 극복할 수 있는 실마리를 찾을 수 있다.

첫째, 사도들의 가르침에 따르면, 하나님의 말씀이 선지자들의 입을 통해 전달되는 일에 성령이 관여했다고 한다. 그들이 하나님의 말씀을 당대에 전할 수 있었던 것은 성령의 사역 덕분이었다. 이후 오순절에 사도들이 예수 안에서 성육한 하나님의 말씀을 동시대인에게 전할 수 있도록 그들에게 능력을 부여한 큰 사건이 일어났다. 그들이 주변 세계에 예수를 설명해줄 만한 능력을 지니게 되었던 것은 오직 성령의 권능 때문이었다.

그리고 요한복음 16장에는 예수가 수난 당했던 날 저녁에 제자들에게 "내가 아직도 너희에게 이를 것이 많으나 지금은 너희가 감당하지 못하리라"(요 16:12)고 말하는 대목이 나온다. 당시 팔레스타인 지방에 살던 그 유대인 소그룹이 알 수 없었던 것은 상당히 많았다. 가령, 그들에게는 우주에 관한 지식이 없었다. 그들이 배워야 할 것이 많이 있었는데도 예수는 이렇게 말했다. "지금은 너희가 감당하지 못하리라. 그러나 진리의 성령이 오시면 그가 너희를 모든 진리 가운데로 인도하시리니 … 그가 내 영광을 나타내리니 내 것을 가지고 너희에게 알리시겠음이라. 무릇 아버지께 있는 것은 다 내 것이

라. 그러므로 내가 말하기를 그가 내 것을 가지고 너희에게 알리시리라 하였노라"(요 16:12-15).

어떤 의미에서는 이미 완전한 계시가 있었다. 예수가 "나를 본 자는 아버지를 보았다"고 말했기 때문이다(요 14:9b). 말하자면, 이미 완전한 계시가 있었음에도 불구하고 아직도 배울 것이 많이 남아 있었다는 의미가 될 수 있다. 사실 우리가 신약성경만 살펴봐도 제자들이 성령의 인도를 받아 예수가 말한 것 이상의 것을 배우기 시작하는 장면을 목격할 수 있다. 예컨대, 할례의 문제와 같은 것이다.

성령의 사역은 예수의 이름과 불가분의 관계에 있다. 사도 바울과 사도 요한이 말했듯이, 진짜 성령의 사역인지를 알아보는 잣대는 바로 예수를 주님으로 고백하게 하는지 여부이다. 즉 성령은 예수를 초월하는 그 무엇이 아니라, 예수 그리스도 안에서 계시된 진리의 빛을 온 세상에 비추는 존재이다.

내가 이렇게 말하면 분파주의자란 소리를 종종 듣는다. 그렇게 말하는 사람들이 "그런데 성령의 사역은 예수에 관한 담론보다 훨씬 폭넓지 않느냐?"고 반론을 제기하면, 나는 "아버지께 있는 것은 다 내 것이라"는 예수의 말을 답변으로 제시한다. 따라서 예수란 이름은 분파주의적인 호칭이 아니다. 세상에 존재하는 모든 것이 예수에게 속해 있다. 그리고 교회 역사를 보면 교회가 새로운 대륙, 새로운 세대, 새로운 문화에 진입하여 예수 그리스도의 빛으로 세상을 조명함으로써 예수 그리스도 안에 충만한 진리가 있음을 보여주었는데, 이 모든 일은 바로 성령의 사역으로 이뤄진 것이다.

이런 방식으로 객관성과 주관성의 이분법이 해결된다. 예수 그리스도라는 주어진 객관적 실체가 있다. 역사상 특정한 시간대와 특정한 인간 문화에 속한 나사렛 사람이었다. 그는 중국 문화나 아프리카 문화에 속하지 않았고 20세기에 속하지도 않았다. 그의 생애는 하나의 객관적인 사실이었다. 그래서 우리가 성경에 귀를 기울이고 그것을 이해하려고 애씀으로써 그에 관해 공부할 수 있는 것이다. 이와 동시에 우리 마음속에 작동하는 성령의 사역도 있는데, 이는 우리가 모든 나라와 문화를 망라하는 세계 역사를 공부할 때 우리의 모든 경험에 예수의 빛을 비춰주는 역할을 한다.

내가 보기에는 동방 정교회가 이 진리를 가장 잘 표현하고 있는 것 같다. 그들은 그 말씀과 성령을 아버지의 두 손이라고 말하기 때문이다. 그 말씀(몸을 가진 예수)과 성령(모든 시대에 어디에나 계시는 영)은 한 아버지의 두 손들이다. 양자는 별개의 것이 아니다. 여기서 또 다시 삼위일체 교리는 하나의 수수께끼가 아니라 수수께끼에 대한 해답임이 드러난다. 이밖에는 주관성과 객관성 간의 이분법을 풀 수 있는 궁극적인 해결책이 없기 때문이다.

성경을 어떻게 읽을 것인가?

그러면 우리는 실제로 성경을 어떻게 읽는가? 성경론에 관해 얘기하려면 많은 시간이 소요될 수 있다고 나는 생각한다. 그러나 정작 중요한 문제는 우리가 실제로 성경을 어떻게 취급하는가 하는 것이다. 맨 먼저 우리가 성경을 읽을 때 우리는 한 전통의 견습생으로서 배울 것이 많다는 점을 인식할 필요가 있다.

그렇다고 해서 우리가 이해하든 못 하든, 무슬림이 코란을 대하듯이 우리도 성경을 대해야 한다는 뜻은 아니다. 우리는 마음과 가슴을 열고 거기에 주어진 내용을 읽고, 삶의 모든 영역에서 그 뜻을 좀 더 온전히 이해하기 위해 노력해야 한다. 물론 외적인 권위가 거기에 있지만 우리의 몫은 성경을 내면화하고 이해하는 일이지 그 모든 것을 이해하는 체하면 안 된다. 아니, 심지어는 그 모든 것을 수용할 수 있는 것처럼 생각해서도 안 된다. 우리의 과업은 성경적으로 생각하고 행동하는 법을 익혀서 성경을 중심으로 한 이 위대한 전통의 견습생으로 자리 잡는 일이다.

이 모든 일은 실제로 제자의 삶을 살아가면서 이뤄져야 한다. 단순히 책을 읽는 것으로 끝나는 견습 과정은 있을 수 없기 때문이다. 그러니까 예배와 순종과 제자도를 실천하는 맥락에서 수행할 일이라는 뜻이다. 계몽주의가 낳은 결과의 하나는 성경을 교회에서 빼앗아 지나칠 정도로 대학교에서의 학문적 연구의 대상으로 만들어버린 점이다. 물론 여러 학문 기관에서 성경을 연구하는 일은 문제될 것이 없다. 대학교가 우리에게 다양한 통찰을 제공할 수 있으므로 이는 감사할 일이다. 그러나 성경에 대한 진정한 이해는 오직 교회에서만 가능한 일이다. 교회만이 역사적으로 각 시대마다 성경의 가르침에 충실하려 했던 모든 성도들의 전통과 연계하여 예배와 순종의 맥락을 조성할 수 있기 때문이다.

우리는 성경을 읽을 때 이성을 사용해야 한다. 하지만 그것은 다른 전통이 아니라 성경 자체의 전통에 바탕을 둔 이성이라야 한다. 우리가 성경을 읽을 때에는 당연히 많은 긴장관계를 접하게 된다. 여호수아서와 산상설교를 나란히 놓으면 골치 아픈 모순이 눈에 들어온다. 다른 여러 곳에도 다양한 긴장이 서려있다. 예를 들면, 사도 바울이 쓴 이신칭의의 대목과 사도 야고보가 쓴 편지를 비교해보라. 계시록 13장에 등장하는 국가와 로마서 13장에 나오는 국가의 성격을 생각해보라. 로마 제국이 로마서에서는 하나님의 임명을 받은 권력인데 비해 계시록에서는 무저갱에서 나온 짐승으로 등장한다.

이런 긴장들을 우리는 어떻게 처리하는가? 우리는 이런 긴장관계를 어떻게 다루는가? 궁극적인 실마리는 예수 안에 있다. 하나님이 성경을 통해 예수의 본성을 더 깊이 이해하도록 그의 백성을 인도한다는 것을 우리가 알아야 하고, 따라서 이 점에 비추어 성경을 읽을 필요가 있다. 예수가 "너희가 옛적에는…라고 들었으나 나는 너희에게 말하노니"라는 말로 시작하는 대목이 있는데, 이는 옛 계명과의 불연속성을 가리키는 것이 아니다. 오히려 그의 가르침을 통해 옛 계명의 진정한 뜻을 더 깊이 이해하도록 도모하고 있는 것이다.

성경에 나오는 하나님의 이야기는 하나님의 백성을 갈수록 더 깊은 지식으로 인도한다는 것을 우리가 알아야 한다. 이는 우리가 모든 텍스트를 복음의 맥락 안에서 읽어야 한다는 뜻이다. 복음이야말로 성경을 이해하게 해주는 실마리이기 때문이다.

우리는 또한 모든 텍스트를 문화적 맥락 안에서 읽어야 한다. 간단한 예를 하나 들어보겠다. 흔히들 사도 바울이 노예제를 받아들였으므로 우리는 그를 신뢰할 수 없다고 말한다. 그러나 노예제는 그가 속한 문화의 불가결한 일부였고, 당신 역시 당신의 사회나 시대에서 뛰쳐나올 수 없는 법이다. 성경은 돈을 빌려주고 이자 받는 것을 금한다. 하지만 요즈음에 말하는 고리대금은 부당한 이율을 부과하는 것을 의미하고, 합리적인 이율은 현행 경제제도의 필수적인 요소이다. 성경이 금하는 것을 우리가 행하고 있다는 사실을 우리도 안다. 우리는 우리 사회에서 뛰쳐나올 수 없다. 바울 역시 갑자기 그가 몸담은 1세기 사회에서 도약할 수 없었고, 그럼에도 변동의 씨앗은 심을 수 있었다. 바울은 도망한 노예인 오네시모의 경우를 놓고 그에게 지하로 숨어 도망자가 되라고 권하지 않았다. 그 대신 그를 그의 주인에게 돌려보내되 새로운 신분을 덧입혀 주었다. 그것은 빌레몬의 집에 사는 사도들의 대변인이란 신분이었다.

이와 같이 바울은 기존의 노예제 속에 장차 그 제도를 변화시킬 수 있는 무언가를 심어놓았던 것이다. 이 실례는 다른 많은 경우에도 적용된다. 이처럼 우리가 어느 텍스트를 읽든지 항상 당시의 문화적 상황에 비추어 읽어야 한다. 말하자면, 성경을 읽을 때에는 당시의 장소와 시대를 고려하면서 그 텍스트가 가리키는 방향과 의미를 이해하려고 애써야 한다는 뜻이다.

그런데 성경에 나오는 최대의 긴장은 하나님의 거룩한 분노와 하나님의 거룩한 사랑 간의 관계이다. 이 긴장은 하나님의 존재의 한복판에 놓여 있다. 아울러 우리가 현세에서는 결코 완전히 해결할 수 없는 궁극적 긴장이기도 하다. 우리는 다음 두 가지를 최대한 진지하게 붙잡지 않으면 안 된다. 하나는 죄라면 그 어떤 모양이라도 거부하는 하나님의 거룩한 분노를 말하는 성경 대목들이고, 다른 하나는 죄인을 완전히 용서하는 포용적인 하나님의 사랑을 얘기하는 대목들이다. 우리 인간의 힘으로는 그 엄청난 긴장을 도무지 지탱할 수 없다. 그러나 예수 그리스도의 속죄 사역, 곧 그 십자가 안에 세상에 대한 심판과 구원이 모두 들어있다. 바로 이 실마리로 인해 우리는 성경 내에 있는 그 어마어마한 긴장을 이해할 수 있는 것이다.

우리는 성경으로부터 성경적으로 생각하는 법과 하나님이 우리에게 말씀하시는 방식, 그리고 하나님의 말씀에 관해 말한다는 것이 무슨 뜻인지를 배워야 한다. 우리는 성경이 삶의 모든 영역에서 활약하도록 허용하고 성경적인 관점에서 생각해야 한다. 성경의 빛에 비춰볼 때에만 우리는 결국 우리의 인생을 이해할 수 있다. 우리의 정체성을 회피하기보다 우리가 진정 누군지를 이해하게 된다. 우리가 과연 어디서 와서 어디로 가고 있는지, 그 과정에 어떤 선택들이 우리 앞에 놓여 있는지를 알게 된다. 이런 식으로 사는 법을 우리가 발견할 때에야 비로소 '성경은 하나님의 말씀'이라는 말의 진정한 뜻을 배울 수 있다.

6.
창조: 보이는 것과 보이지 않는 것

"태초에 하나님이 천지를 창조하시니라"(창 1:1). 이것이 절대적인 출발점이었다. 이전에는 시간과 공간을 막론하고 전혀 아무 것도 없었다. 그것이 만물의 기원 그 자체였다. "태초에, 하나님."

사도 바울은 골로새서 1장 16절에서 이 점을 더 명백히 밝힌다. "만물이 그에게서 창조되되 하늘과 땅에서 보이는 것들과 보이지 않는 것들과 …" 이는 '하늘'과 '땅'이란 단어들에 담긴 뜻을 명료하게 밝히는 중요한 진술이다. 보이는 것들과 보이지 않는 것들을 모두 포괄하는 표현이다. 우리가 이 점을 늘 유념하기만 했어도 과거에 신학자들 사이에 벌어진 쓸데없는 논쟁들을 피할 수 있었을 것이다.

예컨대, 하나님이 어떤 것을 명령했기 때문에 그것이 옳은 것인지,

아니면 어떤 것이 옳기 때문에 하나님이 그것을 명령했는지를 놓고 꽤 오랜 논쟁이 있었다. 이런 개념은 하나님 이전에 혹은 하나님과 상관없이 '옳다'고 불릴 만한 어떤 것이 존재한다는 생각을 저변에 깔고 있다. 그러나 '보이지 않는 모든 것'이란 어구에 담긴 사상은 우리를 그런 개념으로부터 보호해준다. 우리는 흔히 옳고 그름, 아름다움, 혹은 통일성과 같은 개념들이 마치 초시간적인 존재성을 소유하고 있는 것처럼 생각하지만, 사실은 그렇지 않다. 하늘과 땅에 있는 보이는 것들과 보이지 않는 것들은 모두 하나님의 능력의 말씀에 그 뿌리를 두고 있다.

1945년에 당시 미국 대통령이었던 해리 트루만은 그의 책상 위에 "일의 모든 책임은 내가 진다"는 유명한 글을 걸어놓았다고 한다. 우리도 그 글에 담긴 태도를 취할 수만 있다면 좋으련만! 그는 다른 누구에게도 책임을 전가하지 않겠다는 투철한 책임의식을 품고 있었다. 어느 의미에서는 우리 역시 지적인 탐구를 할 때 그 모토를 우리 앞에 둘 필요가 있다. 여기서 모든 의문이 중단되고, 우리는 그 해답을 겸허하게 받아들여야 한다.

창조의 다섯 가지 측면

나는 하나님의 창조에 관해 창세기에 나오는 다섯 가지 사항을 논의하고 싶다.

첫째는 사물을 구별하고 나누는 것을 강조한다는 점이다. 빛과 어둠, 바다와 땅, 서로 다른 종(種)의 동물과 식물이 구분되고, 창조된 모든 것이 제각기 독특성을 지니고 있다.

둘째 사항은 창조된 세계에 일종의 자율성이 부여되었다는 사실이다. 세상은 그 자체의 삶을 소유한다. 식물과 동물과 인간은 자기의 고유한 종을 재생산할 수 있다. 창조된 세계는 그 나름의 존재, 곧 생명과 활동이 있다. 이 창조세계는 하나님의 연장도 아니고 그 분에게서 유출된 것도 아니며 그분과 별개의 것이다. 이 세계는 그 윤곽이 매우 뚜렷하여 일곱 째 날에 하나님이 쉴 수 있었던 것이다. 창조세계는 계속 존재했다. 하나님이 계속 밀어줄 필요가 없었다. 그분은 안식을 취하며 그 세계를 감상할 수 있었는데, 이 점은 우리의 제자도에 시사하는 바가 많다. 이에 관해서는 나중에 살펴볼 예정이다.

세 번째 측면은 온 세계가 인류의 집으로 창조되었다는 점이다. 창조의 목적과 의미는 바로 여기에 있다. 이 점이 가장 뚜렷하게 드러나는 대목은 네 번째 날에 대한 창조기사, 즉 해와 달과 별의 창조가 아닐까 생각한다. 이 글은 이스라엘 백성이 막강한 바빌론 제국의 노예가 되어 그 어마어마한 신전들과 궁전들의 그림자 아래서 무력한 존재로 땀을 흘리던 시대에 기록되었을 가능성이 매우 높다.

세상의 여러 문화와 마찬가지로 바빌론 사람들도 해와 달과 별을 신으로 섬겼다. 이것들은 예배와 기도의 대상인 초자연적인 천체들, 신적인 존재들이었다. 그러나 우리의 텍스트는 그렇지 않다고 말한다. 그것들은 하나님이 그의 가족의 집을 비추도록 만든 하늘의 램프들이었다. 창조세계의 진정한 의미는 그것이 하나님의 가족을 위한 집으로 만들어졌다는 사실에 있다.

네 번째 사항은 인류 가족에게 특별한 책임이 주어졌다는 점이다. 그것은 창조세계를 소중히 돌보는 일이다. 인류는 하나님의 뜻에 따라 창조세계를 완전에 이르게 하는 책임을 위임받았다. 이 자체만 해도 오늘날의 생태학적 위기에 대해 중요한 메시지를 던져준다. 하나님의 의도는 이 세계를 황폐한 광야로 만드는 것이 아니었다. 그 대신 인류 가족이 돌보고 개발할 수 있는 동산이 되게 하는 것이었다.

인류는 동물들의 이름을 붙이고 동물을 분류하는 책임을 부여받았기 때문에 처음부터 동물과 관계를 맺었던 셈이다. 그리스도인 학자 C. S. 루이스는 그의 저서에서, 동물들의 잠재력을 최대한 개발하기 위해 최선을 다하는 것이 우리 인간에게 주어진 책임이라고 주장했다. 충성스러운 개를 예로 들어보자. 가령, 잉글랜드 북부지방에서 양치기 노릇을 하는 그 놀라운 짐승을 생각해보라. 그 셰퍼드들은 굉장히 영리하고 말을 잘 듣는다. 그런 짐승을 여우나 늑대 같은 야생 동물들과 비교하면, 우리 인간이 동물의 잠재력을 개발하는 것이 하나님의 뜻이란 말을 이해할 수 있을 것이다. 우리는 온 피조세계를 하나님의 뜻에 따라 완전에 이르게 하는 책임을 위임받은 것이다.

다섯 번째 사항은 하나님이 날마다 스스로 만든 모든 것을 보신즉 보시기에 좋았다는 것이다. 이것은 아주 멋진 표현이고, 날마다 창조 작업 뒤에 같은 말이 반복되다가 마침내 여섯 째 날에 이르러 하나님이 지으신 그 모든 것을 보시고 "심히 좋았다"는 말에서 절정에 도달한다(창 1:31). 이 어구는 이 세계를 나쁘고 위험한 곳, 어둠의 장소로 간주하는 인류의 많은 종교와 큰 대조를 이룬다. 종교개혁자 존 칼빈은 세계를 '하나님의 영광을 나타내는 극장'이라고 불렀다. 하나님의 영광이 이 피조세계에 반영되어 있다는 말이다.

이방인의 세계관과 기독교

우리가 이 견해를 이방의 세계관들과 비교해보면 참으로 천양지차임을 알 수 있다. '이방'이란 단어는 아주 폭넓은 뜻을 지니고 있는 만큼 여기서 나는 그것을 물론 느슨하게 사용하려고 한다. 이 말은 매우 다양한 믿음을 포함하고 있지만 세상에 널리 퍼져있는, 이방인들이 공유하는 요소들이 있는 것도 사실이다. 예를 들면, 자연을 신적인 것으로, 궁극적인 실재라고 보는 관념이 있다. 원시적인 애니미즘에서는 나무와 강과 산꼭대기에 신적인 에너지가 있다고 본다. 아울러 다양한 형태의 힌두교에서는 자연의 힘을 하나님과 동일시한다.

여러분이 시바이트 사원에 가면 중앙 신전에서 인간의 성적 능력을 상징하는 남근상과 동물의 힘을 보여주는 최고의 상징인 황소가 문을 지키고 있는 모습을 보게 될 것이다. 이와 같은 자연의 순전한 힘들이 신적인 것으로, 궁극적인 실재로 간주되고 있는 것이다.

이와 반대로 자연을 덧없는 것으로 보는 관념도 있다. 그리고 이 두 관념이 함께하는 경우도 있다. 모든 자연적인 사물은 죽고 사라진다. 물론 산과 같은 것은 예외이지만 이런 것마저 결국에는 침식되고 만다. 자연은 대부분 일시적이란 특징이 있다. 식물은 꽃을 피우고 자란 뒤에 시들다가 죽고 만다. 인간과 동물도 마찬가지다. 그래서 인간 역사 내내 궁극적인 실재가 자연 너머에 있다고, 그것은 초역사적인 영원한 것임에 틀림없다고 생각하는 강한 흐름이 있었다. 궁극적 실재는 우리가 시각과 촉각과 청각 같은 부족한 감각으로 알 수 있는 덧없는 것이 아니라 정신으로 파악할 수 있는 그 무엇이다.

이런 관념이 고전 세계에서는 비교적 뚜렷했다. 바로 이 세계에 교회가 맨 처음 발을 들여놓은 것이다. 플라톤에 따르면, 궁극적인 실재들은 관념과 비(非)물질적인 것이었다. 이 세상에 있는 모든 다양한 사물은 눈에 보이지 않는 관념의 세계에 존재하는 완전한 실재의 불완전한 그림자에 불과했다. 다른 한편, 아리스토텔레스에 따르면, '실체'(substance)와 그가 '우연'(accidents)이라고 부른 것은 뚜렷이 구별되어야 했다. 우리가 보고 듣고 만지고 느끼는 것은 모두 우연한 것들이다. 그러나 그 배후에 있는 진정한 실체는 우리가 결코 알 수 없다는 것이다.

그리스인들은 감각의 세계와 지성의 세계를 뚜렷이 구별했다. 감각의 세계는 시각, 후각, 청각, 미각, 촉각 등 다섯 가지 감각으로 파악하는 세계였다. 다른 한편, 지성의 세계는 우리가 정신으로 인지하거나 영으로 명상하는 세계였다. 그래서 궁극적 실재에 이르려면 눈에 보이는 세계의 물질적인 것을 우회하고, 우리에게 궁극적 진리를 줄 수 없는 역사상의 우발적인 사건들을 우회하여 계속 나아가야 했다. 이런 가시적인 세계를 통과하여 그 너머에 있는 영원한 비가시적인 세계에 도달하는 것은 오직 인간 이성의 능력 혹은 신비적인 명상, 자기초월, 다양한 요가 기술 등에 의해서만 가능했다.

이에 비해 역사는 아무런 중요한 의미를 지닐 수 없었다. 역사는 직선적으로 전진하는 듯 보일지 몰라도 그것은 한갓 환상에 불과했다. 사실은 원을 따라 계속 돌아가므로 과거에 발생했던 모든 일이 앞으로 다시 발생할 것이다. 그러므로 우리의 역사관은 우리가 인지하는 자연의 움직임, 즉 성장, 발달, 성숙, 부패, 죽음, 새로운 성장 등으로 진행되는 영구적인 순환을 모델로 삼은 것이다. 따라서 역사에서 발생하는 실제 사건들은 결코 궁극적인 의미를 지닐 수 없었다.

이와 같은 관념이 지배했던 이방 세계에 기독교의 복음이 침투했던 것이다. 기독교가 핍박받던 소수파 종교의 처지에 있어서 생존에 급급하고 순교자들의 증언으로 조금씩 성장하던 시대에는 기독교 복음을 대변하는 이들과 이방적인 관점을 견지하는 이들 간에 성숙한 토론이 있을 수 없었다. 그러나 기독교가 일단 하나의 종교로 인가를 받고 마침내 로마 제국의 종교로 공인되자 왕성한 토론의 장이 열렸다. 이 일은 특히 당시 거대한 도서관을 갖춘, 세계 최대의 도시이자 지적인 중심지였던 알렉산드리아에서 일어났다. 그리고 4세기와 5세기에는 기독교 사상가들과 과학자 및 철학자들 사이에 수많은 토론이 있었다.

이런 토론으로부터 초기 기독교 신학자들은 고전 철학 위에 아무 것도 세울 수 없다는 교훈을 얻었다. 복음은 완전히 새로운 출발점을 제공했다. 만일 만물의 존재 이유인 로고스(Logos)— 만물이 그에 의해 창조되었고 만물이 그를 위해 존재한다.— 가 실제로 예수 그리스도란 인물로 인간 역사에 나타났더라면, 그것이 우리의 모든 사유의 출발점이 되어야 했다. 이 관점에서 보면 당시를 지배했던 고전적인 세계관에서 한 걸음 물러나서 몇 가지 구체적인 질문을 제기하고 이로부터 어떤 원리들을 도출하는 일이 가능했고, 이런 원리들이 이후에 유럽 사상의 발달을 좌우했던 것이다.

첫째 원리는 이 세계가 이성의 하나님의 창조물이고 우리는 그분의 형상으로 창조된 만큼 이성의 손이 미치는 한 합리성이 통한다는 것이다. 따라서 비록 우리가 아직도 이해하지 못하는 것이 많을지라도, 원칙적으로 우주는 이해할 수 있는 것임을 우리는 믿음으로 받아들일 수 있다. 그리고 이것이 훗날 근대 과학의 필수불가결한 토대가 되었다.

우주가 만일 온갖 귀신과 악령들이 자기들 멋대로 무슨 짓이든 할 수 있는 곳이라면, 합리적인 우주가 존재한다는 확신을 품을 수 없다. 어째서 유럽 과학자들은 — 세계의 다른 많은 곳의 사상과 달리 — 만일 두 가지 비슷한 실험을 별개의 장소들에서 수행했는데 서로 다른 결과가 나온다면, 실수를 범했음에 틀림없다고 당연시 여겼을까? 이런 것들은 완전히 조화될 수 없는 것이 아니라는 확신, 따라서 양자를 모두 견지할 수 있는 어떤 사고 패턴을 찾을 수 있어야 한다는 뚜렷한 확신이 엄청난 과학의 발달을 가능하게 만들었던 것이다.

이른바 '천체'(heavenly bodies)와 관련된 한 가지 예를 들어보자. 특히 초창기의 과학을 지배했던 아리스토텔레스의 사상을 비롯한 여러 이방 사상은 해와 달과 별을 천체로 간주했다. 이것들은 이 세계의 구성요소인 흙, 공기, 불, 물 등 네 가지 원소로 구성되어 있지 않고, 그와 다른 종류의 요소들로 구성되어 있다고 인식되었다. 그러나 기독교 신학자들은 "아니다. 하나님이 모든 것을 창조했으므로 그것들도 모두 동일한 종류이다"라고 선언했다. 지성사(史)의 한 가지 아이러니는, 논란이 많았던 물리학자이자 천문학자 갈릴레이 갈릴레오(1564-1642)가 망원경으로 관찰한 뒤에 달도 지구와 똑같은 물질로 구성되어 있다는 결론을 내렸을 때, 교회로부터 노골적인 비난을 받았다는 사실이다. 이유인즉 교회는 일찍이 12세기 초부터 다시 아리스토텔레스의 노선을 좇았기 때문이었다. 이것은 역사상 과학과 종교의 관계에서 일어난 많은 아이러니 중의 하나이다.

창조세계는 유출된 게 아니라 창조된 것이기 때문에 상대적인 자율성은 있으나 절대적 자율성은 없다. 이 세계는 어느 정도의 독립성이 있어서 계속 존재하는데 하나님의 끊임없는 원인 제공이 필요하지는 않다. 아리스토텔레스는 움직이는 모든 것이 하나님의 다스림을 받고 있다고 생각했다(이슬람은 오늘까지 이 사상을 좇고 있다). 별들이 움직이는 것은 하나님이 그것들을 움직이기 때문이다. 운동량의 개념이 고전 사상에게는 전혀 생소한 것이었다.

만일 내가 공중에 공을 던지면, 지금은 우리가 중력이 없는 곳에서는 최초의 던짐에서 얻는 그 자체의 운동량과 함께 그것이 계속해서 움직일 것임을 당연시한다. 그러나 이것은 고전 세계에 전혀 알려지지 않은 개념이었다. 훗날 아이작 뉴턴 경(1642-1727)의 혁명적인 물리학과 수학이 탄생할 수 있었던 것은 중세에 운동량의 개념이 재발견되었기 때문이었다. 이것은 초기 신학자들이 당시를 지배하던 세계관에 도전하며, 이 세계는 피조물이므로 상대적인 독립성을 갖고 있다고 주장했던 사실을 보여주는 한 가지 예이다. 세계에서 발생하는 모든 것이 하나님의 직접적인 행위는 아니었다.

그런데 우리가 물어야 할 커다란 난제는 바로 '이 세계는 얼마만큼의 자율성을 갖고 있느냐?' 하는 것이다. 한쪽 극단으로 치우쳐 세계가 거의 완전한 자율성을 갖고 있다고 주장하는 일도 가능하다. 이것은 이 세계를, 시계 제조공의 간섭이 없이도 완벽하게 작동하는 하나의 시계로 보는 입장이다. 시계 제조공이 아주 노련하게 시계를 만들어 태엽을 감아놓았다면, 더 이상 간섭할 필요가 없을 것이다.

이런 식으로 세계를 보는 것을 이신론(deism)이라 부르는데, 이는 우주에 간섭하지 않는 창조주를 믿는 신앙으로서 뉴턴이 활약하던 17세기의 지배적인 견해였다. 뉴턴의 신학은 이신론적이었음에도 불구하고, 그는 '시계'가 이따금 조정이 필요하다고 생각했으며, 필요하다면 또한 필요할 때에는 하나님이 그렇게 할 것이라고 믿었다.

그러나 얼마 지나지 않아 시계 제조공은 불필요한 존재로 전락해버렸다. 19세기에 가까워지면서 세계를 저절로 작동하는 하나의 메커니즘으로, 즉 신의 목적을 언급할 필요가 없고 초자연적인 것을 모두 배제시켜도 무방한 그런 메커니즘으로 보는 견해가 등장했다.

프랑스의 뛰어난 물리학자이자 천문학자였던 피에르 시몽 라플라스(1749-1827)에 관한 유명한 이야기가 있다. 그는 행성 궤도에 작은 변동(perturbation)이 생기면 태양계에 장기적인 불안정을 낳게 될 것이란 뉴턴의 우려를 반박하는 중요한 천문학 저서를 집필한 인물이다. 그는 그 책을 나폴레옹에게 증정했고, 나폴레옹이 그것을 읽은 뒤에 "그런데 라플라스 씨, 이 책에는 하나님에 대한 언급이 전혀 없군요"라고 말했다. 이에 라플라스는 "제게는 그런 가설이 필요 없습니다"라고 대답했다(뉴턴은 안정성이 확보되려면 신의 개입이 필요하다고 생각했다). 라플라스의 응답은 우리 시대에까지 큰 영향력을 미치고 있는 19세기 과학의 모토라고 말해도 좋을 것이다. 세계는 완전히 독립적이기 때문에 하나님이란 관념 자체가 불필요하다고 보는 관점이다.

다른 극단에는 세계가 언제나 하나님께 완전히 의존해 있다고 보는 범신론이 있다. 하나님이 모든 것 안에 있고 모든 일을 행하고 영원히 우주에 편만하기 때문에 당신은 하나님과 세계를 구별할 수 없다. 하나님은 내재하는 존재라서 세계로부터 구분할 수 없다는 말이다.

후기 르네상스 시대의 유태계 화란 철학자였던 바룩 스피노자(1632-77)는 널리 통용되는 '신 즉 자연'(*Deus sive Natura*)이란 어구를 창안한 인물이다. 하나님은 온 세계에 충만하기 때문에 자연과 동일시되었던 것이다. 이런 사고방식은 르네상스 시대에 이르러 플라톤 사상의 영향이 커지면서 다시 고개를 들었다.

그리하여 기독교 신학자들은 언제나 이 두 가지 극단 사이에서 길을 찾아야만 했다. 하나는 세계를 하나님에게서 독립된 것으로 인식해서 하나님을 불필요한 존재로 만든 이신론이고, 다른 하나는 하나님을 세계 속으로 사라지게 만든 범신론이었다. 오늘날 범신론적 사고방식을 표방하는 예로는 뉴에이지 운동과, 매튜 폭스 박사와 미국 캘리포니아에 있는 UCS(University of Creation Spirituality)가 주창하는 소위 '생태 영성'이 있다.

성육신 덕분에 이제는 물질적 수단의 견지에서 우리의 구원에 대해 거론하는 일이 가능해졌다. 무슨 뜻인지를 설명해보겠다. 그리스인들이 의학과 의료 행위를 상당한 수준으로 발전시켰지만 히브리인들은 그것을 배격했다. 구약성경에는 의사가 들어설 자리가 없었다. 치유는 하나님이 직접 행하는 일이요 기도의 응답이었다. 치유는 용서의 일부였으므로 의료가 들어설 여지가 없었던 것이다.

그러나 초기 기독교 신학자들은 이런 반론을 폈다. 하나님이 세상의 구원을 이루기 위해 성육신을 통해 예수 그리스도의 물질적인 삶을 활용하셨기 때문에 치유와 구원 같은 하나님의 목적 성취를 위해 물질적인 것의 사용을 배제하면 안 된다고. 그래서 히브리인과 달리 그리스도인들은 그리스인이 개발한 의료의 기술과 업적을 받아들이고 활용하게 되었다. 이로부터 치유 사역의 전반적인 풍조를 개발하여 그것이 오늘날까지 교회 사역의 불가결한 일부가 된 것이다.

이를 기반으로 삼아 물론 그보다 더 크고 광범위한 개발이 이루어졌다. 오늘날 우리가 테크놀로지라고 부르는 것이 출현했을 뿐만 아니라, 인간의 안녕을 증진시키기 위해 물질적인 것들이 온갖 방법으로 개발되기도 했다. 이 운동의 위대한 사도는 바로 프란시스 베이컨이었는데, 그는 인류의 삶을 향상시키려면 과학을 반드시 발달시켜야 한다고 열렬히 믿었던 르네상스 철학자였다. 이런 면에서 얼마나 눈부신 발전이 이뤄졌는지를 우리가 알고 있지만, 이와 동시에 테크놀로지가 끔찍한 악의 도구가 될 수 있다는 슬픈 사실도 알고 있다.

그러면 이 자율성의 문제에 어떻게 응답해야 할까? 우리는 두 가지 극단을 살펴보았다. 한편으로 이신론은 세계가 아무런 간섭이 없이 저절로 움직인다고 가르친다. 다른 한편으로 범신론은 온 세계가 하나님으로 가득 차서 거기서 일어나는 모든 것이 그분의 일이라고 본다. 이 둘 사이에서 우리는 어떤 경로로 운행해야 할까? 이 피조세계는 하나님과 어떤 관계를 맺고 있는가? 이것이 어쩌면 이 세계에 관한 기독교 사상을 통틀어 가장 어렵고도 불가피한 문제 중의 하나가 아닐까 생각한다. 한쪽 극단에는, 물론 다양한 형태가 있지만, 양자 사이에 아무런 관계가 없다고 보는 견해가 있다. 또 다른 극단은 세계가 전혀 독립성을 갖고 있지 않다고 보는 관점이다. 앞서 말했듯이, 이슬람은 아리스토텔레스의 전통을 좇아 세계에서 일어나는 모든 일이 하나님의 직접적인 행위라고 믿는 종교이다. 별의 운행은 물론이고 돌 하나의 움직임까지도 하나님의 직접적인 행위라고 본다. 이 점에서 이슬람은 아리스토텔레스가 말한 '제1의 동자'(prime mover) 교리를 따르고 있는 것이다. 기독교 역사에서 발생한 가장 혼란스런 현상 중의 하나는 성경적 신앙과 이런 아리스토텔레스-이슬람의 합리주의를 종합하려고 했던 토마스 아퀴나스의 시도였을 것이다. 그 과정에서 그는 아리스토텔레스와 이슬람의 제1의 동자인 알라를 성경의 하나님과 위험할 정도로 동일시하다시피 한다. 이런 혼동은 오늘날까지 우리의 고민거리로 남아 있다고 나는 생각한다.

이슬람이 기독교의 핵심교리인 십자가의 죽음, 즉 하나님의 아들이 우리의 구원을 위해 십자가 위에서 죽었다는 것을 부정하는 이유가 있다. 무슬림 세계는 예수가 하나님의 사도였고, 하나님은 자신의 사도를 죽일 수 없었고 또 죽이지 않았을 것이라고 믿기 때문이다. 그리고 세상에서 일어나는 모든 일은 하나님의 직접적인 행위인 만큼 예수가 십자가에서 죽었다고 믿는 것은 있을 수 없고 불가능하며 심지어는 신성모독에 해당한다는 것이다.

이와 정반대의 극단은 세계를 완전한 자율성이 있어서 인과법칙에 의해서만 좌우되는 닫힌 체계로 보는 것이다. 오늘날에도 자주 반복되는, 19세기 실증주의의 주장에 따르면, 모든 원인들은 그것이 낳은 결과들을 묘사하기에 충분하고 모든 결과들은 그것을 낳은 원인들에 의해 설명될 수 있다. 여기에는 초자연적인 것이 개입할 여지가 없다. 이 세계의 움직임은 완전히 그 자체의 내적 규칙들 내지는 법칙들로 설명해야 한다.

우리는 하나님에게 그분과 완전히 독립된 세계에 간섭해달라고 간구할 수 없다. 또한 만일 세계가 하나님께 전적으로 의존해 있다면, 우리는 그분의 마음을 우리의 소원에 맞춰 바꿔달라고 간구할 수도 없다. 이 두 경우에는 기도, 중보, 기적 혹은 신의 섭리―하나님이 그분을 사랑하는 사람들의 유익을 위해 모든 것을 다스린다는 믿음─등이 불가능해진다.

기독교 세계관: 제3의 길

이 문제에 어떤 형이상학적인 해결책이 있다고 나는 생각하지 않는다. 다른 모든 문제와 마찬가지로, 그 해결책은 성경을 통해 우리에게 계시된 하나님의 은혜에 대한 믿음에 달려 있다고 생각한다.

첫째로, 하나님이 피조세계 속에 심어놓은 질서, 패턴, 규칙이 있다. 창세기는 낮과 밤의 반복, 여름과 겨울, 봄철과 추수철 등 여러 계절이 규칙적으로 바뀌는 것을 얘기한다. 하나님은 예측할 수 없이 마음대로 행하는 분이 아니다. 과학이 여러 법칙들과 자연의 규칙을 발견하는 바람에 이런 질서가 명백히 밝혀졌는데, 이런 것이 없으면 인간의 자유도 있을 수 없을 것이다.

이 세계가 제멋대로 움직이지 않는다는 사실을 알 때에만 우리는 책임 있는 행동을 할 수 있다. 물이 열을 받으면 끓는다는 것을 모른다면, 우리는 차를 만들 수 없을 것이다. 인간의 사상과 행동의 자유는 하나님이 자연세계에 부여하신 규칙성에 달려 있다. 그 모든 자유는 하나님이 독단적이거나 변덕스럽지 않고 일관성이 있는 분이라는 사실, 이 세상은 사물을 갖고 장난칠 수 있는 변덕스러운 작은 악마들의 손에 좌우되지 않는다는 사실에 달려 있다. 이러한 세계의 규칙성이 우리의 자유를 가능케 하는 조건인 셈이다.

둘째로, 인간이 져야할 책임이 있다. 그래서 하나님께 순종할 자유가 있는 것이다. 구약성경은 사람들이 하나님 앞에 책임이 있다는 사실을 명백히 밝힌다. 그들은 죄를 짓고 회개할 수 있다. 하나님은 사람들로 하여금 그들의 행동에 대해 책임지게 한다. 그러므로 여기서 발생하는 모든 일이 하나님의 직접적인 뜻이 아님은 아주 분명하다. 하나님이 창조하신 세계는 사람들이 그분께 불순종할 수 있는 자유를 갖고 그분의 뜻에 거슬리는 행동을 할 수 있는 곳이다.

여기서 전혀 다른 논리를 하나 얘기할까 한다. 우리가 세계의 규칙성을 이해하려면 여러 계층의 논리적 차원들을 인식하는 일이 필요하다. 4장에서 살펴본 것처럼, 가장 단순한 예로 기계를 들 수 있겠다. 당신은 어느 한 차원에서 어떤 기계를 물리적 구성요소들과 기계적 구조의 견지에서 이해할 수 있다. 그 기계가 작동하게 하는 원인과 결과 간의 관계로 그것을 완전히 이해하는 일이 가능하지만, 이는 당신에게 그 기계의 목적—그 기계가 무엇을 위한 것인지—을 말해주지는 않는다. 이 목적은 그 기계의 설계자나 그 설계자에게 배운 누군가가 당신에게 말해줘야 한다. 기계의 목적에 관한 의문은 다른 논리적 차원에 속하는 문제다.

여러 논리적 차원들은 위계적인 구조를 갖고 있다. 원자, 분자, 기계, 생물학 등의 차원들이다. 생물학은 물리학이나 역학으로 대치될 수 없다. 화학은 물리학으로 대치될 수 없다는 식으로 계속 이어진다. 그리고 특히 우리가 인간의 행위에 관해 생각할 때 어느 한 관점에서는, 어느 한 논리적 차원에서는 골격의 구조와 근육을 움직이는 신경충동에 의해, 그리고 신경학자가 연구할 수 있는 뇌 속의 전기활동에 의해 완전히 설명할 수 있다.

그러나 이 가운데 어느 것도 인간의 동기나 목적을 설명하지는 못한다. 그러므로 어느 의미에서는 세계를 자동 메커니즘으로 설명할 수 있다는 것을 우리가 수용할 수 있지만, 그것이 총체적인 설명은 아니다. 세계를 창조한 분의 목적과 상관없이 그것을 이해하려고 하는 것은 하나의 논리적 오류이다. 이는 논리적 차원들 간의 차이점을 오해하는 것이다. 그런데 왜 하나님이 우리에게 그분을 불순종할 수 있는 자유를 주시고 세상에 우리가 무시할 수 없는 이런 규칙성을 부여하시면서도, 사도 바울의 말처럼 "하나님을 사랑하는 자, 곧 그의 뜻대로 부르심을 입은 자들에게는 모든 것이 합력하여 선을 이루게" 하시는지는 여전히 미스터리로 남는다.

우리가 그것을 이해할 수 있는 것은 오직 믿음을 통해 은혜로만 가능하다. 이 깨달음과 통찰은 예수의 십자가와 부활과 함께 시작된다. 어느 관점에서 보면 예수의 십자가는 하나님의 목적과 완전히 상충되는 것인데도, 그분의 섭리를 통해 그분의 목적을 행동으로 표출한 가장 완벽한 징표가 되었다. 예수의 십자가와 부활은 신앙에 의해 그리고 은혜에 대한 반응으로 우리가 믿음을 둘 수 있는 곳이다. 우리가 비록 하나님이 세계에 부여한 상대적인 독립성에도 불구하고 그분이 어떻게 그분을 사랑하는 이들의 유익을 위해 모든 것을 다스리는지 완전히 설명할 수는 없지만, 그래도 우리는 믿을 수 있다.

플라톤의 유명한 난제를 기억해보라. "진리를 추구한다는 것은 무슨 뜻인가? 만일 우리가 진리를 안다면 왜 그것을 추구하는가? 만일 모른다면, 우리는 그것을 발견할 때 어떻게 알아볼 수 있을까?" 이에 대해 플라톤은 환생의 교리에 입각하여 대답했다. 우리가 진리를 알아보게 되는 것은 전생(前生)에서 본 무언가를 기억했기 때문이라고 한다. 하지만 오늘날에는 아무도 수용하지 않는 답변이다.

우리는 어떻게 진리를 알게 되는가? 플라톤의 난제에 대해 어떻게 응답할 수 있을까? 그 답변은 분명히 4장에서 언급한 발견에의 열정을 포함한다. 알고자 하는 열정은 우리로 하여금 단순한 혼돈을 그냥 수용하지 못하게 한다. 우리 앞에 놓인 수많은 사물 속에서 패턴과 질서, 아름다움과 일관성을 찾도록 만든다. 이것은 종이 한 장 위에 쓰인 혼잡한 패턴들일 수도 있고 우리 인생의 얽히고설킨 문제일 수도 있다. 그런 노력은 단순히 아래로부터 생긴 것이 아니라 하나님의 은혜에 대한 일종의 반응이다. 사도 바울의 말대로 하나님이 "우리로 하여금 하나님을 더듬어 찾아 발견하게 하려 하심이다."

이것이 사실이라면 우리는 우리의 모든 지식과 존재를 다 동원해 노력할 것이다. 그럴 때에 모든 창조물에게 최고의 잠재력을 발휘하여 완전한 상태에 이르라고 부르시는 하나님의 은혜를 우리가 깨닫게 될 것이기 때문이다. 그러한 노력은 또한 자연이 움직이는 구체적인 방식, 예컨대 도토리가 이런 자연스럽고 일관된 법칙에 의해 양배추가 아닌 상수리나무로 자라는 방식을 설명해준다. 그것은 이 세상 생물들의 진화가 다윈의 이론처럼 아래로부터 오는 맹목적인 힘에 의해 일어나는 게 아니라 창조주의 부름에 대한 창조세계의 반응이란 것을 설명해준다. 우리는 인간으로서 의식적으로 그런 반응을 보일만한 타고난 능력을 보유하고 있다. 그런즉 우리의 사고 작용과 감성을 다 동원하여 우리를 둘러싼 이 놀랍고도 복잡한 세계의 의미를 파악하려고 힘써 노력할 수 있을 것이다. 만일 이렇게 생각하는 것이 옳다면 우리는 타락을 잘 이해할 수 있다. 왜냐하면 인류의 역사는 단지 우리가 열심히 진리를 찾고 하나님의 목적을 향해 성장하는 이야기만은 아니기 때문이다.

이 그림이 옳다면 우리는 인간의 타락을 창세기 3장에 묘사된 그대로 이해할 수 있다. 그것은 알고자 하는 몸부림이 개인적인 권력에 대한 욕망으로 변질된 사건이다. 뱀의 유혹은 하나님의 말씀을 신뢰하지 말고 스스로 지식을 찾아내면 하나님과 같이 될 것이라고, 또 믿음이 아닌 지식에 의해 알게 될 것이라고 부추기는 손길이었다. 우리는 하나님이 아는 것처럼 알게 되리라. 우리는 더 이상 순진하게 믿지만 않고 실제로 선과 악을 알게 될 것이다. 진리를 향한 갈망을 자기 내부로 향하게 하는 것이 타락의 본질이고, 이런 이유로 인류를 섬기기 위해 자연의 힘을 이용해 이룩한 놀라운 테크놀로지의 발달이 우리에게 양날의 칼과 같이 되어버린 것이다. 테크놀로지는 끔찍한 악의 도구로도 이용될 수 있기 때문이다.

끝으로, 하나님이 눈에 보이는 것들뿐만 아니라 보이지 않는 것들도 모두 창조하셨다는 사실을 기억할 필요가 있다. 골로새서 1장 15-20절에 나오는 바울의 글을 다시 생각해보라. "만물이 그에게서 창조되되 하늘과 땅에서 보이는 것들과 보이지 않는 것들과…"이는 우리가 사도신경을 암송할 때마다 되풀이하는 내용이다. 이어서 바울은 주권들 혹은 권세들에 관해 얘기한다. 그는 주권과 권세 등, 보이진 않지만 실재하는 강력한 세력을 거론한다. 이 말은 무슨 뜻인가?

바울이 다른 편지들에서도 이런 용어를 사용하고 있기 때문에 우리는 그로부터 그 의미를 알 수 있다. 이 용어는 때때로 제국의 권력, 곧 로마서 13장에서 시저로 대표되는 궁극적인 정치권력을 가리킨다. 때로는 갈라디아서에서처럼 유대인의 율법을 언급한다. 골로새서 2장에서는 그리스 철학을 가리키는데 사용된다. 때로는 예수를 십자가에 매단 권력층 전체를 의미한다. 바울은 고린도전서 2장 8절에서 만일 이 세대의 통치자들이 예수를 알아봤다면 그를 십자가에 못 박지 않았을 것이라고 말한다. 그리고 이런 통치자들과 권세들을 대변하는 이들은 유대의 제사장들, 서기관들, 바리새인들, 본디오 빌라도, 그리고 예수를 죽이라고 소리쳤던 폭도 같은 군중이었다.

이 모든 경우에 그 권세들은 가시적인 것으로 나타났다. 시저는 눈에 보이는 인간이었으나 단지 인간적 존재에 불과하지 않았다. 그는 그가 태어나기 오래전부터 존재했고 사망 후에도 오래토록 존재할 어떤 권세를 구현하는 인물이었던 것이다.

세상에는 권세들과 이데올로기들과 영적인 실재들이 존재하는데, 이들은 한시적으로 인간들과 기관들을 통해 나타나지만 동시에 그 자체의 이상한 존재성을 갖고 있기도 하다. 이 별개의 존재는 엄청난 힘을 보유하고 있다. 나는 경영인이나 금융인과 얘기하면서 이 사실을 더욱 절감하게 되었다. 인간적인 관점에서 보면 이런 사람들이 굉장한 힘을 갖고 있는 듯이 보이지만, 정작 개인적으로 그들과 얘기해보면 그들은 무력감을 느낀다고 토로한다. 그들은 자생력을 가진 거대한 시스템의 손아귀에 갇혀 있다고 느끼고, 그런 시스템이 모든 것을 움직이고 조직하기 때문에 그들 스스로 거기서 벗어날 수 없는 무력감을 느끼는 것이다. 민족주의를 예로 들 수 있다. 특히 나치즘과 같이 극단적인 형태를 지니는 경우에 그 보이지 않는 힘이 극명하게 나타나는 것을 볼 수 있다.

바울은 그런 권세들 역시 선하고 타당한 목적을 위해 그리스도 안에서 하나님에 의해 창조되었다고 말한다. 사실 정치권력과 경제 질서 등에서도 긍정적인 의도와 열망을 찾을 수 있었기 때문이다. 그러나 불행하게도 그것들은 이 타락한 창조세계의 일부로서 타락한 권세가 되고 말았다. 그런 것들은 스스로를 절대시하여 오직 하나님께만 속하는 권세를 착복하려고 애써왔다. 그리하여 우리가 대항하여 싸워야 할 악의 앞잡이가 되어버린 것이다.

그러나 신약성경이 계속해서 상기시켜주듯이, 예수는 십자가에서의 죽음을 통해 그 권세들을 무장해제 시키고 왕좌에서 쫓아냈다. "이제 이 세상에 대한 심판이 이르렀으니 이 세상의 임금이 쫓겨나리라"(요 12:31). 그들은 멸망된 게 아니라 무장해제 되었다는 말이다. 바울은 고린도전서(15:24-25)에서 예수가 원수의 모든 권세를 그의 발 아래에 둘 때까지 반드시 왕 노릇을 해야 하고, 이후에 나라를 아버지께 바칠 것이라고 말했다.

우리는 이런 권세들이 여전히 존재하며 우리를 위협하는 시대에 살고 있지만, 그들은 이미 그 최종 권위를 빼앗긴 상태에 있다. 그러므로 우리는 다음과 같은 바울의 말대로 행할 수 있는 것이다. "마귀의 간계를 능히 대적하기 위하여 하나님의 전신갑주를 입어라. 우리의 씨름은 혈과 육을 상대하는 것이 아니요, 통치자들과 권세들과 이 어둠의 세상 주관자들과 하늘에 있는 악의 영들을 상대함이라"(엡 6:11-12). 우리의 싸움은 다른 인간들을 상대로 하는 것이 아니라 이런 통치자들과 권세들, 보이지 않는 실재들, 즉 하나님의 창조세계의 일부이지만 타락한 피조물로서 궁극적으로 그리스도의 능력으로 구속될 것들을 상대로 하는 것이다.

그러므로 우리는 태초에 보이는 것과 보이지 않는 모든 것을 창조하신 하나님이 결국에는 영광 가운데 모든 것 위에 왕 노릇하실 것이고, 이 땅은 진정 "그분의 영광을 드러내는 극장"이 될 것임을 신뢰하는 가운데 믿음을 통해 은혜로 사는 것이다.

7.
구원: 타락, 죄, 구속, 속죄, 칭의

"하나님이 지으신 그 모든 것을 보시니 보시기에 심히 좋았더라"(창 1:31).

성경의 첫 부분에 이 기본진리를 계시하신 하나님께 감사드리고 싶다. 그런데 유감스럽게도 이것이 마지막 말이 아니라는 사실도 우리는 알고 있다. 이후에 우리가 타락이라고 부르는 이야기가 따라온다. 우리 그리스도인은 우리의 세계가 '타락한' 선한 창조물이고, 인류가 하나님의 형상으로 지음 받은 '선한' 피조물이지만 '타락하고 반역한' 상태에 있음을 잘 알고 있다. 바로 이 점에서 우리는 우리 문화의 강력한 비판에 직면한다.

우리는 죄인인가?

누군가를 죄인이라고 부르는 일은 우리가 범할 수 있는 가장 큰 잘못이다. 그래서 간디는 언젠가 "사람들을 죄인이라고 부르는 것은 그들의 인간성을 깎아내리는 짓이다"라고 말했던 것이다. 요즈음 사람들도 인간은 격려를 받고 위대한 존엄성과 가치를 인정받을 필요가 있는데, 죄인이란 딱지를 붙이는 것은 인간성에 대한 모욕이라고 말할 것이다.

르네상스 이래 유럽의 문화가 인간 본성에 대해 낙관적인 견해를 취한 것은 분명한 사실이다. 1776년 미국 독립선언문의 첫 대목에는 모든 사람이 생명, 자유, 행복 추구의 권리와 함께 평등하게 창조되었다는 '자명한' 진술이 나온다. 그것은 실로 위대한 선언이었다. 그리하여 행복은 18세기의 찬란한 새 유행어가 되었던 것이다.

중세만 해도 사람들은 이 땅에서의 행복을 기대하지 않고 행복의 맛보기만 바랐을 뿐이다. 행복이란 것은 마지막에 이르러야 온다고 생각했다. 그러나 특히 르네상스 이후에는 행복이 마지막에 온다는 이 관념이 인간성에 대한 일종의 반역으로 취급받게 되었다. 인간의 본성은 선하다고 생각했다. 물론 나쁜 사람들도 있긴 하지만 기본적으로 인간 본성은 선하므로 사람들에게 이렇게 가르치고 그들이 그렇게 믿도록 격려하는 일이 필요했다.

우리는 하나같이 죄에 관해 알고 있다. 특히 다른 사람들이 죄인임을 인식할 수 있기 때문에 그것을 아는 것이다. 우리는 타인을 판단하고 죄를 특정 집단과 동일시하는 경향이 있다. 예컨대, 유럽의 제2차 세계대전 전승 기념식에서 유럽인들은 그 전쟁 기간에 저질러진 나치의 끔찍한 악행을 기억했다. 당시에 사람들은 그런 악마적인 행위가 다시는 재발되어서는 안 되고 재발될 수 없게 해야 한다고 생각했다. 그런데도 그런 악행이 지금도 세계 곳곳에서 계속 저질러지고 있다는 사실을 우리는 알고 있다. 최근에는 보스니아에서 자행되었고 도처에서 계속 벌어지고 있는 중이다. 성경이 우리를 죄인으로 부른다는 것은 의심의 여지가 없다. 비록 구약성경에서는 창세기 초반부를 제외하고는 타락을 언급하는 구절이 별로 없기는 하지만 말이다.

그러면 우리가 죄에 관해 얘기할 수 있는 근거는 무엇인가? 물론 창세기 3장에 나오지만, 모든 기독교 교리는 복음의 핵심과의 관계에서 그 타당성이 입증되어야 한다. 그 핵심은 바로 예수 그리스도의 성육신, 죽음, 부활, 승리의 승천이다. 솔직히 말하자면, 우리가 죄인임을 아는 것은 성 금요일에 발생한 사건 때문이다. 이 사건이야말로 우리 모두가 죄인이라는 주장의 궁극적인 근거이다.

예화를 하나 들어볼까 한다. 언젠가 나는 무척 뜻 깊은 경험을 한 적이 있다. 나는 잉글랜드와 인도를 왕복하는 여행을 자주 했는데 때로는 3주 내지는 4주가 걸리는 긴 여정이었다. 2차 세계대전 당시 적의 잠수함 인근을 지나 여행했던 때가 특별히 기억난다. 승객들은 모두 "잠수함이다!"라는 끔찍한 소리를 들을지도 모른다는 것을 알고 있었다. 그래서 그 배를 탈 때면 언제나 구명조끼를 늘 들고 다녀야 했다.

긴 여행을 하는 경우 같은 배를 탄 승객 일행은 그 나름의 작은 세상이 된다. 소그룹, 파당, 동아리 등이 형성되고 그 중에는 좋은 사람들과 그렇지 않은 사람들이 섞여 있다. 사람들은 자연스레 나뉘기 마련이다. 우리가 어떤 이들과는 친구가 되었지만, 물론 사귀고 싶지 않은 이들도 있었다. 그러나 "잠수함이다!"라는 소리가 들리면 그 모든 피상적인 그룹들이 순식간에 사라져버린다는 것을 우리는 안다. 그럴 경우에는 단 하나의 이슈만 남는다. 삶인가 죽음인가 하는 문제다. 서로를 어떻게 생각하든지 상관없이 우리 모두는 같은 배를 탄 운명공동체였다. 인생도 사실은 마찬가지다. 우리는 동일한 상황에 처한 운명공동체라는 말이다.

이처럼 동일한 환경에 처한 공동운명체를 예화로 든 것은 십자가의 의미를 표현하기 위해서다. 바로 이런 일이 성 금요일에 발생했기 때문이다. 전능하신 하나님이 친히 우리 인류와 얼굴을 마주하고 만났을 때, 인류를 대표하는 그 무리가 실리적인 목적을 위해 그분을 죽여야 한다고 만장일치의 결정을 내렸던 것이다.

예수는 소수의 나쁜 놈들의 손에 죽은 것이 아니다. 그와 반대로, 십자가의 죽음은 '가장 좋은' 사람으로 간주되었던 자들 ― 의인들, 제사장들, 서기관들, 정부 관료들, 그리고 물론 거리의 군중까지 ― 이 저지른 짓이었다. 그런즉 우리가 우리 자신을 아주 특별한 부류로 여기지 않는다면, 당시에 발생한 사건은 인류가 창조주와 얼굴을 맞대게 되었는데 결국은 그분을 죽이려 했다는 결론을 내리지 않을 수 없다.

인류 역사의 한복판에 있는 그 결정적인 순간이 좋은 사람과 나쁜 사람을 막론하고 우리 모두가 죄인이라고 말하게 되는 근거인 것이다. 그런데 이것이 최종 결론이었다면 인류에게는 미래가 있을 수 없을 것이다. 그 사건에 대해 취할 수 있는 유일한 반응은 유다와 같이 스스로 목을 매는 것일 터이다. 만일 우리가 그런 존재라면 인류에 무슨 장래가 있겠는가? 그러나 물론 그것이 최종 결론은 아니다. 예수의 십자가 죽음이 한편으론 죄 많은 남자와 여자들의 소행이긴 했지만, 다른 한편으로는 세상의 생명을 위해 자기의 목숨을 내놓으려고 일부러 십자가로 갔던 그리스도의 고유한 사역이었기 때문이다.

그 십자가라는 교차점에서 우리는 아무런 차별 없이 심판을 받고 정죄를 당했다. 십자가는 인류의 한 편이 다른 편에 대항하기 위해 이용하는 깃발이 될 수 없다. 그곳은 우리 모두가 차별 없이 하나님의 원수로 노출되는 장소이다. 하지만 그곳은 또한 차별 없이 모두에게 하나님의 무한한 친절과 사랑이 베풀어지는 장소이기도 하다.

십자가는 한편으론 우리 모두에게 내려진 사형선고이지만, 그와 동시에 생명의 선물이기도 하다. 그래서 바울은 "내가 그리스도와 함께 십자가에 못 박혔나니, 그런즉 이제는 내가 사는 것이 아니요 오직 내 안에 그리스도께서 사시는 것이라"(갈 2:20)고 말하는 것이다. 내가 지금 갖고 있는 이 생명은 그리스도를 십자가에 못 박은 옛 자아에게 주어진 일종의 연장이 아니다. 이와 반대로 새로운 생명의 선물이다. 모든 생명의 창조주이신 분이 나를 살리기 위해 죽으셨기 때문이다. 그러므로 바울이 이렇게 말한 것이다. "나는 그리스도와 함께 십자가에 못 박혔습니다. 이제 살고 있는 것은 내가 아닙니다. 그리스도께서 내 안에서 살고 계십니다. 내가 지금 육신 안에서 살고 있는 삶은 나를 사랑하셔서 나를 위하여 자기 몸을 내어주신 하나님의 아들을 믿는 믿음 안에서 살아가는 것입니다"(새번역).

우리는 용서를 받았기 때문에 우리가 죄인이라는 사실을 비로소 알 수 있다. 이것이 나에게는 절대적인 기본진리로 보인다. 우리가 원죄 교리를 가르치는 것은 우리가 이미 용서를 받았기 때문이다. 이 사실을 떠나서는 그 교리를 도무지 믿을 수 없을 것이다. 죄가 우리의 눈을 가려 죄를 보지 못하게 하기 때문이다. 죄가 우리 자신의 실상을 보지 못하게 막기 때문에 진정으로 회개할 수 있는 사람은 용서받은 자들밖에 없다는 말이다.

그러므로 우리가 맨 먼저 말할 기본진리는 죄가 온 인류에 영향을 미치고 모든 사람과 관련이 있다는 사실이다. 그 이유는 우리가 남을 심판할 만한 입장에 있기 때문이 아니고, 우리가 세상을 둘러보며 사람들이 죄인인 것을 스스로 발견했기 때문도 아니다. 물론 우리가 그렇게 할 수도 있지만, 그럴 경우에는 언제나 다른 사람이 죄인으로 판명되는 법이다. 오히려 우리는 오래 전에 갈보리에서 일어난 사건으로 인해 하나님 앞에 용서받은 죄인으로 설 수밖에 없음을 스스로 인정할 수 있고 또 인정해야 한다. 이 점을 맨 먼저 말하는 게 반드시 필요하다고 나는 생각한다. 이와 달리 죄에 관해 논할 경우에는 예외 없이 우리가 남을 심판하는 자리에 앉게 되기 때문이다.

바울의 설명

이 주제에 관한 가장 체계적인 설명은 사도 바울이 쓴 로마서 1장에서 7장까지의 내용이다. 바울은 "내가 복음을 부끄러워하지 아니하노니 이 복음은 모든 믿는 자에게 구원을 주시는 하나님의 능력이 됨이라"(롬 1:16)는 놀라운 문장을 쓴 뒤에 독자들에게 세상을 쳐다보라고 권한다. 그가 사방에 온갖 악행과 방탕함, 싸움과 말다툼, 적대적인 파당들과 전형적인 타락상이 널려있는 이방 세계를 묘사할 때에는 그들이 전적으로 동의했을 것이다.

특히 유대인 독자들 사이에 그 말에 전심으로 공감하는 사람들이 많았을 것임에 틀림없다. 그런데 나중에는 바울이 유대인 독자들을 향해 '남을 심판하는 너는 어떠냐?'는 뜻을 지닌 말을 쏟아낸다(롬 2:1). 그리고는 그들 역시 똑같은 죄를 범했다고 선언한 뒤에, 끝으로 3장의 첫 대목에서 일련의 시편 구절들을 인용하면서 "의인은 없나니 하나도 없다"는 진술로 이 부분 전체를 요약한다. 우리는 어느 누구도 예외 없이 똑같은 정죄 아래 놓여 있는 것이다.

바울은 그 끔찍한 상황을 초래한 뿌리를 조사하는 일에 착수했지만, 이방 사상가들처럼 죄의 본질을 성적 부도덕, 음란, 오만, 혹은 파벌싸움과 같은 것에서 찾지 않았다. 아니다, 그가 묘사하는 이 모든 죄악은 근본적으로 불신이라는 뿌리가 낳은 열매이다. 우리가 타락하게 된 것은 우리가 다함께 창조주에게 등을 돌리고 그분 대신 피조물을 신뢰했기 때문이다. 그리고 이것은 창세기 3장에 나오는 이야기를 충실하게 묘사한 것이다.

창세기 3장에 기록된 타락 이야기의 본질은 하나님께서 자신이 직접 창조한 가족인 아담과 하와에게 그분을 사랑하고 그분께 순종하면서 살고, 그분이 유익한 일을 행할 것을 신뢰하도록 요구했다는 사실에 있다. 그분이 선악을 알게 하는 나무의 열매를 먹지 말라고 금했지만 그들이 넘어간 유혹의 본질은 "…너희가 하나님과 같이 되어 선악을 알게 되리라"(창 3:5)는 뱀의 말 속에 담겨 있다. 달리 말하면, 그 말씀을 그대로 믿지 말고 당신 스스로 알아본 뒤에 당신이 직접 옳고 그른 것을 확인하라는 뜻이다. 어느 누구의 말이라도 그대로 믿지 말라.

성경에 따르면, 바로 이것이 그 모든 무시무시한 죄악들을 양산하는 근본적인 뿌리다. 이는 피조물인 우리가 마땅히 맺어야 할 사랑과 순종과 신뢰의 관계를 깨는 일이고, 우리 스스로 자신의 주인과 심판관이 되고 자신의 의로움을 확보하려는 시도이다. 그렇기 때문에 바울은 복음의 핵심을 하나님에게서 오는 의(義)의 선물이라고 말했던 것이다. 즉 그것은 내가 소유한 의로움이 아니라 하나님의 선물이라는 말이다. 이것이 인간의 죄의 뿌리와 기원을 논하는 바울의 핵심 진술이고, 이로부터 우리는 그가 나중에 말한 하나님의 의를 이해할 수 있다.

로마서 5-6장에서는 바울이 우리 모두가 죄에 연루되어 있다고 말한다. 아담 안에서 모두가 죽은 것처럼 그리스도 안에서 모두가 살아나게 될 것이다. 아담 안에서 우리 모두가 죄를 지었다. 죄에 대한 우리의 연대책임을 얘기하는 이 대목은 그동안 많은 오해를 받아왔다. 부분적인 책임은 아우구스티누스에게 있다. 여기서 두 가지 사항을 유의할 필요가 있다. 첫째, 5장 12절은 죽음이 아담으로부터 모든 사람에게 이르렀고 모든 사람이 죄를 지었다고 말하는데, 여기에서 "in that"(in that all sinned)으로 번역된 그리스어가 "in whom"으로 쉽게 오해될 수 있고 또 실제로 오해되어왔다. 이것은 마치 아담의 죄가 자동적으로 우리 모두를 죄인으로 만든 것처럼 오해하게 하는데, 이는 실로 무의미한 개념이다. 그러나 본문의 그리스어 텍스트에는 사실상 우리가 아담과 연대관계를 맺고 있기 때문에 우리 모두가 죄를 지었다는 뜻이 담겨있다는 것이 후대의 모든 신학자의 일치된 견해이다.

둘째, 아우구스티누스가 이것을 시편 51편 5절―"어머니가 죄 중에서 나를 잉태하였나이다"― 과 연결시킨 것은 큰 잘못이었다. 이 구절을 그 시편의 문맥에 비추어 읽으면 '나는 태어날 때부터 죄인입니다'라는 말을 생생하게 표현한 것임을 알 수 있다. 그 말은 죄가 성교를 통해 전이된다는 뜻이 아닌데, 아우구스티누스는 이와 비슷한 말을 했던 것이다. 이것이 원죄 교리에 관한 서구 사상을 왜곡시킨 또 하나의 오해이다.

사도 바울이 말하는 바―그리고 우리가 진리로 인정해야 하는 것 ― 는 우리가 고의적인 선택에 따라 개인적으로 의식적인 죄를 짓는 것과는 별개로, 우리 모두가 인간으로서 다함께 죄악된 관계망에 연루되어 있어서 맨 처음부터 죄의 피해자가 된다는 것이다. 그런데 많은 사람은 이런 원죄 교리를 혐오하고 불쾌하게 생각하며 인간성에 반하는 믿음 내지는 배신으로 간주하고 있는 실정이다.

그러나 자기가 원하는 것을 갖지 못하면 발끈 화를 내는 어린이를 키워본 부모는 원죄의 뜻을 이해하기 쉽다! 우리 모두는 태어나기도 전부터 이미 존재해왔던 그 죄악된 관계망에 다함께 속해 있다. 또한 성장하는 과정에서 그 관계망 속에 유입되었다. 우리는 모두 이 점에서 한통속이다. 이것이 바로 인간의 조건이다.

죄의 문제에 대한 해답

이 문제에 대한 해답은 무엇인가? 해답은 그 중요 구절(롬 5:17)에 표현된 대로 믿음에 의해 하나님으로부터 오는 의(義)이다. 이를 다르게 표현하면 '관계의 선물'이라고 할 수 있다. 이는 우리 개개인에게 주어지는 새로운 존재라는 선물이 아니다. 그것은 우리가 깨뜨린 관계를 대치하는 새로운 관계라는 선물이다. 그리고 여기에서 다시 반복하지 않으면 안 될 만큼 굉장히 중요한 사실이 하나 있다. 우리의 모든 사유는 그리스 철학이 말하는 실체의 개념에 의해 큰 영향을 받아왔다는 사실이다. 이는 우리가 알고 있는 모든 것의 배후에 일종의 실체, 곧 그 사물 자체가 있으며, 모든 사람과 인간 본성을 포함한 모든 것은 그 본질적인 실체의 견지에서 이해해야 한다는 관념이다.

그러나 성경이 말하는 진리는 그와 다르다. 성경에서 발견할 수 있는 진리는 우리를 구성하고 있는 것은 바로 관계라는 것이다. 우리의 인간다움은 우리가 서로 관계를 맺고 있고 하나님의 자녀들이라는 사실에 있다. 우리는 서로 형제와 자매 그리고 부모와 자식의 관계에 있다. 인간의 본성은 관계망 안에서만 존재할 수 있다. 이런 관계들은 인류의 본질적인 특징이다.

이 점을 분명히 하기 위해 물리학에서 한 가지 예를 들어보자. 우리가 알다시피 오랜 세월에 걸쳐 과학자들과 사상가들은 원자란 것을 더 이상 분해될 수 없는 물질의 기본 단위로 확증하려고 애썼다. 원자가 모든 물질의 저변에 깔린 궁극적인 실체였다. 그러나 이제는 원자가 화학 원소의 최소 미립자에 불과한 게 아니고, 물질이 아니라 전하(電荷)인 미립자들 간의 역동적인 관계망의 일부라는 것을 우리가 알고 있다. 그런즉 물질 자체도 궁극적으로는 복잡한 관계들의 패턴으로 구성되어 있는 것이다. 또 다른 극단에는 우리가 '하나님'이라고 부르는 존재가 있는데, 이는 모종의 신적 실체를 가리키는 말이 아니다. 좀 더 정확하고 또 진실하게 말하자면, 그 단어는 완전한 사랑과 교제를 나누는 아버지와 아들과 성령 간의 관계의 패턴을 일컫는 것이다. 이것이 '하나님'이란 호칭이 지닌 뜻이다.

이런 관점에서 보면, 타락(the Fall)이란 것은 본질적으로 (하나님에게 의존되어 있는 관계를 그 본질로 삼는)인간들이 스스로 나름의 실체를 형성하려는 시도임을 알 수 있다. 말하자면, 인간들이 창조주와 사랑과 순종의 관계를 맺으며 존재하는 걸 마다하고 하나님과의 관계에서 자율성을 확보하고 제멋대로 선과 악을 결정하려고 했던 몸짓이었다.

그렇기 때문에 무서운 죄의 실상에 대한 해결책은 바로 새로운 관계의 정립에 있는 것이다. 즉, 믿음에 의해 하나님으로부터 오는 의로움이다. 이것은 내가 소유한 의로움, 즉 나는 의로운 사람이라고 말할 수 있게 해주는 그런 의가 아니라 그와 다른 종류의 의로움이다. 그것은 하나님이 예수 그리스도 안에서 우리를 받아주셨다는 사실과 우리가 믿음으로 그것을 믿고 받아들이는 것을 내포하는 의로움이다. 그것은 세상에 있을 수 있는 유일한 의로움, 곧 거룩한 하나님과 죄 많은 우리 사이의 관계를 말한다.

그러면 어떻게 이런 의로움이 생겼는가? 무엇보다 먼저 우리는 복음서의 배경인 구약성경을 살펴볼 필요가 있다. 구약성경은 인간의 사악함을 보여주는 끔찍한 이야기들로 가득 차 있다. 최초의 가정에서 형이 동생을 살인하는 사건으로부터 온갖 악행들에 이르기까지 인간의 죄악이 너무나 차고 넘쳐서 마침내 하나님은 소수의 의로운 남은 자만 보존한 채 온 세계를 물로 쓸어버렸다. 이후에 인류가 하늘까지 닿을 듯한 탑과 함께 그들 고유의 권한을 확립하려고 했을 때 다시금 하나님은 바벨탑을 파괴해버렸다.

어느 의미에서 구약성경의 주제는 하나님의 반응, 곧 '하나님의 열정'이라고 할 수 있다. 거룩한 하나님이 자기에게 속한 죄 많은 가족을 향해 품은 열정이다. 이 드라마는 첫날 저녁 에덴동산에서 하나님이 아담에게 "네가 어디 있느냐?"(창 3:9)고 불렀을 때 발한 그 무서운 외침과 함께 시작한다. 그것은 가출하여 실종된 자녀를 향한 부모의 고뇌에 찬 외침이다.

구약성경의 처음부터 끝까지 이런 하나님의 열정이 서려 있다. 먼저 한 가족을 불러 고향을 떠나라고, 그동안 낯익은 것과 의존했던 것을 모두 버리고 오직 믿음으로 사는 새로운 삶을 배우라고 말씀하셨다. 그 집안은 안전하게 보호받다가 이집트에서 노예생활을 하던 중에 구출되어 살기 좋은 땅으로 인도되었으나, 그들의 죄로 그 땅을 더럽히고 그들을 사랑하는 창조주를 거듭해서 반역하고 말았다. 고뇌에 빠진 하나님은 때로는 무서운 벌로 그들을 위협했고, 때로는 두려운 손길로 그 집안을 징계했고, 이후에는 후회도 하고 연인이 신부에게 구애하듯이 그들에게 사랑을 호소하기도 했다. 호세아서에 나오는 놀라운 구절이 이를 보여준다. "에브라임이여, 내가 어찌 너를 놓겠느냐 … 나의 긍휼이 온전히 불붙듯 하도다"(호 11:8).

그리고 이사야서 후반부에 '종의 노래'가 나오는데, 이는 여호와의 종—이 종은 이스라엘이 자기의 소명에 충실했더라면 그 민족을 가리켰을 것이다.—이 그 가슴속에 세상의 모든 죄를 짊어지는 모습을 그리고 있다. 끝으로, 우리는 주님에게 이른다. 하나님의 열정을 가리키는 이 모든 예언들이 바로 예수 그리스도란 인물의 삶 안에서 살과 피로 구현되었다. 우리는 그분이 이스라엘에게 그들이 부름 받은 본래의 목적을 성취하라고, 즉 모든 민족을 위해 하나님의 종 된 백성이 되라고 촉구하는 모습을 본다. 이 촉구가 거절을 당했을 때 예수는 이 죄 많은 세상을 위해 그 자신의 몸과 영혼으로 하나님의 열정을 짊어지려고 홀로 십자가를 향해 갔던 것이다.

그리하여 만유의 주님이신 그분이 모욕과 저주를 받고 쫓겨나서 죄수이자 신성모독자의 신분으로 처형을 당했다. 그리고는 심한 고뇌와 외로움에 빠진 채 "나의 하나님, 나의 하나님, 어찌하여 나를 버리셨나이까?"(마 27:46)하고 울부짖었다. 곧이어 그는 하나님의 창조 세계의 모든 영역이 빠짐없이 구속을 받게 하려고, 이 죄 많은 하나님의 가족의 처지인 하나님께 버림받은 상태로 들어가 그 깊은 심연으로 내려간 뒤에, 하나님은 그를 죽은 상태에서 일으켜 새로운 생명을 주시고 하늘로 들어 올려 주님이 되게 하셨다. 그는 오순절 날에 성령을 보내어 교회로 하여금 세상에게 배척을 당해 십자가에 못 박힌 이 사람이 바로 그 권능의 하나님이자 만유의 주님임을 깨닫게 했다. 그래서 교회는 이 구원의 비밀을 널리 선포하기 위해 선교의 길에 나섰던 것이다.

내가 지금 설명하려는 것은 과거에 발생한 사건이 하나의 사실이라는 점이다. 우리는 하나님의 승리를 설명하는 법을 이론적으로 정립하기 전에 그 승리가 실제로 일어난 사건임을 유의할 필요가 있다. 이런 일들이 발생한 것은 엄연한 역사적 사실이다. 예수가 승천한 뒤에 성령을 부어주심으로써 교회는 죄의 세력이 이미 깨졌다는 것을 세상에 전파할 수 있는 확신과 권세를 얻게 된 것이다. 하나님의 의가 우리에게 주어진 목적은 거룩하지 못한 우리가 거룩한 하나님을 사랑하며 사귀며 살게 하려는 것이다.

속죄의 개념

내가 절대로 확신하는 것이 있다. 우리가 예수 그리스도 안에서 이뤄진 속죄에 관해 말할 때 실은 인간의 언어를 뛰어넘는 것에 대해 얘기하고 있는 것이란 점이다. 언어란 것은 궁극적으로 모든 이치와 모순되는 어떤 것을 설명할 만한 능력이 없기 때문이다. 이것이 바로 죄의 개념이다. 만일 우리가 죄를 통일성 있는 합리적인 사고의 틀 속에 잘 끼워 맞출 수 있다면, 그것은 더 이상 죄가 아닐 것이다. 우리는 지금 하나의 '궁극적인', '불합리한' 어떤 것, 언어 구조나 수학적 구조로 도무지 이해할 수 없고 그 어떤 합리적 틀에도 끼워 맞출 수 없는 어떤 것을 다루고 있는 중이다. 그러므로 속죄를 통해 이뤄진 것을 완벽한 개념적인 틀에 비추어 이해하려고 애쓰는 모든 시도는 진리에 못 미칠 수밖에 없다. 하지만 그런 시도들이 우리에게 진리를 가리키는 역할은 할 수 있다.

화해를 가리키는 위대한 성경적인 은유 중의 하나는 몸값(ransom)의 개념이다. 이는 어떤 사람이 관대함을 베풀어 한 노예를 그 주인으로부터 구속하는 것을 묘사한다. 이는 우리 주님이 친히 사용하신 이미지다. 당시는 노예제가 통용되던 사회였던 만큼 이 은유는 엄청난 정서적 무게를 지니고 있었다. 그러나 당신이 이 은유를 그 논리적 결말에까지 밀어붙이면, "그 몸값을 누구에게 지불했는가?"라는 의문이 생기게 마련이다. 초기 신학자들 중의 일부는 하나님께 지불했다고 주장했고, 또 어떤 이들은 마귀에게 치른 것이라고 내세웠다. 하지만 어느 쪽도 받아들일 수 없다. 하나님께 몸값을 지불했다고 주장하는 것은 하나님이 우리를 용서하게 하려고 그분을 달래야 했다는 뜻을 내포하기 때문이다. 그렇다면 아들과 아버지 사이에 적대감이 있었다는 뜻인데, 이는 기독교 신앙과 완전히 배치되는 것이다. 그리고 마귀에게 지불했다고 주장하는 것은 사탄의 권세를 과장하는 것이다.

또 다른 은유는 대속(substitution)의 개념이다. 다른 사람이 우리를 대신해서 죽은 경우에 해당한다. 여기에도 이 진리의 본질적인 요소가 담겨 있다. 하지만 이 개념이 그 사건에 대해 궁극적인 설명을 제공하지는 못 한다. 우리 주님의 가르침에 따르면, 그분이 우리보다 앞서 가시고, 최후의 전투에서 그 궁극적인 원수를 대적할 수 있는 분은 주님밖에 없지만, 우리가 그 싸움에서 면제되지 않는 것도 사실이다. 오히려 정반대다. 즉, 그것은 우리가 그분을 따르도록, 십자가를 지고 그분이 가신 길을 걸을 수 있도록 우리에게 능력을 주기 위함이다.

그 다음에는 제물(sacrifice)의 은유가 있다. 이 개념은 히브리서에 가장 잘 설명되어 있는데, 제물과 관련된 구약의 규정들을 확실히 성취하는 사건으로 묘사되어 있다. 우리는 예수를 아버지께 바친 궁극적인 제물로 본다. 그러나 다시금 말하건대, 마치 아들과 아버지 사이에 적대감이 있어서 아버지를 달랠 필요가 있었던 것처럼 우리가 이 은유를 이해하거나 표현하지 않도록 주의해야 한다.

구약성경에 나오는 '속죄'(expiation 혹은 atonement)라는 단어의 용례를 보면, 그 동사형은 하나님과 관련하여 늘 사용되고 있지만 하나님을 그 대상으로 삼는 경우는 전혀 없다. 예컨대, 야곱이 무장한 무리를 이끌고 자기를 만나러 오는 에서를 달래고 싶어서 미리 많은 선물을 보냈을 때 그 동사가 사용되었다. 이 단어가 야곱이 형을 회유하려고 했을 때 사용되긴 했으나 하나님을 그 대상으로 삼아 사용된 적은 한 번도 없다. 이 용어는 하나님이 죄를 속하기 위해 제물을 준비했다는 식으로 언제나 간접적인 형태로 사용되는 것을 볼 수 있다. 따라서 아들이 아버지를 달래기 위해서 그랬던 것이 아닌가 하는 의문을 아예 차단해버린다. 그와 반대로, 그리스도의 속죄 사역은 또한 아버지의 사역이기도 하다.

이처럼 우리가 인간의 언어로는 속죄를 완전히 설명하는 게 불가능하지만 이 모든 은유들이 그 미스터리의 중심에 좀 더 접근하는데 도움이 되는 건 사실이다. 그 중에서 가장 유익한 은유 중의 하나가 구약성경에서 '속죄소'(mercy seat)로 번역된 히브리어 단어, 즉 거룩한 하나님이 죄인을 영접하는 장소라고 나는 종종 말해왔다. 이 단어가 로마서 3장에서는 '화목의 장소'로 번역되어 있다. 이 장소에서 우리는 그 성취된 일의 핵심에 다가가게 된다. 그 사역은 우리가 여전히 죄인으로 있는 곳을 거룩한 하나님과 교제할 수 있는 장소로 만든 셈인데, 하나님의 아들이 아버지께 사랑으로 순종함으로써 잃어버린 상태에 있는 우리의 자리를 대신 차지했기 때문이었다. 그리하여 성령 안에서 하나님과 교제(코이노니아)하는 일, 즉 우리가 죄인임에도 불구하고 하나님의 삶의 동참하는 일을 가능하게 만든 것이다.

교회: 칭의와 성화의 장소

우리가 보통 (성령의)'교제'로 번역하는 코이노니아(koinonia)란 단어는 재산을 공유한다는 뜻을 갖고 있다. 내가 세 형제와 더불어 어떤 땅을 공동으로 소유하는 경우 우리는 그 땅에 대해 코이노니아를 가졌다고 말할 수 있다. 우리가 성령과의 교제를 언급할 때에는 성령 하나님의 실질적인 삶에 공동으로 참여하고 있다고 말하는 셈이다. 그 장소는 물론 교회이다. 이곳이 우리가 예수의 이름으로 모이는 장소이다. 우리는 그분의 말씀을 듣고, 그분이 제정한 성찬을 통해 죽음과 사망을 이기고 승리한 그분의 부활에 참여하게 된다. 우리가 칭의(의롭게 되는 것)와 성화를 알고 또 경험하는 곳도 교회이다.

의롭게 된다는 것은 하나님의 인정을 받는 것이다. 우리 자신이 의롭기 때문이 아니라 예수 그리스도의 사역 안에서 하나님이 우리를 의로운 자로 받아주셨기 때문이다. 이 의로움은 한편으론 하나님의 순전한 은혜이고, 다른 한편으로는 믿음으로 말미암는 것이다. 이것은 결코 우리의 소유물이 아니고, 하나님이 예수 그리스도 안에서 우리를 위해 행하신 일을 우리가 믿음으로써 순간순간 받는 것이다.

교회는 또한 성화의 장소이기도 하다. 성화란 우리가 스스로 점차 거룩해지는 과정을 일컫는 말이 아니다. 하나님의 선물이 아닌 우리의 개인적인 특성, 즉 우리가 노력해서 얻을 수 있는 어떤 것이 아니라는 뜻이다. 그렇게 생각하는 것은 복음의 핵심과 상반되는 발상이다. 바울이 칭의란 단어와 성화란 단어를 함께 언급할 때 성화를 먼저 거론한 것은 주목할 만한 점이다. "너희는… 씻음과 거룩함과 의롭다 하심을 받았느니라"(고전 6:11). 여기서 거룩함(성화)과 의롭다 하심(칭의)은 모두 우리 자신이 소유한 어떤 것이 아니라 하나님과의 관계를 가리키는 단어들이다. 예수의 제자로서의 특징인 거룩함은 그런 식으로 우리가 소유할 수 있는 것이 결코 아니다. 그런즉 우리는 완전한 거룩함이 일종의 개인적인 소유인 것처럼(이것이 18세기 존 웨슬리의 설교에서 중심을 차지했었다.) 절대로 주장할 수 없다. 완전한 거룩함이란 우리를 거룩하게 하는 하나님의 은혜에 믿음으로 의존하는 관계를 일컫는 말일 뿐이다.

이 모든 사항을 고려하면 우리가 원죄 교리를 기쁘게 전파할 수 있다고 나는 생각한다. 위트가 많고 도발적인 잉글랜드의 비평가이자 소설가이며 시인이었던 G. K. 체스터턴은 '원죄의 좋은 소식'에 관해 얘기했다. 이게 무슨 뜻인가? 내가 약간 익살스럽게 설명해볼까 한다. 만일 우리 모두가 탈출한 죄수들이라면(비유적으로 말하면 우리는 그런 존재들이다), 우리는 살아있다는 사실을 굉장히 기뻐하며 교회의 삶을 매우 즐거워할 여지가 많은 편이다. 그래서 우리는 의로운 체하며 돌아다닐 필요가 없다. 우리는 거룩한 하나님의 안아주심과 용납과 사랑을 받은, 용서받은 죄인들일 뿐이다. 그리고 여러 시편이 자주 상기시켜주듯이, 이 때문에 우리는 실로 찬양하고 춤추며 기뻐하지 않을 수 없는 것이다.

우리는 스스로 완벽한 의인이 되어야 한다는, 감당할 수 없는 짐에서 해방되었다. 우리가 할 일은 단 하나뿐이다. 우리를 사랑하여 그 목숨을 내놓은 그분을 믿고, 순간순간 그분에게 감사의 제물로 우리의 삶을 드리는 것이다. 이것이 바로 그리스도인의 삶이다. 그렇다, 이것이야말로 좋은 소식이 아니고 무엇이겠는가!

8.
교회: 하나의, 거룩한, 사도적인 공동체

앞장에서 나는 사도 바울이 십자가에서 이뤄진 사역에 관해 말할 때 구약성경에서 '속죄소'로 번역된 히브리어에 상당하는 그리스어 단어를 사용했다고 언급했었다. 그 단어가 신약성경에서 '화목'(propitiation)으로 번역되었다. 그리스도께서 우리를 위해 십자가 위에서 이룬 일을 잘 이해하려면, 그분이 죄 많은 남자들과 여자들로 그들의 죄에도 불구하고 하나님의 영접을 받고 그분 앞에서 살며 기뻐할 수 있는 장소를 만들었음을 아는 것이 필요하다. 이것은 죄인들을 영접하여 그들과 함께 먹고 마셨던 예수의 사역이 연장된 것이라 할 수 있다. 교회가 바로 이런 일이 지금도 일어나는 장소이다.

교회는 분명히 복음의 불가결한 일부이다. 한 사람이 먼저 속죄와 이신칭의 등의 교리를 공부하고 그 '코스'가 끝날 무렵 사람들을 접촉할 만한 장소를 물색해서 그리스도인이 되는 경우는 없다. 이와 반대로, 우리는 어떤 방식이든 성령의 사역에 의해 기존의 신앙 공동체와 연결되어 그리스도인이 된다. 교회는 우리의 신앙에 선행하고, 복음은 추상적인 관념 덩어리나 일련의 언어가 아니다. 그것은 언제나 역사 속의 구체적인 실체, 우리가 교회라고 부르는 실체이다.

교회란 무엇인가?

신약성경에 나오는 교회는 '에클레시아'(*ekklesia*)란 그리스어 단어인데, 이는 '집회'란 뜻도 갖고 있고 여기서 여러 단어들이 파생되었다. 이 단어의 배경을 살펴보는 게 좋겠다. 초기 교회의 성경은 우리가 구약성경이라 부르는 것의 그리스어 번역판이었다. 그들이 이 단어를 읽을 때에는 이스라엘 백성의 회중, 전체 집회를 연상했을 것이다. 이런 구약적인 의미는 '시나고고스'(*synagogos*, 회당)와 '에클레시아'라는 두 개의 그리스어 단어를 통해 전달되었다. 그들은 스스로를 하나님이 아브라함을 부르신 사건에 뿌리를 둔 회중으로 이해했기 때문에 시나고고스나 에클레시아 둘 중 하나를 택했을 가능성이 많다. 그들은 자신을 하나의 새로운 사회로 보지 않았다. 그들은, 하나님이 족장들과 선지자들에게 약속했던 대로, 이제는 이방인들까지 포함하는 확대된 이스라엘 사람들의 회중이었다.

방금 언급했듯이, 그들은 그 두 가지 단어 중 어느 것이든 선택할 수 있었다. 신약성경에는 '시나고고스'가 사용된 곳이 단 한 군데 있긴 하지만, 이를 제외하면 언제나 (구약성경의 그리스어 번역판에 나오는) '에클레시아'가 사용되고 있다. 거기에는 두 가지 이유가 있었던 것 같다. 하나는, 유대인들이 그들의 회중을 지칭할 때 회당이란 단어를 이미 사용하고 있었기 때문이다. 다른 하나는, 에클레시아는 온갖 사람들의 집회를 묘사하는 세속적인 용어였기 때문이다.

　그리스 도시 국가에서는 도시의 사안들이 집회에서 해결되었고, 사도행전의 뒷부분에서 볼 수 있듯이 그 집회를 에클레시아라고 불렀다. 이 단어의 문자적인 뜻은 '사람들을 불러냈다'는 것이다. 사도행전에 나오는 집회는 그 도시의 서기가 소집한 것으로 모든 시민이 참석하도록 되어 있었다. 그러나 이것은 도시의 서기가 아니라 하나님이 소집한 집회이다. 그래서 교회는 한결같이 하나님의 집회(*ekklesia tou Theou*), 즉 하나님이 소집한 집회로 불리는 것이다. 초기 그리스도인들은 그들의 모임을 이스라엘 백성의 회중의 연장선상에 있는 것으로 묘사하려고 그 어구를 사용했다.

　이로써 신약성경에 나오는 중요한 사실 하나를 설명할 수 있다. 개별적인 지역 교회와 온 교회를 지칭할 때 동일한 이름이 사용되었다는 사실이다. (영어권에 몸담은)우리는 두 가지 단어를 사용하는 경향이 있다. 지역 교회를 지칭할 때에는 '회중'(congregation)이란 용어를 사용하고, 보편적인 몸을 가리킬 때에는 '교회'(church)란 단어를 사용하는 편이다. 그러나 초기 교회는 이렇게 구별하지 않았다. 여러분이 사도행전과 바울의 편지들을 읽어보면 이 점을 알 수 있을 것이다. 그는 아시아의 교회들 혹은 아시아의 교회에 관해 말한다. 교회는 하나님이 각 장소에서 그리고 모든 장소들에서 그분의 백성을 모으는 행위이기 때문이다. 그래서 이런 역동적인 그림을 그리는 일이 필요하다. 이것이 이 성경적인 용어의 진정한 뜻이기 때문이다.

어디에서나 하나님은 예수 그리스도를 통해 그의 백성을 이 속죄의 장소로 모아 그 죄 많은 남자들과 여자들이 그분과 함께 교제하도록 만드신다. 그런데 이 활동은 지역적으로 그리고 보편적으로 일어나고 있기 때문에 교회를 지칭할 때에는 언제나 그 장소의 이름과 그들을 불러낸 분의 이름을 붙이는 것이다.

예컨대, 고린도에 있는 하나님의 집회, 에베소에 있는 하나님의 집회, 골로새에 있는 하나님의 회중 등이다. 이것이 교회를 규정짓는 방식이다. 즉, 그 집회를 소집하는 분의 이름과 그 소집이 일어나는 장소에 따라 그 호칭이 정해지는 것이다.

교회를 이처럼 하나님의 이름과 장소의 이름에 따라 부르지 않고 다른 이름으로 불렀을 때에는 — 예컨대, 고린도에서(고전 3장) 교인들이 베드로파, 아볼로파, 혹은 바울파 등으로 구분했을 때 — 바울이 크게 분개했다. 그래서 "너희는 육신적이다. 너희가 그리스도의 몸을 해체했다"라고 말했던 것이다. 여기서 바울은 그리스도와 장소 이름 이외에 다른 이름을 붙이는 것을 매우 불쾌하게 생각했던 것을 볼 수 있다.

그러므로 각 장소에 있는 교회는 하나의 지부가 아니라 보편적인 교회(the catholic church)이다. 하나님이 여기에서 그 집회를 소집하기 때문에 보편적인 교회인 것이다. 그리고 하나님이 계신 곳이라면 그것을 어느 교회의 지부라고 말할 수 없다. 그곳이 바로 교회(the church)이기 때문이다. 이는 그 본질상 교회가 하나임을 의미한다. 하나님이 한 분이고 주 예수 그리스도도 한 분이며 속죄의 장소도 여럿이 아니라 한 곳인 만큼 교회도 하나이다. 그런데 여기서 우리는 슬픈 분열의 이야기를 접하게 된다. 교회가 역사상 줄곧 분립되어 왔다는 사실을 우리가 알고 있기 때문이다.

교회의 분립

역사상 일어난 주요한 분립들을 살펴보자. 최초의 거대한 분립은 4세기와 5세기에 발생했는데, 로마 제국 바깥에 있던 교회들이 그리스도의 본성에 관한 신학 토론에 참여할 수 없게 되자 떨어져 나간 사건이다. 예를 들면, 아르메니아인, 아시리아인, 시리아인, 콥트인, 에티오피아인 등이 있는데, 그 엄청난 정치적 분열이 생기지 않았더라면 아마 그들은 분리되지 않았을 것이다.

여러분도 이해할 수 있다시피, 로마 제국과 페르시아 제국이 서로 적대관계에 있든지 전쟁을 벌일 때에는 페르시아나 아르메니아나 인도에 살던 그리스도인들은 로마 제국의 첩자라는 의혹을 충분히 살 수 있었다. 여러분이 로마 제국 내에 살고 있었다면, 그런 사람들이 외국인으로 취급된 것을 알았을 터이다. 당시에 교리적인 차이점도 물론 존재했지만 그 분립은 주로 정치적인 분열에 따른 것이었고, 그 결과 지금은 그들을 가리켜 '군소 동방 교회들'이라고 부르게 되었다.

두 번째 거대한 분립은 11세기에 비잔티움과 로마가 서로를 출교시키면서 일어났다. 그리하여 반쪽으로 갈라진 로마 제국이 오랜 세월 표류했는데, 동방 교회의 관점에서 보면 로마 가톨릭교회는 다음 두 가지 이유로 인해 분열을 조장하는 공동체였다.

첫째, 로마 교회는 온 교회 공동체의 자문을 구하지 않고 니케아 신조에 새로운 조항을 덧붙였다. 이른바 '필리오케(Filioque) 조항'을 더한 것인데, 이는 '그리고 아들로부터'란 뜻이다. 이것은 성령이 아버지로부터(이는 양측 교회가 동의한 것이다.) 나올 뿐만 아니라 아들로부터도 나오는지 여부와 관련이 있었다. 이 문제는 아직까지 동방 그리스도인들의 마음속에 원망스러운 분열의 행위로 남아 있다. 두 번째 이유는 콘스탄티노플에 이미 황제가 있는 상황에서 교황 레오 3세가 주후 800년 성탄절에 성 베드로 성당에서 샤를마뉴를 황제로 대관한 사건이었다. 이 두 가지 신학적이며 정치적인 행위들은 당시에 분열을 조장한 것으로 비쳤다. 그래서 오늘에 이르기까지 동방 기독교 세계—러시아, 그리스, 세르비아 등에 있는 대표적인 정교회들—에는 로마 교회에 대한 심한 분개심이 남아있는 것이다. 어느 면에서 이 분립은 서방 교회 내에서 일어났던 분열—로마 가톨릭 교회와 종교개혁파 교회 간의—보다 골이 훨씬 더 깊다고 할 수 있다.

16세기에 이르러 우리가 잘 아는 세 번째 분립이 발생했다. 종교개혁으로 말미암아 북부 유럽과 남부 유럽이 분열된 것이었다. 이후 19세기에는 특히 미국을 중심으로 교단의 개념이 발달했는데, 이 현상은 신자들 스스로 동일한 교회의 다른 분파들로 간주하면서 제각기 별개의 공동체에 몸담을 수 있는 것처럼 생각하게 만들었다. 이것이 교회의 분립을 초래한 네 번째 계기가 되었다.

그러면 우리는 이처럼 교회를 분립시킨 이슈들을 어떻게 봐야 할까? 나는 세 가지 큰 강조점에 주목하는 게 도움이 된다고 생각한다. 이 세 가지는 모두 교회의 본질의 일부로서 타당하기에 서로 상충되지 않는데도 불구하고 어쩌다가 서로 분리된 나머지 서로 대립관계에 놓이고 말았다. 내가 지금 염두에 두고 있는 것은 가톨릭, 프로테스탄트, 오순절파의 강조점이다.

먼저 가톨릭의 강조점을 보라. 예수는 제자들에게 "너희가 나를 택한 것이 아니요 내가 너희를 택하여 세웠나니…"(요 15:16)라고 말했다. 교회는 스스로 예수를 따르겠다고 결단한 사람들의 공동체가 아니다. 교회는 예수가 창조한 공동체이다. 그가 그들을 사도라고 부르고 그들을 성별하여 세상 속으로 보내며 모든 민족을 제자로 삼으라고 명했다. 그것은 예수 그리스도가 만들고 파송한, 역사적으로 창조된 구체적인 공동체였다. 그는 그들에게 세례와 성만찬을 성례로 주었고 그들은 밖으로 나가서 복음을 전했다. 나중에 그들은 적합한 자격을 가진 신자들 중에서 그들의 후계자들을 임명했다.

여기서의 강조점은 교회는 우리가 창조했거나 조직한 공동체로 존재하지 않는다는 것이다. 오히려 예수 그리스도가 친히 세상 속으로 보낸 공동체로 존재한다. 그런데 어떤 사람들은 우쭐대면서 "우리는 우리의 고유한 리더십을 가질 것이다. 우리의 고유한 주교들을 성별했으니 우리 나름대로 일할 것이다"라고 말한다. 이것도 과연 교회인가? 교회는 확실히 객관적인 실체를 지닌, 주어진 어떤 것이므로 우리가 구원을 받으려면 이 점을 받아들여야 한다. 이것이 가톨릭의 강조점이다.

이런 강조점을 가장 생생하게 표현한 글은 위대한 성공회 지도자였던 존 헨리 뉴맨의 자서전에 나오는데, 그는 1845년에 로마 가톨릭교로 전향하여 많은 사람을 그와 같은 길을 걷게 한 인물이었다. 당신이 저자이자 시인이며 역사가인 그의 자서전을 읽어보면 이 사람의 우선적인 관심사가 '어느 것이 참된 교회인가?'라는 질문이었음을 알게 되리라. 만일 우리가 참된 교회의 일원이 아니라면 구원을 받지 못한 셈이라고 그는 추론했다. 그는 많은 고민과 논쟁 끝에 로마 가톨릭 교회가 참된 교회이고 다른 교회들은 아무리 훌륭해도 진정한 교회가 아니라고 결론을 내렸다. 그리하여 교회의 정체성을 적어도 부분적으로나마 그 타당한 역사적 계승에서 찾았던 것이다. 로마 가톨릭은 교회가 일종의 혁신에 의해 형성된 어떤 것이 아니라 예수가 세상 속으로 보낸 바로 그 공동체임을 입증할 수 있다.

이 주장에 반대하여 종교개혁의 시기에 엄청난 이슈들이 발생했다. 교회가 타당한 사도적 계승권을 갖고 있을지 몰라도 얼마든지 길을 잃을 수 있다는 반론이었다. 교회의 주교들이 선배 주교들에 의해 성별되었고, 이들은 또한 그들의 선배 주교들에 의해 성별되었다는 식으로 계속 거슬러 올라가면 최초의 사도들에 의해 성별된 이들까지 이르겠지만, 교회는 여전히 오류와 죄에 빠질 소지가 있는 것이다. 주교의 성별이 교회의 진정성을 보장할 수는 없다. 스코틀랜드 개혁자였던 존 녹스(1505-72)는 종교개혁 당시에 통용되던 거친 언어로 "직계 후손이란 사실이 참된 교회를 그 스코틀랜드 장로교회의 끔찍하고 못된 매춘부로부터 구별시켜주는 징표가 아니다!"라고 선언했다. 당시만 해도 신학적 토론이 활발하게 이루어졌는데 그것이 가장 중요한 강조점이었다.

종교개혁자들이 개진한 논점은 교회가 살아계신 그리스도에 의해 창조되었다는 것이었다. 교회의 존재는 단지 역사적 계승에 달려 있었던 게 아니라 복음의 말씀과 성례를 통해 매개된 복음의 살아있는 능력에 의해 창조되었다는 말이다. 이런 역동적인 교회 개념은 엄청난 힘을 지니고 있었다. 그것은 굉장한 변혁을 초래했으나 동시에 굉장한 분립을 낳기도 했다. 문제는 가톨릭의 강조점을 무시하는 듯이 보인다는 점이다. 그 개념은 교회가 순간순간 생성되는 어떤 것으로 만든 나머지 역사적인 연속성을 지닌 하나의 역사적 실체로 보지 못하게 할 위험이 있다.

세 번째는 내가 오순절파의 강조점이라고 부르는 것이다. 여러분이 올바른 사도적 계승과 더불어 올바른 교리와 제대로 집행되는 성례를 갖고 있다고 할지라도 성령의 살아있는 능력이 없을 수도 있다. 그렇다면 여러분은 진정한 교회인가? 사도행전을 읽어보면 몇 명의 남자가 예수와 바울의 이름으로 악한 귀신을 쫓아내다가 여러 귀신들의 공격을 받아 "내가 예수도 알고 바울도 알거니와 너희는 누구냐?"(행 19:15)라는 소리를 듣는 장면이 나온다. 여러분에게는 살아계신 성령의 진정한 임재가 있는가, 없는가?

이 세 가지 강조점은 모두 타당하다. 모두 복음에 근거를 두고 있다. 그러나 하나씩만을 취할 경우에는 그 본질을 상실할 위험이 있다. 가톨릭의 강조점만 취할 경우에는 생명이 없는 형식적이고 죽은 것을 낳을 소지가 있다. 프로테스탄트의 강조점은 아주 생명력이 있긴 하지만 하나됨의 의식이 없는 그 무엇을 낳을 수 있다. 특히 모든 것이 올바른 교리에 달려 있을 때에는 얼마든지 분열될 수 있다. 프로테스탄트 교회의 역사를 보면 교리의 세부사항을 둘러싸고 계속 분열되어 아예 교회의 통일성이 사라지고 만 것이 눈에 띈다.

오순절파 전통이 안고 있는 위험성은 개개인의 경험을 강조한 결과 다음과 같은 질문에 주목하지 않는 것이다. '우리가 경험하고 있는 것은 과연 무엇인가?', '우리가 다루고 있는 이 실재는 무엇인가?' 우리 사회는 주관주의와 상대주의의 성향을 띄고 있는 만큼 이 강조점이 교회라는 것을 '내가 느끼는 것'으로 용해시킬 위험이 많다.

나는 감리교회에 속한 여러 친구들을 매우 존경하면서도 거기서 이런 용해현상이 때때로 일어났다는 사실을 지적하지 않을 수 없다. 존 웨슬리의 위대한 부흥 운동으로 말미암아 성령의 능력이 크게 작용하여 수많은 인생이 변화되고 다양한 은사들이 표출되었다. 그러나 기독교는 종종 '내가 기분 좋게 느끼는 것', 즉 일종의 주관적인 경험을 특징으로 삼는 그 무엇으로 용해되고 말았다. 그 이유는 교리—

우리가 믿는 내용, 우리가 믿기로 헌신한 진리 — 와 보편적 교회의 연속성 및 실체에 충분한 주의를 기울이지 않았기 때문이다. 온전한 복음의 필수불가결한 요소들인 이 세 가지가 따로 분리될 경우에는 분열과 상호간의 의심을 초래할 수 있다. 그 결과 우리는 교회의 본질에 충실하지 않다는 식으로 서로를 의심하는 지경에 빠질 수 있는 것이다.

분열의 극복

그러면 우리는 어떻게 이런 분열을 극복할 수 있을까? 우리 주님이 수난 받는 날 저녁에 하신 말씀의 뜻을 상기하지 않을 수 없다. "아버지여, 아버지께서 내 안에, 내가 아버지 안에 있는 것 같이 그들도 다 하나가 되어 우리 안에 있게 하사, 세상으로 아버지께서 나를 보내신 것을 믿게 하옵소서"(요 17:21). 교회가 가시적인 연합체가 되어 세상으로 하여금 그곳이 죄를 용서받는 속죄의 장소이고 서로 화해할 수 있는 장소임을 알게 하는 것이 우리 주님의 뜻임을 우리는 부인할 수 없다. 교회는 예수께서 "내가 땅에서 들리면 모든 사람을 내게로 이끌겠노라"(요 12:32)고 말씀하시며 염두에 둔 그 장소이다. 우리가 어려움에 부딪혀서 아무리 실망할지언정 하나됨의 중요성을 강조하지 않을 수 없다.

그런데 우리가 현재 기독교가 다시 연합하는 첫 번째 시대에 살고 있다는 사실을 잊지 말자. 과거의 교회 역사를 훑어보면 줄곧 분열에 분열이 이어진 것을 볼 수 있다. 우리는 역사상 처음으로 사람들이 많은 차이점에도 불구하고 느리긴 해도 그리스도 안에서 서로를 인정하기 시작하는 시대에 몸담은 일종의 특권층이다.

하나님은 어떻게 우리로 하여금 교회의 통일성을 회복하게 할 수 있을까? 문제는 우리 각자가 자신이 속한 교회가 바로 하나님의 교회라고 고백하게끔 되어 있다는 점이다. 이유인즉 바로 그 교회가 그 사람을 그리스도에게 인도한 교회이기 때문이다. 이 점을 나는 부인할 수 없다. 그래서 우리는 서로를 바라보며 "이런 면에서 당신은 무언가 부족하다. 당신은 교회의 본질적인 표지 중의 하나가 부족하다"고 말하고 싶은 생각이 든다. 그것이 교리나 사도적 계승과 관련된 것일지 모르고 교회에서의 성령의 위치와 관계가 있을지도 모른다. 어쨌든 우리는 서로에게 "당신이 만일 이 점만 바로잡는다면 우리가 연합할 수 있다"고 말하곤 한다.

그러나 어떤 것이 교회의 올바른 표지라고 주장하는 것과 어떤 것이 교회의 필수요소라고 주장하는 것 사이에는 중요한 차이점이 있다. 어떤 것은 교회의 올바른 표지일 수 있다. 사실 내가 언급한 세 가지 요소는 교회의 올바른 표지들이므로 교회의 본질에 속하는 것들이다. 그러나 그것들이 필수요소라고 말한다면, 그것들이 없이는 교회일 수 없다고 주장하는 셈이다. 그리고 우리 중에 그런 논리적 결론을 내리고 싶어 하는 사람은 하나도 없다.

로마 가톨릭의 관점은 이렇다. 예컨대, 성공회 로마 가톨릭 국제 위원회의 보고서에 따르면, 교황직 혹은 특정한 성찬 교리의 공인이 연합의 선행조건으로 '필수적'이라고 한다. 이런 것들이 없으면 교회가 있을 수 없다는 말이다. '필수적'이란 말은 근본적이란 뜻이고 절대로 필요하다는 의미이다. 이런 사고 논리에 의하면 이런 요소들이 결여된 교회는 사라져야 마땅하고,—포도나무에서 잘린 가지가 죽듯이— 만일 어떤 교회에 필수적인 것이 결여되어 있다면 당연히 존재하지 말아야 한다고 결론을 내려야 한다. 그리고 서로를 출교시킨 모든 사건—이를테면, 1054년에 콘스탄티노플의 (정교회)총대주교와 로마 교황 사이에 벌어진 상호출교 등—을 만일 하나님이 '정당한' 것으로 인정했다면, 그런 교회들은 사라져서 더 이상 교회의 일부로 존재하지 않았을 것임을 의미한다. 그러나 그 교회들은 사라지지 않았다.

물론 우리는 교회가 오직 하나님의 자비로만, 죄인들을 향한 그분의 은혜로만 존재할 뿐임을 인정해야 한다. 달리 말하면, 온전한 교회의 조건들이 다 갖춰진다고 존재하는 게 아니라는 뜻이다. 교회의 기본적인 이미지는 속죄의 장소라는 것이다. 하나님이 죄인들을 그분의 교제 속으로 영접하는 곳이다. 그렇다면 우리가 교회의 통일성을 회복하는 길은 하나님이 우리를 영접했듯이 우리도 서로를 영접하는 것이 아닐까? 따라서 우리 모두 서로를 있는 그대로 받아들이자. 무엇보다 우리가 여러 면에서 교회를 향한 하나님의 목적에 못 미치고 있음을 시인하고, 서로를 있는 그대로 영접한 뒤에 믿음 안에서 서로를 바로잡아 주고 개혁하고 세워주도록 노력하자.

오늘날 무척 관대한 태도로 "그래, 하나님이 우리를 받아주셨으니 우리도 서로를 받아주자"는 식으로 느긋하게 말하는 풍조가 내 마음에 걸린다. 우리가 거기서 끝나기 때문이다. 그것은 "은혜를 더하게 하기 위해 우리 계속 죄를 지을까?"(롬 6:1)라고 말하는 것과 다름이 없다. 만일 하나님이 죄 많은 교회, 곧 교회가 마땅히 갖춰야 할 요소가 결여된 교회에 은혜를 주셨다면, 우리가 그대로 있어도 하나님이 계속 우리에게 은혜를 베풀 것이라는 태도다. 이것은 도무지 생각할 수 없는 일이다. "은혜를 더하게 하려고 우리가 계속 죄 속에 머물겠는가?" 사도 바울은 "그럴 수 없다"(2절)고 강경하게 대답한다. 그것은 고려할 가치도 없는 것이다. 하나님이 교회로서 갖춰야 할 요소가 결여된 교회를 불쌍히 여기신다고 해서 우리가 안주해도 되는 것은 아니다. 오히려 우리는 회개하고 서로를 받아줄 뿐만 아니라 서로를 바로잡아 주어야 한다. 그러므로 우리가 서로를 복음의 진리에 비추어 볼 때에만 장차 하나님이 우리를 본래의 의도에 맞게 만들 수 있을 것이다.

오늘날 유럽 교회의 상황을 보며 몇 가지 일반적인 사항을 말하고자 한다. 우리의 눈을 아프리카와 아시아와 태평양 군도와 같이 교회가 급성장하고 있는 지역으로 돌리면 상황이 매우 다른 것을 볼 수 있다. 일단 유럽의 상황만 바라보면, 고집스러울 만큼 비타협적인 로마 가톨릭 교회가 여전히 엄청난 힘을 갖고 있지만 심한 내적인 모순과 위기에 직면해 있는 것을 부인할 수 없다.

유럽의 주류 프로테스탄트 교회들이 내리막길을 걷고 있고, 주로 성장하는 교회는 복음주의와 은사주의에 속한 공동체들이며, 이는 교회 내부에서뿐 아니라 우리 주변에서 우후죽순처럼 생기고 있는 다양한 '교회병행' 단체들과 협회들 안에서도 일어나는 현상임이 틀림없는 사실이다.

이 지점에서 가톨릭 전통의 중요성에 관해 한 마디 하는 게 필요하겠다. 내가 학생이었을 때만 해도 활발하게 움직이고 최고의 학자들과 훌륭한 사제들을 다수 배출하며 선두를 달리던 주자는 영국 성공회의 성공회-가톨릭 진영이었다. 복음주의자들은 비교적 자그마하고 겁 많은 소수파에 불과했다. 그런데 오늘날에는 입장이 완전히 역전되었다.

복음주의 진영은 강하고 자신감이 있고 성장하는 추세인 데 비해 가톨릭 진영은 특히 여성 안수 허용을 둘러싼 위기를 겪은 뒤에 수세를 취하고 있다. 바로 이 시점에서 우리는 가톨릭 전통의 중요성, 즉 개인적 경험의 문제가 아니라 주어진 객관적인 교회의 실체와 그 성례의 중요성을 인식하게 된다.

내 친구들이 성찬식에 관해 말할 때 마치 그것이 주관적인 경험인 양 개인적인 의미가 있는지 여부를 중요시할 때에는 내 기분이 상하곤 했다. 이 주장을 사도 바울이 고린도전서에서 말하는 것과 비교하면 얼마나 다른지 모른다. 바울은 성찬에 참여하는 것에 관해 말할 때, 만일 당신의 몸을 분별하지 못한 채 거기에 참여하면, 아무 일도 일어나지 않는 게 아니라 당신이 심판 아래 놓이게 된다고 한다. 당신이 성찬에 참여할 때에는 아무 일도 발생하지 않는 게 아니라 무슨 일인가 일어난다는 것이다!(고전 11:27-29)

당신이 그리스도 안에서 세움을 받든지, 심판을 받든지 간에 객관적인 실재가 거기에 존재한다. 우리 문화가 주관주의와 상대주의에 많이 물들어있는 만큼 우리가 이런 의식을 회복하는 일이 중요하다고 나는 생각한다. 내가 이 말을 하는 이유는 현재로선 복음주의 진영과 은사주의 진영이 매우 강하고 자신감이 넘치며 많은 열매를 맺고 있기 때문이다. 이는 하나님께 감사할 일이다.

우리 모두는 그리스도인의 연합과 관련해 어떻게 나아가야 할지를 확실히 모르는 상태에 있는 듯하다. 50여년 전만 해도 아주 유망하게 보였던 유기적 연합을 향한 운동들이 대체로 사그라지고 말았다. 이제 우리는 로마가톨릭과 정교회로부터 성장일로에 있는 복음주의 및 은사주의 교회들에 이르기까지 우리의 하나됨을 표출할 수 있는 새로운 방식과 수단을 발견해야 한다. 처음에는 이런 방식들이 아주 비공식적일 수 있다. 하지만 우리가 오늘날 최대의 도전 중의 하나에 직면해 있다는 것은 틀림없는 사실이다.

현재 영국에서 그리스도인을 분열시키는 진정한 이슈는 가톨릭교도와 복음주의자 혹은 프로테스탄트와 은사주의자 간의 문제가 아니라, 복음이 객관적으로 존재한다고 믿는 이들과 더 이상 그렇게 믿지 않는 자들 간의 차이점이다. 한편에는 하나님이 주신 실재를 확실히 믿는 사람들이 있다. "하나님이 세상을 이처럼 사랑하사 독생자를 주셨다"(요 3:16)는 것과 여기에 속죄의 장소가 있다는 것을 믿는 사람들이다. 이는 가톨릭교도와 복음주의자와 은사주의자가 모두 공유하는 것이라고 생각한다. 다른 한편에는 진짜 하나님이 존재하신다는 것을 잊은 채 그들의 신앙이 진정한 복음 없이 하나의 의

견과 주관적 경험으로 환원되도록 내버려둔 수많은 영국 그리스도인들이 있다.

결론

이제 끝으로 내가 말하고 싶은 내용을 다섯 가지 항목으로 요약할까 한다. 첫째는 내가 출발점으로 삼은 교회의 역사적 실체성이다. 이 점을 강조할 필요가 있는 것은 라디오나 TV나 신문에서 교회를 그저 인기를 얻는 데만 급급한 주변적인 현상으로 간주하기 때문이다. 그래서 미디어가 묻는 질문은 어떤 활동이 교회를 더 대중적으로 만들어 줄지 여부에만 쏠려있다. 교회를 마치 지나가는 현상인 것처럼 보고 인기가 없으면 장차 사라질 것으로 여기는 태도다. 이 얼마나 터무니없는 풍조인가! 교회가 여태까지 막강한 제국들, 악명 높은 전체주의 정권들과 위대한 철학 체계들보다 더 오래 존속해왔다는 사실을 모르는가! 오늘날 유행하는 대중적인 사고방식이 20년도 채 지나기 전에 거의 잊히거나 과거의 유령으로 남을 것이다. 그러나 교회는 여전히 존재할 것이다.

교회는 하나님이 아브라함을 부르신 사건으로 시작하여 선지자들과 사도들의 사역을 거쳐 현재에 이르기까지 기나긴 세월 동안 존속해온 역사적 실체이다. 그리고 교회가 얼마나 인기가 있는지, 규모가 큰지 작은지 여부는 비교적 덜 중요한 문제이다. 이 위대한 반석, 수

많은 망치를 닳아 없어지게 한 이 모루, 이 주어진 실체가 우리 그리스도인의 사상의 중심이어야 한다.

둘째로, 교회는 죄 많은 남자들과 여자들의 공동체라는 것이다. 하나님이 성도라고 부르는 죄인들의 공동체이다. 사도 바울은 보통 편지를 이런 식으로 시작한다. "고린도에 있는 교회, 곧 성도로 부름을 받은 자들의 사도로 부름 받은 바울은." 그리스어로 보면 '부름 받은 사도, 부름 받은 성도들'이다. 그러니까 '성도로 부름을 받은'이 아니라 '부름 받은 성도들'이란 말이다. 달리 표현하면, 하나님은 그들을 성도라고 부르신다.

그들이 성도처럼 보이지 않을지 몰라도 하나님은 그들을 성도라고 부르신다. 중요한 점은 하나님이 어떻게 부르는가 하는 것이다. 그들은 죄인들이다! 그렇다, 우리는 죄인이다! 그런데도 하나님이 우리를 성도라고 부르시는 것은 우리를 그분의 소유로 만들었기 때문이다. 이것이 바로 속죄의 뜻이다. 물론 교회는 언제나 죄인들의 무리로 남을 것이다. 과거에도 그렇지 않았던 적이 없다. 그래서 교회에 대해 매우 비관적인 태도를 취하기가 쉽다. 우리는 현실적이어야 하므로 교회가 이와 다른 어떤 공동체인 체하면 안 된다. 그러나 우리는 또한 신실해야 하므로 하나님이 그렇게 부른다는 것도 알아야 한다. 하나님이 우리를 성도라고 부르셨고, 우리를 그분의 소유로 삼으셨고, 우리에게 예수 그리스도 안에 있는 속죄의 선물을 주셨다면, 이것이 우리의 정체성을 규정짓는 것이다.

무엇보다도 이 보이지 않는 교회의 개념으로 물러서지 말자. 보이지 않는 교회가 상당히 매력적으로 다가오는 개념인 것은 보이는 교회는 하나님이 선택한 사람들이고, 우리가 알다시피 그분이 좀 우스운 사람들을 선택했기 때문이다. 보이지 않는 교회의 큰 장점은 '내'가 거기에 속하는 사람을 선택한다는 것이다. 이 교회는 내가 진정한 그리스도인으로 생각하는 사람들로 구성된 교회인즉 상당히 위안을 주지만, 이것이 진정한 교회는 아니다. 교회는 하나님이 성도로 부르시고 선택하셔서 그분의 소유가 된 죄인들의 공동체다.

셋째로, 교회는 그 경계선이 아니라 그 중심에 의해 규정된다. 당신이 교회를 그 경계선에 의해 규정짓기 시작하면 온갖 율법주의적인 문제에 봉착하게 된다. '저 사람은 세례를 받았는가? 저 사람에게 세례를 준 사람은 주교의 안수를 받았던가? 저 주교는 사도적 계승 안에서 성별되었는가? 올바른 신앙고백에 서명을 했는가? 그 사람은 올바른 종류의 영적 체험을 했던가?' 이런 것들도 물론 적절한 질문이긴 하지만 궁극적인 물음은 '그 사람은 그리스도께 전적으로 헌신했는가? 그리스도가 그 사람에게 절대적인 존재인가?' 하는 것이다. 내가 말하는 그리스도는 우리가 막연히 상상하는 그런 존재가 아니라 성경을 통해 우리에게 알려진 그 그리스도이다.

내가 우려하는 바는 많은 사람이 그리스도에 관해 말하지만 그 인물은 사복음서에서 만나는 그 그리스도가 아니라는 사실이다. 그들은 스스로 만들어낸 이상적인 인물에 대해 얘기할 뿐이다. 나는 지금 사복음서를 통해 우리에게 알려진 그리스도에 관해 얘기하는 중이다. 우리는 그분이 말하고 행한 것을 알고 있고, 그분이 우리에게

명한 일도 알고 있다.

근본적으로 교회는 예수 그리스도와 맺은 관계에 의해 설립되었다고 나는 믿는다. 어떤 사람이 내게 예수가 자기에게 결정적인 인물이라고 말한다면, 나는 그 사람을 그리스도 안에서 형제나 자매로 간주해야 한다. 이 시점부터 나는 "그러면 당신은 어떻게 예수의 이름에 합당하게 행동하는가? 당신은 어떻게 예수의 이름에 합당하게 언어생활을 하고 있는가?"하고 묻기 시작할 수 있다. 이를 근거로 우리는 서로를 바로잡고 서로를 세워줄 수 있는데, 이 모든 것을 규정 짓는 것은 바로 그 중심이다.

네 번째 항목은 교회는 하나의 표지이자 도구, 즉 하나님 나라의 맛보기라는 것이다. 교회 자체가 하나님의 나라는 아니지만, 하나님의 나라가 교회와 전혀 다른 별개의 것은 아니다. 우리가 하나님의 나라와 교회를 따로 분리시키면, 교회는 일종의 이데올로기, 일종의 프로그램, 혹은 사회적 혹은 정치적 유토피아가 되고 만다. 교회는 표지이자 도구이므로 하나의 맛보기라고 할 수 있다. 당신이 맨체스터 안에 있으면 맨체스터를 가리키는 표지를 보지 못할 것이다. 당신이 다른 곳에 있을 때에야 그 표지를 볼 수 있다. 이와 같이 교회는 그 자체가 아닌 다른 것을 가리키는 하나의 표지로서 하나님의 통치에 대한 맛보기에 해당한다. 길을 안내하는 빛 혹은 세상에서 하나님의 뜻을 행하는 하나님의 손길이란 점에서 하나님 나라의 도구라고 할 수 있다. 그것은 일종의 맛보기이기 때문에 이 두 가지 역할을 한다. 교회는 우리가 하나님 나라의 자유와 기쁨과 거룩함을 미리 맛보는 교제의 공동체이다. 그리고 교회는 맛보기의 장소이기 때문에 표지인 동시에 도구로 간주될 수 있는 것이다.

다섯 번째 항목은 교회는—이것이 보이지 않는 교회의 올바른 개념이다.—앞서 간 성도들과 교통하는 가운데 있다는 것이다. 이것은 우리가 속한 개혁주의 프로테스탄트 교회들이 놓치기 쉬운 점이다. 우리는 가장 귀중한 이 요소를 놓치면 안 된다. 즉 교회들은 우리보다 앞서 믿음의 길을 걸은 사람들, 우리와 함께 그리스도의 종국적 승리를 기다리는 이들, 몸의 부활과 새 하늘과 새 땅의 도래를 고대하는 성도들과 교통하는 가운데 있다는 것을 잊으면 안 된다.

우리가 우리보다 앞서 간 성도들과 교제하는 중에 있다는 것, 우리로 하여금 예수와 그분의 종국적 승리를 바라보게 하고, 성령의 선물이란 맛보기로 그것을 확신하게 하는 선배들과 함께 하고 있다는 것은 우리 신앙생활의 생생한 일부가 되어야 마땅하다.

9.
종말: 하나님의 나라

성경은 하나의 이야기다. 만물의 시작부터 끝까지를 다루
는 이야기다. 그것은 모든 것을 만든 창조에 관한 이야기다. 그것
은 또한 우리의 세계를 창조주로부터 소외시킨 타락의 내러티브이
기도 하다. 그것은 하나님의 구속 사역과 그분이 약속한 완성에 대
한 스토리다.

다양한 역사관

우리는 이제 '마지막에 이뤄질 일'에 관한 논의에 진입하는 중이
다. 죽음, 부활, 불멸, 세계의 종말과 최후의 심판 등 이 모든 것을 전

문 용어로는 '종말론'이라 부른다. 이 용어는 끝이란 뜻을 지닌 그리스어 '에스카토스'(eschatos)에서 유래했다. 신학자들은 은근히 그들의 학식을 드러내기 위해 종말론과 같은 단어들을 사용하길 좋아한다. 다음에 나눌 대화에서 당신도 약간 유식한 체하고 싶으면 이 단어를 한 번 사용해보라. 상당한 효과가 있을 것이다.

우리 자신에 관한 이야기보다 우리의 세계관을 더 잘 형성하고 또더 잘 드러내는 것은 없다. 그것은 중추적인 이야기다. 유럽이 아시아와 구별되기에 이른 것은 유럽의 고유한 이야기 때문이었다. 그런데 유럽인들이 지난 200년 동안 그들에 관해 들려준 이야기는 물론 성경의 이야기가 아니었고 오히려 이른바 '진보' 관한 이야기였다. 18세기에 뿌리를 둔 이 '진보' 교리는 18세기 중엽부터 제1차 세계대전까지 우리의 사고를 지배했다. 아니, 지금도 우리는 그 교리에 많이 젖어있다. 우리는 초연한 자세로 이 진보의 우상을 보기가 어렵고, 그것을 머리에서 떨쳐버리기가 쉽지 않으며, 그것이 아주 최근의 이야기란 것을 인식하기도 거의 불가능하다. 그것은 문화적으로 세계의 많은 곳에선 알려지지 않은 이야기이고, 더구나 성경이 들려주는 이야기는 확실히 아니다.

우리는 '진보'를 숭배하기 때문에 자동적으로 과거에 속한 것은 유치하고 원시적이며 덜 발달된 것이었다고 생각한다. 그리고 습관적으로 현재와 미래에 속한 것이 언제나 더 세련되고 더 발달된 형태라고, 또 그럴 것이라고 믿는다. 우리는 무의식적으로 구식의 것은 모두 당연히 열등한 것이라고 생각한다. 이런 사고방식은 진보, 발달, 진화, 성장 등과 같은 단어들로 표현되곤 한다. 우리는 우리의 이야기를 이런 견지에서 생각하도록, 즉 줄곧 상향적인 움직임으로 여기도록 세뇌를 받았다. C. S. 루이스는 이런 현상을 가리켜 '연대기적 우월의식'이라고 제대로 불렀다. 현대적인 것이면 무엇이든 예전의 것보다 낫다는 생각이다.

이와 동시에, 우리의 뇌리에서 아직도 사라지지 않는 또 다른 이야기가 있다. 과거가 현재보다 훨씬 나았다고 말하는 이야기다. 특히 나이 많은 사람들이 들려주는 아주 친숙한 이야기다. 또한 황금기는 과거에 있었다고 시사하는 오래 된 이야기이기도 하다. 그래서 인류 역사를 황금기로부터 오늘에 이르는 내리막길로 보는 관점이다.

오늘의 사회에서는 늙은이와 젊은이에게 부여하는 상대적인 중요성에 많은 것이 달려있다. 대부분의 전통 사회에서는 늙은이가 지혜로운 사람으로 통하고 그들의 관점이 존중을 받는다. 그런데 18세기에 진보 교리가 발흥하고 계몽주의와 이성의 시대가 열린 결과, 유럽 전역에서 차세대의 교육을 부모와 교회의 손에서 빼앗아내자는 의식적인 운동이 폭넓게 일어났다. 따라서 정부가 통제하는 국가교육 시스템이 개발되어 다음 세대에게 다른 세계관을 주입시켰다. 교육을 정부의 책임으로 돌리는 관념은 아주 최근에 생긴 것이고, 그것은 방금 언급한 새로운 진보 교리가 낳은 하나의 결과이다.

이 두 가지 이야기의 배후에는 그보다 더 오래된 이야기가 있다. 이는 진보의 개념과 황금기를 과거에 두는 관념을 결합한 이야기다. 그리고 이것은 삶과 자연을 하나의 원으로, 계속해서 가차없이 돌아가는 바퀴로 보는 사상이다. 사물은 발생하고, 발전하고, 성숙하고, 부패하고, 결국에는 망하게끔 되어 있다. 이것이 우리 자신을 이해하는 자연스러운 방식인 것은 우리 주변의 자연세계에서 늘 목격하는 현상이기 때문이다. 식물과 동물 등 자연세계에 속한 모든 것은 늘 변하는 원을 따라 움직이는 듯이 보인다. 새로 태어나 성장하는 때가 있고, 성숙했다가 부패로 끝나는 때가 있다. 그런데 또 다른 순환이 시작된다. 그래서 우리가 어딘가로 움직이고 있다고 느낄지 몰라도 사실은 그렇지 않은데, 궁극적으로 우리는 이 거대한 자연의 순환의 일부에 불과하기 때문이다.

이 세계관이 가장 발달한 곳은 환생의 개념을 그 바탕으로 삼는 인도 사상이다. 위대한 종교 운동들—불교, 시크교, 현대 인도에서 일어난 종교 운동들—중에 환생의 개념에 의문을 제기한 것은 하나도 없었다. 힌두교의 여러 학파는 출생과 중생이 한없이 반복되는 이 무의미한 순환에서 벗어나려는 다양한 몸부림이라고 할 수 있다. 이처럼 끔찍한 전망에서 벗어나는 일, 다시 태어날 때마다 전생의 업보로 시달려야 하는 이 끊임없는 출생과 중생의 굴레에서 벗어나는 일이 모든 인도 종교의 배경을 이루고 있다.

오늘날 눈에 띠는 놀라운 아이러니는 상당수의 서양인들이 환생의 사상에 대한 믿음을 부활시키려고 애쓰고 있는 현상이다. 그들은 인도 종교가 거기서 벗어나려고 모든 에너지를 투입한 그 영원한 바퀴에 스스로를 가두는 셈이다. 이 현상이 보여주는 사실이 있다. 만일 성경의 이야기가 더 이상 우리를 인도하고 지도하지 못한다면, 우리는 장차 아시아로 돌아가서 다시금 아시아의 서쪽 끝이 되는 것을 피할 수 없을 것이라는 사실이다.

그런데 우리가 지난 200년 동안 들려준 이야기, 우리의 역사를 진보와 발전의 연대기로 보는 방식은 한 가지 치명적인 결함을 안고 있다. 우리가 마지막에는 존재하지 않을 것이란 사실이다. 우리가 인류의 찬란한 미래를 바라보는 아무리 낙관적인 역사관을 갖고 있더라도 한 가지 사실은 아주 분명하다. 우리는 거기에 없을 것이란 사실이다. 따라서 우리 사회의 미래에 대한 비전과 우리 개인의 장래를 향한 비전은 어쩔 수 없이 분리되고 말았다.

이것이 우리가 자주 불평하는 종교의 사유화를 초래한 뿌리이다. 논의를 위해 역사의 진정한 의미가 주후 20,000년에 완전히 성취될 것이라고 가정해보자. 그 때에는 우리가 존재하지 않을 것이므로 우리의 개인적인 역사의 목표에 대해 묻지 않을 수 없고, 그러면 이것은 별개의 이슈가 된다. 한 개인은 세계의 역사에서 떨어져 나왔기 때문에 그것은 죽음을 극복하는 문제가 된다. 그래서 이 두 가지 종말론— 공적인 것과 사적인 것 — 은 따로 분리되는 셈이다. 이 양자를 함께 묶을 수 있는 방법은 없는 것 같은데, 그것은 한 개인이 세계의 이야기가 완성되기도 전에 어쩔 수 없이 거기서 떨어져 나왔기 때문이다.

성경이 말하는 종말

성경적 종말론—성경의 마지막 책인 계시록에 나오는 종말에 대한 비전—의 독특한 특징은 공적인 것과 사적인 것을 다함께 묶어준다는 점이다. 이 종말론은 온 땅의 왕들이 거룩한 도시로 그들의 영광을 들고 오는 장면을 그리고 있다. 이것은 문명의 역사 전체가 완성되는 장면에 다름 아니다. 한 문명의 문자적인 의미는 바로 한 도시를 만든다는 것이기 때문이다. 거기에는 이 모든 것과 더불어 각 개인의 인생이 완성되는 일도 포함되어 있다. 그곳은 각 사람의 눈에서 눈물이 닦이고 우리가 하나님과 함께 있어 얼굴을 맞대고 그분을 보게 될 장소이다.

우리의 이야기에서는 따로 떼어놓았던 그 두 가지를 성경은 어떻게 해서 함께 묶을 수 있는 것일까? 그 분열을 초래한 것은 바로 죄와 죽음이었기 때문이다. 인류 역사가 그 마지막에 이르기 전에 그로부터 우리를 분리시키는 것은 죄와 죽음이다. 오직 성경이 죄와 죽음이 정복된 이야기를 들려주기 때문에 우리에게 공적인 것과 사적인 것을 모두 아우르는 종말론을 제공할 수 있는 것이다. 이를 아주 투박하게 표현하자면, 종말은 순조로운 상향적 움직임의 결과로 오는 게 아니라 심판과 재난 이후에야 온다고 할 수 있다. 이는 모든 것을 태우는 심판의 불을 말한다. 달리 말하면, 십자가 이후에야 부활이 온다는 뜻이다.

성경이 말하는 종말에 관해 생각해보라. 이 주제를 전반적으로 살펴보라. 우리가 구약성경을 고찰하면 그 위대한 주제가 곧 주님이 다스리신다는 것임을 알게 된다. 우리를 이집트의 노예상태에서 구출하셨던 주님은 하늘과 땅의 주님이고, 마지막에는 모든 민족과 모든 백성이 그분을 인정할 것이다. 그런데 압도적으로, 구약성경은 그 종말을 이 세계 속에 있는 어떤 것으로 보고 있다. 그것은 새로워진 세계의 그림이다. "골짜기마다 돋우어지며, 산마다 언덕마다 낮아지며, 고르지 아니한 곳이 평탄하게 되며, 험한 곳이 평지가 될 것이요"(사 40:4). "그 때에 이리가 어린 양과 함께 살며 표범이 어린 염소와 함께 누우며 … 어린 아이에게 끌리며"(사 11:6). "각 사람이 자기 포도나무 아래와 자기 무화과나무 아래에 앉을 것이라. 그들을 두렵게 할 자가 없으리니"(미 4:4). 구약성경이 약속된 종말로 묘사하는 이 모든 그림은 이 세계 속에 있는 모습이다. 물론 죽음 너머의 어떤 것을 암시하는 대목이 있는 것도 사실이다. 비록 뚜렷하게 묘사하지는 않지만 어쨌든 그런 대목도 존재하는 것을 부인할 수 없다.

마카베오 전쟁을 계기로 이런 사상에 결정적인 변화가 생긴 것 같다. 이방인이었던 그리스 황제들의 끔찍한 통치에 맞서 싸우던 중에, 충성스러운 유대인 수천 명이 신실하고 용감하게 안식일에 전쟁을 하므로 그날을 범하는 것을 거부하는 바람에 죽임을 당했다. 그래서 믿음 안에서 죽은 이 모든 사람들이 그들이 바라보았던 최후의 완성으로부터 배제된다는 것은 도무지 믿을 수 없었다. 그리하여 이 신구약 중간기에 죽은 자의 부활에 관한 교리가 유대인 사상에서 중요한 자리를 차지하게 되었던 것이다. 하지만 우리가 신약성경에서 알 수 있듯이 모든 유대인이 이 교리를 받아들인 것은 아니었다.

사두개인들은 당시의 지배 세력과 친하게 지내며 현상유지를 지지하는 입장이었기 때문에 부활의 교리를 받아들이길 거부했다. 부활의 교리는 현재 상태가 종국적인 결론이 아니라는 뜻을 내포했기 때문에 대단히 혁명적이고 전복적인 교리였다. 이 문제에 있어서는 예수가 사두개파에 반대하여 바리새파의 편에 서서 몸의 부활을 가르쳤다는 사실을 우리가 알고 있다.

예수가 살던 당시는 그 거룩한 땅이 이미 수세기에 걸쳐 이방 군대에 의해 더럽혀지고, 성전이 모독되고, 율법이 경멸되고, 하나님의 통치가 부정되고, 그의 백성이 노예로 전락하는 일로 얼룩져 있었던 시기였다. 그 때는 표면 아래서 분노가 부글부글 끓고 있어서 수시로 "주께서 이스라엘 나라를 회복하심이 이때니이까?"(행 1:6)라고 묻던 상황이었다.

우리는 사복음서를 통해, 예수가 그 자신을 하나님의 통치와 나라를 구현하는 인물로 알았다는 것을 알고 있다. 그가 세상에 전파한 핵심 메시지는 하나님의 통치가 가까웠다는 것이었다. 마침내 그 때가 왔다. 심판과 구속이 이뤄질 중대한 순간이 도래했던 것이다.

맨 처음에는 예수가 온 이스라엘 백성에게 이 심판의 때를 인식하라고 촉구했던 것이 분명하다. 그들은 시대의 징조를 분별하고 하나님이 그들을 불렀을 때 주셨던 소명을 성취하라는 강한 권유를 받았다. 하나님 나라의 영광을 보여주는 고난 받는 종이 되라는 것이었다. 그러나 이스라엘이 이런 촉구를 거부하자 예수는 수많은 비유와 가르침을 통해 이스라엘의 멸망이 임박했다고 경고했다. 여기서 특히 소작인의 비유(마 21:33-46)가 생각난다. 그리고 그 멸망과 함께 세상이 위기에 빠질 것이었다. 그런데 예수가 결국에는 그 자신이 바로 이스라엘의 소명을 성취할 수 있고 또 성취하게 될 인물임을 알았던 것이 분명하다. 오직 예수만이 하나님의 종이 되어 고난을 받고 세상의 죄를 짊어지라는 그분의 부르심에 귀를 기울였기 때문에 그 소명이 이뤄질 것이었다. 따라서 그는 제자들에게 자기가 고난을 받고 죽은 뒤에 다시 살아날 것임을 가르치기 시작했다. 그리고 우리가 알다시피 이 일이 실제로 발생했다.

그러나 경건한 유대인들이 생각했던 대로 사태가 돌아가지는 않았다. 예수의 부활이 역사의 종말은 아니었다. 제자들도 처음에는 그래야 마땅하다고 생각했었다. 그들은 예수에게 "주께서 이스라엘 나라를 회복하심이 이때니이까?"(행 1:6)라고 물었다. 그들은 그 나라를 그 때 거기에서 받을 수 있을지 여부를 알고 싶었던 것이다. 그렇지 않다면, 이제까지 발생했던 이 모든 일이 도대체 무슨 의미가 있는 것일까?

하지만 예수는 그들에게 기다려야 한다고 말했다. 최후 심판의 날은 아버지의 손에 달려 있었다. 그러나 예수의 부활과 종말 사이에는 어느 정도 시간적인 간격이 있을 터이다. 복음이 모든 민족에게 전파될 시간, 회개하고 심판의 날을 대비할 시간이 있을 것이다. 그 시간이 얼마나 길지는 오직 아버지만 알고 계신다.

제자들은 그들에게 부활의 비밀이 맡겨졌다는 것과, 예수의 죽음이 하나님 나라의 패배가 아니라는 것을 배웠다. 아니, 그것은 오히려 승리였다. 그런즉 최후의 심판이 연기된 것은 복음이 모든 민족에게 전파되어 그들에게 회개할 기회를 주는 시간을 벌기 위해서였다. 얼마 동안이나 연기될지는 그들이 알 바 아니었다. 그래서 예수가 이렇게 말했던 것이다. "그러나 그날과 그때는 아무도 모르나니 하늘의 천사들도, 아들도 모르고 오직 아버지만 아시느니라"(마 24:36).

그 중대한 날에 관해 예수가 말한 내용은 그 때가 임박했지만 정확한 시기는 불확실하다는 것이다. 예수의 비유와 말씀 중에는 종말이 임박했음을 암시하는 것들이 있다. 또 다른 비유들은 확실한 날을 알 수 없기에 인내할 필요가 있음을 강조한다.

예수가 거듭해서 활용하는 이미지는 파수꾼의 모습이다. 파수꾼의 임무는 밤새도록 깨어있는 일이고, 매시간 아무 일도 일어나지 않을 수 있다. 그러나 별안간 주인이 나타날 때에는 결정적인 순간이 도래하고 모두가 즉시 준비를 갖춰야 한다. 이와 같은 깨어있음과 인내의 조합이 바로 마지막 날이 임박한 동시에 그때를 정확히 모른다는 사실에 상응하는 것이다.

다수의 현대 신약학자들은 오로지 임박성을 가리키는 예수의 말씀에만 주목한 나머지 벌써 2천년이란 세월이 흘렀으니 예수가 잘못 생각한 것이라고 결론을 내렸다. 그러나 이것은 반쪽 증거만 읽은 결과이다. 솔직히 오늘날의 신약학자들이 거의 하나같이 이런 식으로 말하는 것이 내게는 이상하게 보인다. 만일 초기 교회가 그분이 기본적으로 틀렸다는 것을 이미 알았거나 의심했더라면 어떻게 계속해서 예수의 말씀을 전파할 수 있었을까? 그건 전혀 불가능한 일이었을 것이다.

복음서는 우리에게 종말에 관해 무엇을 가르치고 있는가? 나는 베드로전서의 첫 부분에 가장 멋지게 요약되어 있다고 생각한다. "우리 주 예수 그리스도의 아버지 하나님을 찬송하리로다. 그의 많으신 긍휼대로 예수 그리스도를 죽은 자 가운데서 부활하게 하심으로 말미암아 우리를 거듭나게 하사 산 소망이 있게 하시며, 썩지 않고 더럽지 않고 쇠하지 아니하는 유업을 잇게 하시나니, 곧 너희를 위하여 하늘에 간직하신 것이라"(벧전 1:3-4). 이 말은 그동안 성취되었던 일에 대한 훌륭한 요약이다.

소망의 뜻 가운데는, 장래에 일어날지 확실히 모르지만 일어나길 간절히 바라는 어떤 것에 대한 소원을 가리키는 경우가 있다. 그러나 우리가 자주 사용하는 소망이란 말은 이런 약하고 모호한 뜻이 아니라 절대로 확신한다는 의미를 갖고 있다. 비록 우리가 그 일이 이뤄질 기한은 모르지만 확신하고 있는 어떤 것을 간절히 기다리고 있다는 뜻이다. 히브리서에 나오는 표현을 빌리자면, 그것은 "영혼의 닻"(히 6:9)에 해당하는 소망이다. 너무나 확고해서 결코 흔들리지 않는 것이다. 이것이 바로 우리가 받은 소망이다. 예수 그리스도의 부활은 죽음과 죄가 이미 정복되었다는 징표이다. 종말은 곧 예수 그리스도 안에서 성취된 하나님의 승리라는 것을 우리가 알고 있다.

성경적인 미래관

우리는 미래를 다른 방식으로 이해할 필요가 있다. 오늘날 우리 시대를 지배하는 미래관은 과거 2세기 동안 풍미했던 것이다. 이 모델은 우리가 미지의 장래를 응시하고 있다고 말하기보다는 지속적인 진보를 보장하는 그림, 확고한 미래의 그림을 그리려고 애쓴다. 그러나 최첨단 컴퓨터의 도움을 받아 아무리 정확히 미래를 예측한다고 한들 우리가 정말로 아는 것이라곤 우리가 미래를 알지 못한다는 사실뿐이다. 미래는 언제나 뜻밖의 모습으로 펼쳐질 수 있다. 기독교의 어휘를 쓰자면 우리가 내다보는 것은 '미래'가 아닌 '도래'(advent)이다. 누군가 우리를 만나러 오는 중이다. 우리의 행동과 생각의 지평은 따라서 30세기나 40세기에 있을 막연한 유토피아, 모호한 미지의 장래가 아니다. 우리가 전망하는 것은 나 자신의 생존이 아닌 예수의 도래이다. 이것이 우리가 바라보는 장면이고, 이것이 우리의 모델이며, 이것이 우리의 지평이다.

그러면 우리가 미래를 바라볼 때 무엇을 상상하는가? 미래의 어떤 모습이 우리 머릿속에 떠오르는가? 당연히 하나님의 최후의 승리와 심판을 들고 도래하는 예수의 모습이다. 이는 우리의 활동이 하나님의 나라를 창조하거나 세우는 것으로 생각하면 안 된다는 것을 의미한다. 인류 역사 전체를 향한 하나님의 목적을 직접 성취하는 것은 우리의 몫이 아니다. 우리도 알다시피, 우리의 행동은 양면성과 혼동과 모순을 안고 있어서 심지어 우리의 선한 의도가 종종 엉뚱한 결과를 낳기도 한다. 그래서 우리 행동의 의미를 하나님의 나라를 위한 '행동으로 표현된 기도'로 이해하는 것이 바람직하다. 우리는 '주님의 나라가 임하시도록' 기도한다. 우리의 활동은 이 기도가 행동으로 옮겨진 결과일 뿐이고, 그것이 하나님께 드려진 만큼 그분이 그분의 섭리에 따라 그것을 사용하실 것이다.

앞에서 내가 언급한 모델들 중에는 만족스러운 것이 하나도 없다. 내가 순환적 모델을 언급했는데, 이에 대비시켜 일부 신학자들은 성경적 모델을 직선적인 것이라고 주장했다. 하지만 나는 꼭 그렇다고 생각하지는 않는다. 만일 정말로 직선적인 모델이라면 우리가 하나님의 최후의 승리에 동참하지 못할 것이 분명하다. 사실 성경적 역사관은 이런 모형으로 그릴 수 있는 게 아니라 인격적 견지에서만 묘사할 수 있다. 지금 여기에서 하나님의 나라로 가는 직선 도로는 없다. 그 길은 구불구불 돌아 골짜기로 내려가 예수만이 아는 삭막한 심연에 도달한다. 그리고—십자가에 못 박히고 치욕당하고 패배한 예수의— 오직 그 심연으로부터만 하나님이 새로운 창조를 일으키신다.

치욕과 패배를 상징하는 무덤에서 몸을 일으킨 예수의 부활은 우리가 역사상 초래한 모든 폐허로부터 하나님이 새로운 창조를 일으키실 것을 보증하는 징표이다. "또 내가 새 하늘과 새 땅을 보니… 처음 것들이 다 지나갔음이러라"(계 21:1, 4). 거기에 직선은 존재하지 않는다. 당신이 굳이 모형으로 그리고 싶다면, 먼저 아래쪽으로 내려갔다가, 하나님이 그것을 끌어올리실 때 정점에 도달하는 그림이 될 것이다.

내가 말하고자 하는 것은 그것을 기하학적 모형으로 그릴 수 없다는 점이다. 그것은 인격적인 관계이다. 우리의 행동은 하나님의 나라를 위해 '행위로 표현된 기도'로 이해하는 것이 최선이다. 우리는 기도만이 아니라 행동도 드린다. 우리 자신을 하나님께 드린다. 그리고 완전한 제물은 오직 십자가 위에서 드린 예수의 제물밖에 없기 때문에, 하나님이 받고 존귀하게 여겨 높이 들 행동은 우리가 그리스도의 몸의 지체로서 그 몸을 위해 수행하는 일들일 것이다. 이것이 바로 우리 주 예수 그리스도를 통해 드리는 행동하는 기도이다. 우리가 현재 우리가 하는 행동과 만물의 종말과의 연관성을 제대로 이해하려면 이 모델을 채택해야 한다.

예레미야가 감옥에 갇혀 있을 때 일어난 놀라운 이야기가 있다(렘 32장). 그의 친척 한 사람이 그에게 와서 가문의 땅 일부가 판매용으로 나왔으니 사라고 말했다. 이 땅은 적국이 점령하고 있었고, 바벨론 군대가 곧 예루살렘을 파괴하고 주민들을 포로로 잡아갈 상황이었다. 그럼에도 예레미야는 은 십칠 세겔을 주고 산 뒤에 우리가 때때로 자문한 적이 있는 질문을 스스로에게 던졌다. "왜 내가 그처럼 멍청한 짓을 했을까?" 하나님이 결국에는 그 땅이 구속될 것이라고 그에게 응답하셨다. 예레미야는 당시의 상황으로 봐서는 터무니없는 일을 함으로써 위험을 감수했다. 그러나 그 행동은 하나님의 약속에 상응하는 것이었다. 사실 그것은 그때에나 지금이나 우리가 취할 모든 행동의 모델이었다.

우리는 절망적인 듯 보이는 상황에서도, 사랑이나 용서나 친절의 행위가 부적절해 보이는 상황에서도 여전히 그런 행동을 취한다. 그것은 이런 행동이 즉시 효과를 발휘할 것으로 생각하기 때문이 아니라 하나님의 약속에 상응하는 것이기 때문이다. 그러므로 그것은 궁극적 현실에 부응하는 현실적인 행동이고, 따라서 하나님의 나라를 위한 '행동하는 기도'라고 할 수 있다.

이제 내가 던진 질문으로 돌아가자. 우리가 앞을 내다볼 때 무엇을 보는가? 그것은 그저 불확정적이고 알 수 없는 미래가 아니라 무언가 도래하는 사건이다. 그분은 산 자와 죽은 자를 심판하러 영광 중에 다시 오실 것이다. 그분은 다시 오되 재판장으로 오실 것이다. 만일 최후의 심판이란 것이 없다면 '옳다'는 말과 '그르다'는 말은 아무런 의미가 없는 셈이다. 만일 '옳은 것'과 '그른 것'이 결국 똑같은 것을 뜻한다면 그것은 무의미한 단어들이다. 도덕이란 것은 내 개인적인 선택에 따른 가치로 축소된다. 그러나 우리는 우리의 생각에서 이 '심판'이란 단어를 제거할 수 없다. "하나님이 살아 있는 자와 죽은 자의 재판장으로 정하신 자가 곧 이 사람인 것을 증언하게 하셨고"(행 10:42). 그 이유는 그가 곧 '세상의 빛'이기 때문이다. "그 정죄는 이것이니, 곧 빛이 세상에 왔으되 사람들이 자기 행위가 악하므로 빛보다 어둠을 더 사랑한 것이니라"(요 3:19).

빛은 사물을 있는 그대로 볼 수 있게 하는 기능을 한다. 마지막에는 모든 것이 그 본연의 모습 그대로 보일 것이다. 결국에는 옳은 것과 그른 것을, 참과 거짓을 혼동하는 일이 없을 것이다. 우리가 이 믿음의 핵심 요소를 양보하면 '옳다'는 말과 '틀리다'는 말이 무의미해

지고 만다. 모든 사람이 부인할지라도 우리가 어떤 것을 '틀리다'고 주장할 때에는 마지막에 예수의 빛에 비춰보면 그것이 틀린 것으로 보일 것이라고 말하는 셈이다. 그렇지 않다면 그 말은 아무런 의미도 지니지 못한다.

우리가 심판에 관해 얘기할 때, 최후의 심판에 관한 예수의 모든 비유가 뜻밖의 요소를 강조했다는 점을 기억할 필요가 있다. 당연히 포함될 것으로 생각했던 사람들이 갑자기 배제된 것을 발견했다. 반면에 언제나 배제될 운명이라고 생각했던 사람들이 포함된 것을 알게 된다. "이와 같이 나중 된 자로서 먼저 되고 먼저 된 자로서 나중 되리라"(마 20:16). 모든 것이 결국에는 하나님의 손에 달려 있고, 심판과 심판의 시기 역시 하나님께만 속해있는 문제임을 우리는 유념해야 한다.

사도신경은 "성도가 서로 교통하는 것과 죄를 사하여 주시는 것과 몸이 다시 사는 것과 영원히 사는 것을 믿습니다"라고 끝난다. 신약성경은 신자가 종말이 오기 전에 믿음 안에서 죽을 때 어떻게 되는지에 관해 거의 말을 하지 않는다. 그들은 어디에 있으며 그들에게 무슨 일이 일어나는가? 이에 대해 신약성경은 말을 삼가고 있다. 신약성경은 온통 최후의 승리, 죽은 자의 부활, 심판, 하나님의 나라와 영광, 새 하늘과 새 땅에 강조점을 둔다. 그런데 히브리서 11장과 12장과 같은 놀라운 대목에서는 그들이 우리를 둘러싼 '구름같이 허다한 증인들'(히 12:1)로서 우리와 더불어 예수를 바라보며 그의 영광의 날을 기다리고 있다는 것을 암시한다.

우리 프로테스탄트 진영은 로마 가톨릭교회가 믿음 안에서 죽은 자들에 대해 지나친 관심을 보이는 것을 못마땅하게 여긴 나머지 그에 관해 너무 침묵해왔다. 나는 우리보다 앞서 간 성도들이 '구름같이 허다한 증인들'로서 아직도 우리를 둘러싸고 예수를 바라보고 있는 것을, 즉 성도의 상호 교통을 믿는다. 비록 우리가 그들의 상태에 대해 거의 모르고 있고 성경도 그들에 관해 별로 말하고 있지 않지만 말이다. 그들을 기억하자. 그들을 우리 기도의 중요한 일부로 삼자. 그리고 그들로 인해 하나님께 감사하자. 이것이 나에게는 갈수록 더 중요한 기도의 일부가 되었다.

성경은 우리에게, 몸의 부활은 영혼 불멸설과 같은 이교적 개념이 아니라 최종 결말이라고 가르쳐준다. 몸의 부활이란 성경적 개념은 새 하늘과 새 땅을 바라보는 비전의 일부이고, 이 새로운 창조란 하나님이 본래 세계와 인류를 창조할 때 품었던 목적이 그분의 나라에서 성취되는 것을 일컫는다.

끝으로, 영원한 삶이다. 이것은 예수가 수난을 당하던 날 밤에 기도했던 내용, 곧 삼위일체 하나님의 삶에 동참하는 것을 말한다. "내가 그들 안에 있고 아버지께서 내 안에 계시어, 그들로 온전함을 이루어 하나가 되게 하려 함이로소이다"(요 17:23). 이 기도는 우리가 삼위일체 하나님의 영광과 기쁨과 사랑 안에 들어가서 그 속에서 영원히 살도록 해달라는 간구이다. 이는 우리의 이해를 뛰어넘는 것이긴 하지만 우리 존재의 진정한 목표라는 것이 뇌리에서 사라지지 않는다.

신약성경이 거듭해서 상기시키고 있는 점이 있다. 부활과 재림 사이의 중간기에 우리에게 그 기쁨의 맛보기가 주어졌다는 사실이다. 그 맛보기가 바로 성령의 현존이다. 성령은 하나의 보증이자 첫 열매이며 ─ 하나님 나라를 가리키는 옛 단어를 사용하자면 ─ 아라본(arrabon)이다. 이는 하나님께 속한 지복과 자유와 영광의 모든 실재가 아니라 진정한 맛보기일 뿐이다. 이런 것들이 우리에게 주어진 것은 우리로 하여금 외적인 역사에서는 부활의 실재를 소유하고 내면의 삶에서는 성령의 임재를 누리게 함으로써 결국에는 하나님이 다스린다는 것을 보증하기 위함이다. 이런 의미에서 이 둘은 이중적인 보증수표라고 할 수 있다. 이로 말미암아 하나님께 찬양을 드리자.

3부
변화하는 세상,
변함없는 복음

"우리는 죽어가는 문화에 복음적인 지식의 틀을 제공할 준비가 되어 있는가? 복음이 우리 사회의 공적인 삶에 도전하려면, 기독교 정당을 만드는 일이 급선무가 아니다. 변화의 움직임은 지역교회로부터 시작되어야 한다. 말하자면, 지역 교회의 회중이 하나님이 모든 사물과 사람을 다스린다는 그 나라의 메시지에 충실하게 사는 것을 그 출발점으로 삼아야 한다."

10.
기독교 신앙과 과학의 세계

지금은 과학과 종교가 갈등관계에 있다는 믿음이 대중의 머릿속에 깊이 각인되어 있는 만큼, 우리는 과거로 돌아가서 언제 이런 관점이 맨 처음 제시되었는지를 살펴볼 필요가 있다. 항상 그랬던 것은 아니기 때문이다. 근대과학을 발견하고 그 분야에 몸담았던 위대한 인물들은 기독교 신자들이었다. 그러나 영국과 유럽에서 가장 경건하고 의롭고 저명한 일부 인사들이 사회를 다스리는 지침을 종교 대신에 과학에서 찾을 수 있다고 생각했던 것은 주로 19세기에 일어났던 일이다. 과학은 현재와 장래에 인류가 의지할 만한, 믿음직한 진리에 도달하는 한 가지 길이 될 것이다. 그리하여 그런 과학의 길을 따라 전진하려는 의도적인 노력이 여러 모양으로 펼쳐졌다.

19세기, 진화와 진보의 시대

과학이 종교를 대치할 것이란 견해를 열렬히 선전했던 인물 중한 사람은 헉슬리(T. H. Huxley)였다. 영국과학진흥협회의 주최로 1860년 6월 30일에 옥스퍼드에서 열렸던 헉슬리와 윌버포스 주교 간의 유명한 논쟁이 여러분의 머릿속에 떠오를 것이다. 옥스퍼드의 주교는 헉슬리에게 다윈의 제자들보다 우위에 서려고 자신을 원숭이를 조상으로 둔 할아버지나 할머니의 자손으로 생각하고 싶으냐고 물었다. 이는 지혜롭지 못한 질문이었다. 전설에 따르면, 그 도발적인 질문에 헉슬리는 주교보다 차라리 원숭이를 조상으로 두는 편을 택하겠다고 응답했다고 한다. 그 논쟁에서 윌버포스가 굴욕적으로 패배한 것으로 알려져 있다. 그러나 그 모임의 기록에 대한 최근 연구 결과에 따르면 이런 이야기는 실제로 발생한 사건을 풍자한 부정확한 묘사라고 한다. 실은 윌버포스가 주교가 아닌 생물학자로 참석했고, 그가 개진했던 중요한 논점들을 헉슬리가 상당부분 수용했다고 한다.

그렇지만 찰스 다윈의 몸이 웨스트민스터 사원에 묻히도록 주선한 것은 헉슬리의 커다란 승리였고, 이는 과학이 인류의 장래를 여는 열쇠를 쥐고 있다는 새로운 신념을 널리 퍼뜨리는 계기가 되었다. 그런 신념은 진보의 개념에 내재되어 있다. 런던의 성(聖) 판크라스 기차역이 성당과 같은 모양으로 건설된 것은 미래가 인간의 진보에 달려있음을 나타내기 위한 것이었다고 전해지고 있다.

18세기에 발달된 진보의 개념은 사실상 아시아의 여러 종교와는 달리 역사를 뜻 깊은 이야기로 보는 성경적 관점을 도입한 것이었다. 아시아에서는 역사를 의미 있는 이야기로 보지 않고 그림자와 환상의 영역으로 보았다. 반면에 천년 동안 성경은 유럽인에게 역사를 의미로 가득 찬 사건들의 연속으로 보도록 가르쳤다. 그리고 18세기에는 이 역사의 의미를 천국을 향한 우리의 여정이 아니라 지상 천국을 이룩하려는 우리의 발걸음에서, 찬란한 인류의 장래에서 찾으려고 했다. 제1차 세계대전이 일어난 1914년경까지만 해도 한없는 진보가 역사의 의미이고, 과학이 그 진보의 엔진이란 것을 당연시했었다.

바로 이 진보의 개념에 진화의 개념이 너무나 잘 들어맞았던 것이 사실이다. 다윈이 적자생존을 통한 자연선택설을 제기했을 때, 그것은 진보에 대한 기계론적인 해석을 제공했다. 19세기를 지배했던 세계관은 기계론적 세계상(世界像)이었기 때문이다. 이 세계는 하나의 방대한 기계이므로 중력과 운동량의 법칙들에 의해 움직이는 원자의 운동이 모든 것을 설명할 수 있다고 생각했던 시대였다.

이와 같이 적자생존과 자연선택의 이론은 진보에 대한 기계론적 설명을 제공했고, 이것은 19세기에 사회적 진화론으로 옮겨져서 오늘날 우리를 슬프게 하는 사회 정책들을 낳게 되었다. 이는 무자비한 경쟁으로 약자는 제거될 것이고 강자는 생존할 뿐만 아니라 타인을 짓밟고 성공할 것이라는 법칙들과 그런 류의 고안들을 말한다. 어떤 의미에서는 우리를 기분 좋게 만드는 역사관이다. 우리야말로 생존자인 동시에 가장 적응을 잘 한 존재들이고 따라서 역사의 궁극적인 의미란 것을 함축하고 있기 때문이다. 이런 점에서 가장 만족스럽고 매력적인 역사관임에 틀림없다.

19세기의 배후에는 '이성의 시대' 내지는 '계몽의 시대'라고 불리는 17세기 말과 18세기에 걸친 계몽주의가 있었다. 당시에 암흑의 세월이 한참 흐른 뒤에 마침내 빛이 비치기 시작했다고들 믿었다. 사회는 이제 전통과 종교와 미신을 모두 제거하고 과학에 힘입어 세계를 있는 그대로 볼 수 있었다.

18세기 유럽에 일어난 이 드라마틱한 지적 방향전환에 영향을 미쳤던 요인은 다음 두 가지였다. 하나는 종교 전쟁의 유산이었다. 17세기 대부분은 그리스도인들이 성경 이야기의 해석을 둘러싸고 자기네들끼리 벌인 전쟁으로 얼룩져 있었다. 이 처참한 경험은 유럽의 인텔리겐차로 하여금 종교에 진저리가 나게 만들었다. 또 하나의 (긍정적인)요인은 17세기에 출현한 새로운 과학이었다. 이 과학을 대표한 것은 잉글랜드 수학자이자 물리학자였던 아이작 뉴턴 경의 우주론이었으며, 그의 업적은 아인슈타인이 등장하기까지 이론 물리학에 가장 큰 영향을 미쳤다.

종교 전쟁의 광기와 대조적으로, 이제는 완전히 합리적이고 이해 가능한 실재의 그림이 나타났다. 뉴턴의 법칙들은 행성의 움직임에서 사과의 낙하에 이르기까지 모든 것을 설명해주는 듯이 보였다. 그것은 신앙도, 신의 계시도, 기적도 필요 없는, 지적으로 이해할 수 있는 실재관(觀)이었다. 당신이 조금만 생각해도 우주가 어떻게 움직이는지를 알 수 있다. 누구든지 가능한 일이다. 적당한 교육만 받으면 모든 사람이 인간 상황에 대한 이 합리적이고 명료한 해석을 중심으로 하나가 될 수 있다. 이 새로운 시대—계몽주의—는 유럽의 사상과 교육, 과학과 테크놀로지, 정치 제도를 전 세계에 퍼뜨렸고, 이로부터 '문명'이라 불리는 거대한 현상이 발생했다. 당시만 해도 아무도 오늘처럼 서로 다른 '문화들'에 관해 말하지 않았다. 서로 다른 사회들을 가리키는 '문화들'이란 개념이 영어에 처음 등장한 것은 19세기 말이었다. 이전에는 다양한 '문화들'은 존재하지 않았고 문명이 더 발달한 민족과 덜 발달한 민족이 있을 뿐이었다. 그리고 문명화된 민족의 책임은 덜 문명화된 민족을 끌어올리는 일이었다. 문명화라는 것은 이 새로운 과학이 제공한 것, 즉 인간 상황에 대한 이성적이고 명료한 이해를 받아들이는 것을 의미했다.

그래서 우리는 고개를 돌려 18세기를 넘어 새로운 과학이 탄생했던 17세기를 들여다보게 된다. 그리고는 '왜?'라는 중대한 질문을 던지게 된다. 과학이란 것은 우리가 인지하거나 믿은 지식을 일컫는 또 다른 단어에 불과하지 않은가? 나는 나중에 이 점을 다시 다룰 예정인데, 과학이 다른 종류의 지식이란 관념, 과학은 특별한 성격의 절대 지식이란 생각은 오늘날 이상하게도 보편화되어 있다.

새로운 과학의 탄생

그런데 어떻게 해서 이런 일이 서유럽에서, 주로 북유럽에서 일어났던 것일까? 사실 그리스, 중국, 고대 바벨론, 아랍 등의 과학이 서유럽의 어떤 것보다 훨씬 앞서 있지 않았던가? 중국인은 유럽인보다 이미 오래 전에 인쇄술, 자석 나침판, 폭발물을 갖고 있었다. 그리고 톨레미, 초기 그리스 천문학자들, 아랍인들의 뛰어난 수학과 천문학은 서유럽에 비해 훨씬 발전한 상태였다. 그런데 어째서 이런 종류의 과학이 여러 면에서 앞선 오래된 문화들이 아니라 하필이면 서유럽에서 발달했던 것일까? 이에 대한 답변은 복잡하면서도 흥미진진한 성격을 띠고 있다.

이 질문에 간단하게 답하려면, 먼저 고대 그리스 과학이 아랍 세계로 유입되어 10세기에서 12세기에 이르는 찬란한 아랍 문명을 발달시켰다는 사실을 언급할 필요가 있다. 그 문명은 아리스토텔레스의 철학에 기반을 두고 있었다. 이 철학은 궁극적 실재들을 제1원인과 목적인의 견지에서 보았는데, 전자는 최초에 우주를 움직였던 것이고 후자는 우주의 존재 목적에 해당하는 것이다. 다른 모든 것은 그로부터 추론되어야 했다. 그래서 이런 근본적인 형이상학적 실재들과 함께 시작하여 그들로부터 사물의 진상을 끌어내는 것이었다.

다른 한편, 서구세계의 다른 거대한 줄기는 성경에서 나온 흐름이었다. 일천 년 이상 성경이 실질적인 목적상 서유럽이 갖고 있었던 유일한 책이었기 때문이다. 유럽이 지리적으로는 아시아의 한 반도에 불과했지만, 서유럽의 지성을 빚어내고 유럽을 독특한 사회로 만든 것은 다름 아닌 성경 이야기였다.

한편에서는 아리스토텔레스의 고전들과 유클리드 및 그리스인들의 고대 과학이 먼저 아랍어로, 12세기에는 라틴어로 번역된 결과 결국 르네상스로 귀결되는 굉장한 조건들이 조성되었다. 하지만 성경 이야기는 그와 다른 우주관을 갖고 있었다. 성경은 이 세계를 창조된 동시에 의존적인 어떤 것으로 묘사했다.

이에 대해 설명해볼까 한다. 성경적인 세계상은 그것이 합리적인 하나님의 창조물인지라 원칙적으로 합리적인 정신이 이해할 수 있는 것이라고 본다. 초기 기독교 신학자들이 아리스토텔레스에 대해 제기한 반론 중의 하나는, 우주가 합리적인 하나님의 작품이고 우리가 하나님의 합리성을 반영하는 이성을 부여받았기 때문에 우주는 원칙적으로 이해가 가능하다는 것이었다.

이밖에도 아리스토텔레스와 뚜렷이 차별되는 점이 또 하나 있다. 우주는 창조물이고—인도 철학이 말하듯이—유출물이 아니기 때문에 사람들이 스스로 우주의 진면목을 찾아야 한다는 것이다. 우리는 하나님에 관한 지식에서 우주의 본질을 추론할 수 없다. 우리가 실제로 우주를 조사하여 그 실상과 작동 방식을 찾아내야 한다.

인도 철학에 따르면, 하나님에 대한 신비적인 명상을 통해 우리의 마음과 하나님의 마음을 서로 조율시키는 것이 궁극적인 지혜에 이르는 길이다. 그러나 성경에 기반을 둔 사람은 다른 길로 나가야 했다. 우주는 하나님의 창조물로서 상대적인 독립성, 상대적인 자율성을 갖고 있었다. 하나님의 일부가 아니었다. 그것은 하나님의 연장이 아니라 별개의 실체이기 때문에 우리가 그것이 어떻게 작동하는지를 발견해야 했다. 여기에 과학이 도입한 실험적 방법의 기초가 있고, 이것이 곧 근대과학 발달의 기반이 되었던 것이다.

우리가 잠시 후 초기 과학의 뿌리를 살펴볼 때 이 주제로 돌아오게 될 것이다. 그런데 아주 흥미로운 점은 이미 5세기와 6세기에 아테네 학교에서—이 학교는 그리스 과학의 중요한 센터인 동시에 기독교 교리 교육의 중심지였다.—여러 중요한 점에서 아리스토텔레스와 상충되는 기독교 과학철학이 개발되었다는 사실이다.

내가 앞에서 19세기를 지배했던 기계론적 우주관을 언급했는데, 20세기 과학은 그와 다른 종류의 언어를 말하고 있다. 과학자들은 뉴턴이 도무지 이해할 수 없었을, 자연의 역사에 관한 글을 쓰고 있다. 우주는 시간 화살표를 갖고 있다. 가장 흔들리지 않는 과학의 토대로 꼽히는 열역학 제2법칙은 닫힌 체계 내에서는 무질서(randomness)를 향한 뒤집힐 수 없는 움직임이 있다고 말한다. 간단한 예를 들어 보자. 당신이 차가운 방에 뜨거운 커피 한 잔을 두면 커피는 점차 식고 방은 조금씩 더워지며, 당신이 그 방에 새로운 요소(예를 들면 가스레인지 등)를 도입하지 않는 한 그 과정이 역전될 수 없다. 닫힌 체계 내에서는 모든 것이 엔트로피를 향해, 즉 무질서를 향해 움직이고, 만일 뉴턴이 가르쳤던 대로 우주가 닫힌 체계라면, 열역학 제2법칙이 최종 결론이 되고 우주는 한 방향으로 움직일 것이다.

이것은 19세기에 유행했던 과학관과 아주 상충되는 것이다. 지금은 기계론적 우주관이 존재하지 않는다. 뉴턴이 말했던 절대 공간과 절대 시간이란 것이 없다. 아인슈타인 이후 절대적인 것이라고는 빛의 속도밖에 없으며, 공간과 시간을 포함한 다른 모든 것은 유일한 상수인 빛의 속도에 비해 상대적인 것이다.

양자 물리학의 발달로 인해 우주란 것이 데카르트가 가르쳤듯이 관찰자가 바깥에서 바라보는 어떤 것이 아니라는 사실을 우리는 알고 있다. 그 대신 관찰자와 관찰 대상 사이에 상호작용이 있다. 그래서 여러 면에서 19세기를 지배했던 일관되고 자신만만한 기계론적 우주관이 무너지고 말았다.

과학에 대한 회의

현재 우리는 과학에 대한 회의가 갈수록 짙어지는 시대에 살고 있다. 저널리스트 브라이언 애플야드가 쓴 『현재를 이해하려면: 과학과 현대인의 영혼』(*Understanding the Present: Science and the Soul of Modern Man*, 1992)은 출간 당시에 선풍을 일으켰다. 〈더 타임즈〉는 런던에서 큰 대회를 개최했고 거기에 많은 과학자들이 참가하여 그를 비방했다. 그런데 그 책의 논지는, 과학이 인류를 위해 놀라운 업적을 달성한 반면에 인간의 영혼에 어떤 영향을 미쳤다는 것이었다. 우리를 우리의 실상보다 훨씬 작은 존재로 만들었다는 것이다. 우리를 축소시켜버렸다는 뜻이다.

오늘날 과학에 대한 회의가 상당히 많은 것을 나는 감지하고 있다. 과학을 지혜에 이르는 길이 아니라 권력을 얻는 수단으로 생각하는 풍조가 만연되어 있다. 요즈음 과학자들이 수행하는 어마어마한 작업의 90퍼센트 이상이 군사력이나 산업 권력을 위한 것이 아닌가? 사람들은 과연 과학이 지혜에 이르는 길이고 무엇이 가치 있는 일인 지를 알려줄 수 있을 것이라고 생각하는가? 아니면, 방어적인 어조로 시작된 지난 두 차례의 영국과학진흥협회 연례 회의가 보여주듯이 회의주의가 갈수록 심화되고 있는가? 1993년에 그들은 과학 분야를 지망하는 대학생이 감소하는 바람에 어떻게 하면 더 많은 학생을 확보할 수 있을지를 물었다. 1994년에는 회장이 "과학은 좋은 것이다. 제발 두들겨 패지 말아 달라"고 촉구했다. 물론 최근에 점성술과 뉴에이지, 온갖 부조리한 운동 같은 것들이 우리 사회에 쏟아져 들어오고 있는 것이 사실이다.

그러므로 우리는 현재 19세기와는 다른 입장에 있다. 만일 우리가 종교를 공격했던 그 시대로 돌아간다면, 이 공격이 오해에 근거해 있음을 입증할 여러 방법을 생각해야 할 것이다. 기계론적 세계상은 사물을 그 완전한 실상에 못 미치는 견지에서 설명하려고 애쓰는 환원주의의 대표적인 본보기였다. 이런 환원주의의 대표적인 실례는 나폴레옹과 동시대에 살았던 위대한 프랑스 천문학자 라플라스의 프로젝트였다. 라플라스에 관한 유명한 이야기가 있다. 그가 그의 천문학 저서를 나폴레옹에게 헌정했을 때 나폴레옹이 "그대의 천문학에 하나님에 대한 언급이 전혀 없다는 것을 알게 되었소"라고 말했다. 이에 라플라스가 "나에게는 그 가설이 필요 없었습니다"라고 응답했다고 한다.

라플라스의 가장 유명한 주장 중의 하나는, 만일 우리가 우주에 있는 모든 원자의 위치와 움직이는 방향을 알 수만 있다면, 우리는 지금부터 영원에 이르는 우주의 모든 미래를 포함한 모든 것을 알 수 있을 것이란 주장이었다. 지금은 그것이 기계론적 견해를 극단적으로 진술한 것임을 알 수 있다. 그것이 터무니없는 주장인 것은 우주에 있는 모든 원자의 위치와 방향을 알아낸 라플라스의 정신은 사실상 굉장히 복잡한 수학 방정식밖에 알지 못할 것이기 때문이다. 이유인즉 어떤 사물을 구성하는 원자들을 안다는 것은 그 사물 자체를 아는 것이 아니기 때문에.

꽃 한 송이를 구성하는 원자들을 아는 것은 그 꽃 자체를 아는 것이 아니다. 한 사물을 제대로 아는 것은 곧 그것을 구성하고 있는 최소 부분들을 아는 것이란 생각은 착각에 불과하다. 최소의 구성요소들을 아는 것이 그 사물을 아는데 상당한 도움이 될지는 몰라도, 우리가 그 총체적인 실체를 알기 전에는 그것을 모르는 셈이다.

간단한 예를 들자면, 19세기가 그토록 좋아했던 기계의 이미지를 떠올릴 수 있다. 우리는 어떤 기계를 어떻게 총체적으로 알 수 있을까? 기계는 역학 법칙에 따라 작동하는 만큼 고장이 났을 때에는 그 메커니즘상의 결함을 발견함으로 그것을 설명할 수 있다. 그렇지만 당신이 그 메커니즘을 조사한다고 해서 그 기계가 무엇인지 설명할 수는 없다. 그 기계가 무엇을 위해 만들어졌는지를 알지 못하면 그것을 알 수 없는 법이다. 한 기계의 역학을 아는 것이 곧 그 기계를 아는 것이라고 생각하면 그것은 어불성설이다.

이제 이 논점을 아래쪽과 위쪽 방향으로 더 끌고 갈 수 있다. 기계의 메커니즘은 그것을 구성하는 금속 부품의 구조에 달려 있고, 이것은 강철과 놋쇠와 구리 등의 화학작용에 의존해 있다. 그러나 역학은 화학작용으로 환원될 수 없다. 역학이 화학작용에 의존해 있지만 화학작용이 당신에게 역학을 이해시킬 수는 없다. 더 나아가서, 화학물질을 구성하는 원소들의 결합은 그 재료들을 구성하는 분자들의 원자 구조에 달려 있다.

그러나 당신이 화학을 물리학으로 환원할 수는 없다. 사물의 화학적 구성은 물리학의 분야에 속하는 원자들과 아(亞)원자 입자들의 구조에 달려 있다. 하지만 화학이 물리학으로 환원될 수 없고, 화학을 위해 물리학을 배제시키는 것도 불가능하다. 역학은 화학으로 대치될 수 없는 법이다. 이 논리를 한 단계 더 높이면, 동물은 어느 관점에서 보면 하나의 기계이다. 동물의 움직임은 그 뼈들과 근육들의 기계적 작동에 달려 있지만, 당신은 생물학을 역학으로 환원시킬 수는 없다. 당신이 어느 동물이 쓰러지는 것을 그 뼈들의 기계적 작동 실패로 설명할 수는 있어도, 당신이 그 동물 자체를 물리적 구조의 역학에 대한 지식으로 설명하는 일은 불가능하다. 환원주의는 때때로 '단지 …일뿐'이란 말로 표현된다. 꽃은 단지 원자들의 집합일 뿐이다. 기계론적 우주관이야말로 환원주의의 대표적인 예이다. 그런데도 이런 관점이 널리 퍼져 있다. 가령, DNA 분자를 발견했던 위대한 생물학자 프란시스 크릭은 생물학을 완전히 물리학으로 환원시켜 모든 생물학적 기능을 그 물리적 원인으로 이해하게 되기를 바란다고 말했다.

기계의 사례는 내가 개진한 논점, 즉 당신이 어느 기계를 작동하게 하는 물리적, 화학적, 기계적 요소들을 안다고 해서 그 기계를 이해하는 건 아니라는 논점을 분명히 해준다. 앞에서 언급했듯이, 당신은 어느 기계의 존재 목적을 알지 않는 한 그 기계를 알 수 없는 법이다. 말하자면, 당신이 그것을 작동시키는 원인들을 이해할 수는 있어도 그것이 존재하는 목적은 모를 수 있다는 것이다. 어떤 기계의 목적을 알려면 그것을 설계한 사람에게 물어보거나 그 설계자의 설명을 들은 사람에게 물어보는 수밖에 없다. 이유인즉 그 목적이 그 설계자의 마음속에 숨겨져 있고, 이는 기계를 조사한다고 알 수 있는 게 아니기 때문이다.

계몽주의 시대의 큰 신념은 누구든지 전통과 종교와 미신과 계시 따위를 모두 잊어버리고 단지 사실들을 관찰하고 이것들을 합리적으로 조직하기만 하면 사물의 실상을 발견할 수 있다는 것이었다. 간단한 예를 들어보자. 당신이 길을 걷다가 시멘트 더미와 시멘트 믹스기와 벽돌을 옮기는 사람들을 보게 되면 무언가 건설되고 있다는 것을 안다. 그런데 무엇이 건설되고 있는지를 당신은 어떻게 알 수 있는가? 알 수 있는 방법은 단 두 가지밖에 없다. 하나는 그 근처에 서서 완공될 때까지 기다리는 것이다. 그 때가 되면 그 건물을 조사한 뒤에 학교라고 합리적인 결론을 내릴 수 있다. 다른 방법은 건축가에게 물어보고 그가 당신에게 일러주면 당신이 그의 말을 믿는 것이다. 이것을 일컬어 계시(열어서 보여줌)라고 한다.

만일 우리가 학교가 아닌 우주에 관해 얘기하고 있다면, 첫 번째 대안은 불가능하다. 우주가 끝날 때까지 우리는 살아남을 수 없을 것이다. 그런즉 만일 이 우주가 어떤 목적을 갖고 있다면, 그 목적을 아는 존재가 그것을 밝혀줄 때까지 그것을 알 길이 없다. 그리고 당신이 만일 신의 계시를 지식의 출처로 인정하지 않고 그것을 배제시킨다면, 당신은 원칙적으로 우주의 목적을 알 수 있는 합리적 지식의 가능성을 모두 배제시킨 셈이다.

이로부터 나오는 결과는 우리가 처한 상황과 관계가 깊다. 만일 당신이 어느 사물의 존재 목적을 알지 못한다면, 그 사물과 관련하여 '좋다'거나 '나쁘다'는 말을 사용할 수 없다. 그것이 이런 목적에는 좋을 수 있고 다른 목적에는 나쁠 수 있다. 나의 소년 시절에 리버풀에서 큰 스카우트 대회가 열렸는데, 그 무렵에 온 세상에 '슈레디드 휘트'(비스킷 같은 밀로 만든 아침식사용 과자: 역주)라고 불리는 새로운 곡물이 소개되었다. 어느 날 이 곡물이 스카우트 대원들에게 식량으로 배급되었는데, 아침식사 후 나이지리아 스카우트의 대표가 "이런 수세미는 아무 소용이 없어!"하고 불평하는 소리가 들렸다. 어느 사물의 존재 목적을 모른다면 그것을 '좋다'거나 '나쁘다' 고 할 만한 합리적 근거가 없다. 만일 인생의 목적이 무엇인지, 인간이 무엇을 위해 존재하는지에 관한 공적인 교리가 없다면, 어떤 종류의 행실은 좋고 또 어떤 행실은 나쁘다고 말할 수 있는 합리적 근거가 없는 셈이다. 그것은 단지 개인적인 의견의 문제일 뿐이다.

이것이 19세기의 기계론적 우주관에 대해 지적할 첫 번째 사항이다. 이는 다른 사항들로 이어진다. 나는 서로 다른 차원의 이해에 관해 얘기했다. 맨 밑바닥에 물리학이 있고 그 위로 화학, 역학, 생물학, 사회학 등으로 올라가는 위계적인 구조이다.

두 종류의 앎

그런데 우리에게 중요한 의미를 지니는 특별한 차원이 하나 있다. 이에 대해 다음과 같은 예화를 드는 게 좋겠다. 당신이 방에 앉아서 홍길동에 관해 얘기하고 있는데 홍길동이 별안간 그 방에 들어온다면, 당신은 그 대화를 중단하든지 홍길동에게 직접 말을 걸고 그는 당신에게 말할 기회를 갖는 새로운 대화를 시작해야 한다는 것을 안다. 이런 단절이 필요한 것은 우리가 한 사람을 아는 것과 한 사람에 관해 아는 것은 서로 다른데, 전자는 우리가 어느 사물을 아는 방식과는 다른 유형의 추론을 내포하고 있기 때문이다. 사물을 아는 경우 혹은 여기에 없는 사람에 관해 아는 경우에는 우리가 해부하고 분석하고 토론하기 위해 우리의 이성을 사용한다. 우리가 그 상황을 통제하고 있는 것이다.

만일 우리가 무엇이 개구리를 깡충 뛰게 하는지를 알고 싶으면 개구리를 테이블 위에 올려놓고 해부할 수 있으며, 우리가 그 상황을 완전히 장악하게 된다. 우리가 질문을 제기하고 실험하기로 결정하는 것은 우리 손에 달려있는 문제다. 반면에 우리가 어떤 사람을 알려고 한다면, 우리는 그런 상황과 다르다는 것을 안다. 우리는 이성을 다른 방식으로 사용하고, 상대방의 말을 경청하고 질문을 받을 준비를 갖춰야 한다. 우리가 마음대로 토론의 흐름을 정할 수 없다. 그것은 완전히 우리의 손아귀에 있지 않다. 이것은 다른 종류의 앎이다.

앞에서 지적했듯이, 많은 언어는 이 두 종류의 앎을 가리키는 두 가지 단어를 갖고 있다. 프랑스어에는 *savoir*와 *connaitre*가 있다. *savoir*는 사물에 관해 아는 것이고, *connaitre*는 사람을 아는 것이다. 이에 상응하는 독일어 단어는 *wissen*과 *kennen*인데, 영어(와 한국어)에는 오직 한 단어밖에 없다. 그럼에도 우리는 서로 다른 상황에 처해 있을 때 우리의 머리가 서로 다르게 움직인다는 것은 알고 있다.

사람은 물론 분석적 조사의 대상이 될 수 있다. 신경외과 의사가 자신이 세심하게 수술한 환자를 알게 되었다고 말할지 모르지만, 우리는 그 의사가 그 환자를 알게 된 방식과 친구나 연인이 그 사람을 알게 된 방식은 굉장히 다르다는 것을 잘 알고 있다. 이 두 종류의 앎은 제각각의 위치가 있지만 양자를 혼동하면 안 된다. 만일 우주가 어떤 목적을 구현하고 있고 그 목적이 그것을 창조하고 지탱하는 분의 목적이라면,─그렇지 않으면 아무런 목적도 있을 수 없으므로─그 목적을 아는 길은 단 하나밖에 없다. 다름 아니라, 그 목적을 설정한 분이 그것을 우리에게 알려줄 가능성에 대해 우리의 마음을 열어놓는 것이다.

이처럼 여러 차원의 이해를 논하는 가운데 각 차원이 그 고유한 권위를 갖고 있다는 점을 다시 강조할 필요가 있겠다. 화학이 물리학을 대체할 수 없고, 역학이 화학을 대체할 수 없고, 이런 식으로 계속 이어진다. 마찬가지로 인격적 차원의 앎이 비인격적인 앎을 대체할 수 없다. 양자 모두 나름의 자리와 자율성을 지니고 있다. 이 둘을 혼동하면 안 된다. 그렇지만 어느 하나를 다른 하나로부터 완전히 분리시켜서도 안 된다.

우리가 과학이 실제로 작동하는 방식을 고찰해보면 그것이 신앙의 행위로밖에 시작할 수 없다는 것을 알게 된다. 먼저 과학자는 주어진 자료와 자기가 몸담은 과학 전통을 받아들여야 한다. 위대한 성(聖) 아우구스티누스는 "나는 이해하기 위해 믿는다"고 말했다. 최초의 신앙 행위가 없이는 아무 것도 이해할 수 없는 법이다. 훗날의 한 사상가는 그 말을 더 자세하게 설명했다. "나는 행동하기 위해 믿고, 나는 이해하기 위해 행동한다"라고. 어쨌든 맨 처음에 신앙적 헌신이 없이는 아무 것도 이해할 수 없다.

이어서 우리가 과학이 실제로 작동하는 방식을 조사해보면(이에 대해 최근에 과학철학자들이 쓴 글이 많다), 얼마나 많은 것이 과학자의 신앙적 헌신과 개인적 신념에 좌우되고 있는지를 알 수 있다. 과학은 계몽주의의 주장처럼 일종의 백지 상태로 시작하지 않는다. 계몽주의 내지는 이성의 시대는 과거의 전통들을 완전히 청산하고 사실들과 함께 새 출발을 하려고 했다.

위대한 근대과학의 개척자 중의 한 사람은 프란시스 베이컨(1561-1626)이었다. 그는 동시대인들에게 중세철학의 이른바 '보편자들'(universals), 아리스토텔레스가 출발점으로 삼은 원리들을 잊어버리고 사실들을 수집하라고 충고했다. 그러나 먼 훗날 아인슈타인은 "당신이 사실이라고 부르는 것은 당신이 거기에 가져오는 이론에 따라 좌우된다"고 말했다. 당신이 이미 배운 바 세계를 이해하는 방식에 근거를 두지 않는 한 그 어떤 사실도 인식할 수 없는 법이다. 그 방식에는 당신이 배운 언어와 개념, 이미지와 모델을 사용하는 방식도 포함된다. 아울러 당신이 과학자로서 특정 과학 전통을 받아들이도록 훈련받은 방식도 포함되어 있다.

베이컨은 아예 목적 개념을 배제시켜버렸다. 이 개념을 설명의 범주로 받아들이지 않은 것이다. 그는 원인의 개념을 받아들였다. 만일 우주를 완전히 인과관계로만 이해하는 게 옳다면, 당신은 우주의 작동방식을 발견한 뒤에 거기에 간섭하여 당신이 원하는 방식으로 작동하게 만들 수 있을 것이다. 달리 말하면, 우주에 목적을 부과할 수 있다는 뜻이다. 그런데 만일 목적 개념이 설명의 범주에서 제외되는 게 옳다면, 그에 따른 결론은 베이컨의 유명한 말처럼 "지식이 곧 힘" 일 것이다. 과학은 힘을 얻기 위한 수단, 자연세계에 개입하여 그것을 인류의 목적을 섬기는 종으로 삼기 위한 수단이 될 것이다. 그렇다면 원칙적으로 다음과 같은 질문이 들어설 자리가 없다. "내가 내 목적을 사물에 부과하기 시작하기 전에, 애초에 사물의 존재 목적이란 것이 있었을까?"

나는 헝가리의 물리화학자였던 마이클 폴라니(1891-1976)에게 많은 빚을 졌는데, 그는 이 질문에 다음과 같이 대답한다. 우리가 어떤 문제를 인식할 때에는 조화와 아름다움, 통일성과 질서의 패턴에 대한 직관, 즉 이 무질서 속 어딘가에는 하나의 패턴이 있어서 그것을 찾도록 부르고 있다는 직관을 갖고 있는 것이라고. 그런즉 과학자는 우리를 뛰어넘는 그 무엇의 부름에 응답하고 있는 셈이다. 과학의 중심에 이런 감각, 즉 우리 앞에 그 무엇이 존재한다고 느끼는 비범한 감각이 있다는 것은 의미심장한 사실이다.

과학자들은 왜 진리에 대한 사랑을 이야기할까? 이게 무슨 뜻인가? 이는 저 바깥에 모종의 사랑받는 아름다운 실체가 있어서 우리를 부르고 우리에게 굉장한 대가를 치르더라도 이 숨겨진 조화와 통일성을 찾으라고 손짓한다는 뜻이 아닐까? 사실 그런 열정이 없었다면 과학은 발달하기는커녕 살아남지도 못했을 것이다. 우리가 알다시피, 헌신적인 과학자가 어떤 문제를 풀려고 평생을 투자했다가 막다른 골목에 다다른 경우가 종종 있었다. 다수는 영구적 운동의 원인이나 현자의 돌을 찾다가 일생을 낭비했다. 그러나 과학자들에게 이처럼 숨어있는 가상의 실재를 찾으려는 불굴의 열정이 없었다면 과학은 결코 진보할 수 없었을 것이다.

과학은 특별한 지식인가?

이제 종교를 공격한 19세기의 문제로 돌아가자. 왜 그런 일이 발생했는가? 과학이 우리가 감지하는 지식과는 다른 특별한 종류의 지식이라는 생각, 그리고 그 과학은 삶의 경험이 제공하는 진리보다 더 믿을 만한 진리를 우리에게 제공한다는 생각은 착각이다. 과학은 유별난 종류의 지식이 아니다. 그것은 일반적인 지식에서 나오기 때문이다. 과학이란 최대한 수학 방정식으로 표현할 수 있는, 지식을 공식화하려는 시도를 일컫는다. 그러나 그처럼 공식화될 수 있는 지식의 총계는 제한되어 있다.

예를 들면, 한 어린이가 넘어지지 않고 자전거 타는 법을 배운다고 하자. 넘어지지 않기 위해 자전거의 바퀴를 정확한 각도로 돌리는 법과 관련된 수학 공식을 이해하는 것은 아무 상관이 없다. 수학적 물리학은 전혀 무관하다. 어린이는 수학 공식을 배우는 일과 아무런 관계가 없는 무의식적인 테크닉을 배워서 자전거를 탈 수 있다. 삶의 영역 가운데는 이처럼 우리가 미처 정확한 수학 공식으로 표현할 수 없지만 실제로 알고 있는 분야가 굉장히 많다. 그러므로 종교에 대한 공격 배후에 있는 큰 착각 중의 하나는 과학을 유별난 종류의 지식으로 생각하는 것이다. 사실은 그렇지 않다. 과학은 폴라니가 '암묵적인' 지식이라 부르는, 훨씬 폭넓은 영역의 일부일 뿐이다.

내가 런던의 한 공항에서 여행용 가방의 분실을 신고해야 했을 때 이 점이 생각났다. 신고서에는 그 가방에 대해 정확하게 묘사해야 했다. 그런데 다른 사람이 그것을 알아볼 수 있도록 묘사하는 일이 굉장히 어렵다는 것을 알게 되었다. 내 가방이 200여 개의 다른 가방들 사이에 회전식 수화물 수취대에 도착했더라면, 나는 그것을 즉시 알아챘을 것이다. 하지만 나로서는 그 모든 지식을 정확한 과학적 방식으로 표현하는 게 불가능했다.

그것은 하나의 착각에 불과하다. 우리의 지식 중에 아주 작은 부분만을 표현할 수 있고, 과학은 우리의 총체적인 지식의 일부일 따름이다. 종합대학교를 보면 과학을 다루는 단과대학이 마치 전혀 다른 종류의 지식인양 다른 단과대학들과 별도로 존재하고 있는데, 이는 착각에 기반을 두고 있다. 그런데 이 착각은 우리 문화에 바람직하지 못한 결과를 초래했다.

오늘날의 상황은 19세기의 상황과 매우 다르다. 지금은 점성술이 만연되어 있고 온갖 부조리한 운동이 고개를 드는 등 과학에 대한 공격이 벌어지는 중이다. 신문에 점성술 코너가 없으면 도무지 성공할 수 없는 듯이 보인다. 물론 좋은 점도 있지만 뉴에이지 운동의 성장은 부조리한 면이 굉장히 많다. 서점에 가서 신학에 관한 책을 물어보면 주인이 십중팔구는 비학(occult) 코너로 안내해줄 것이다. 이제는 21세기 교회의 과업이 종교를 과학의 공격으로부터 방어하기는 것이 아니라 과학의 토대를 재천명하여 우리를 홍수처럼 범람하는 부조리한 운동에서 구출하는 일이 아닐까 생각한다. 과거를 돌아보면 주후 6세기 이후에 과학이 거의 말살된 적이 있었다. 그런 일이 얼마든지 다시 일어날 수 있다.

구약성경에서 자주 반복되는 말씀으로 돌아가는 것이 좋겠다. "여호와를 경외하는 것이 지식의 근본이다." 구약성경의 상당부분은 지혜문학이라고 불린다. 잠언, 욥기, 전도서 등이다. 그 중의 상당부분은 이스라엘 주변의 이집트를 비롯한 여러 나라의 지혜 전통들에서 나온 상식이다. 그런데 이따금 그 지혜문학 속에 이 문장이 삽입되어 있다. "여호와를 경외하는 것이 지식의 근본이다." 만일 이 우주에서 우리가 겪는 모든 경험의 배후에 있는 궁극적인 실재가 인격적인 존재, 즉 이 세계의 창조주일 뿐 아니라 우리에게 더 깊은 지식을 끊임없이 요구하는 분이라면, 진리 추구의 핵심은 바로 주님을 경외하는 일일 것이다.

나는 언제나 테크놀로지의 놀라운 면을 묘사하는 욥기 28장의 한 대목으로 되돌아간다. 거기에는 테크놀로지에 대한 기막힌 묘사와 함께 광부가 땅으로부터 금과 귀한 광석들을 캐내기 위해 깊은 곳에서 일하는 모습이 그려져 있다. 이어서 "그러나 지혜를 어디서 얻겠는가?"하고 물은 뒤에 "여호와를 경외하는 것이 지혜의 근본이다"라는 말이 나온다. 만일 그렇다면, 21세기 교회의 거대한 과업 중의 하나는 과학을 공격한 이들에 대항해 과학의 타당성을 주창하는 일임을 우리가 받아들여야 한다. 아울러 다가오는 세대들에게 여호와를 경외하는 것이 지혜의 시작이자 끝이라는 진리를 상기시켜주어야 한다.

11.
기독교 신앙과 세계 종교

　사도 바울이 사역을 시작할 때부터 굳게 믿었던 것이 있었다. 하나님이 이스라엘과 맺은 언약에 아브라함의 하나님이 장차 모든 민족의 하나님이 될 것이란 내용이 담겨 있다는 해석이었다.

　아브라함에게 주신 본래의 약속은 아브라함 안에서 모든 민족이 복을 받을 것이라는 내용이었다. 이스라엘은 하나님의 종이 되도록 고난을 받고 모든 민족에게 복음, 곧 그 언약을 전하는 종이 되도록 부름을 받았다. 이 종은 그들을 다함께 모아서 아브라함과 이삭과 야곱의 하나님의 백성이 되도록 할 것이며, 이 일이 이뤄지도록 일할 것이다.

　모든 민족이 장차 아브라함의 하나님의 백성이 되도록 다함께 모일 것이고, 따라서 하나님이 창조한 이 새로운 공동체로 말미암아 이스라엘의 소망이 이뤄질 것이다. 이것이 바로 사도 바울이 아시아와 유럽의 많은 회당들에 들고 간 메시지의 핵심이었다.

그 책의 종교들

유대교는 물론 그 메시지를 받아들이지 않은 종교이다. 이런 의미에서 유대교는 기독교 이후의 현상이라고 할 수 있다. 그 끔찍한 예루살렘의 멸망 후에는 무엇이 남겠는가? 예수는 이 멸망에 대해 자주 예언했었다. "너희가 회개하지 않으면 하나님께서 그 포도원을 너희에게서 빼앗을 것이다."

그 끔찍한 비극이 닥쳤을 때 이스라엘 이야기에 대한 기독교의 해석을 받아들이지 않았던 사람들에게 남은 것은 무엇이었는가? 거룩한 땅도, 성전도, 제물도, 제사장도 남지 않았다. 남은 것이라고는 그 백성과 그 책(the Book)밖에 없었다. 흩어진 백성과 그 책. 그리하여 예루살렘이 멸망한 뒤에 유대인 학자들은 우리가 구약성경이라 부르는 것, 그리고 유대인은 율법과 선지자와 시편이라 부르는 것의 정경을 확정하려고 모였다.

그 책은 그 민족을 유지시켜주는 중심이었다. 그 성경이 오늘날의 유대교에서도 매우 중요한 위치를 차지하고 있는 것은 유대 민족으로 하여금 유럽이란 이방사회에 종족간의 결혼을 통해 문화적으로 동화되어 그 정체성을 잃지 않고 그대로 보존될 수 있게 해주었기 때문이다.

그래서 유대교의 중심에는 하나님께서 결국에는 그분의 의로움을 입증하실 것이라는 믿음이 있다. 이 믿음을 확실히 지키는 방법은 이스라엘의 인종 공동체를 보존하는 일과 성경을 연구하고 준수하는 일이었다. 그런데 유대교의 중요한 한 줄기는 하나님께서 자기 백성을 약속의 땅으로 회복시키는 일을 통해 그분의 의로움을 입증해야 한다고 말한다. 즉 유대교의 시온주의자 집단은 20세기에 이스라엘 국가의 형성을 통해 그 약속을 실현하려고 했다.

그 책의 세 번째 종교는 이슬람교이다. 코란에는 구약성경과 예수에 대한 언급이 많이 있는데, 예수는 무함마드 선지자가 오기 전에 도래한 하나님의 사자들 중에 최후의 인물로 간주되어 있다. 무함마드 선지자가 살았던 당시에 아라비아의 남서부에는 탄탄한 기독교 및 유대교 공동체들이 있었다.

안타깝게도, 신약성경의 아랍어판이 없었기 때문에 무함마드가 유대교와 기독교에 대해 어느 정도는 알고 있었으나 그것은 단편적이고 부정확한 지식에 불과했다. 그럼에도 이슬람교는 유대교와 기독교와 함께 하나님의 나라가 결국에는 모든 것을 지배해야 한다는 확신을 공유하고 있다. '이슬람'은 '순종'이란 뜻을 갖고 있고, 이슬람교 신앙의 중심에는 하나님은 한분이시고, 코란과 샤리아와 하디스에 나온 대로 만물이 결국에는 그분의 통치 아래 들어와야 한다는 고백이 있다.

처음부터 이슬람교는 정복의 종교였다. 이슬람교는 메카 점령을 위한 큰 전투에서 탄생했는데, 당시에 아라비아의 남서부 민족들은 북쪽에는 거대한 페르시아 제국을, 서쪽에는 거대한 로마 제국(기독교 신정국가였던 비잔틴 제국)을 두고 있었다. 그래서 이슬람교는 당시 기독교 제국이었던 비잔틴 제국의 영향을 상당히 많이 받았다.

메카에서 큰 승리를 거둔 직후 아라비아 군대는 이 두 거대한 제국을 알라의 지배 아래 두기 위해 낙타를 타고 진군했다. 한 세기도 지나기 전에 낙타를 탄 아랍인들이 막강한 두 제국을 무너뜨렸다는 것은 역사상 가장 놀랄 만한 이야기 중의 하나이다. 그들은 중동과 아프리카의 기독교 문명을 쓸어버렸고 그 군대는 프랑스의 중심부까지 침투했었다.

그것은 역사상 비할 데가 없을 정도로 놀라운 새로운 종교의 승리였다. 그런데 맨 처음부터 그 종교의 중심에는 칼의 힘이 하나님의 나라를 세워야 한다고 믿는 사람들의 신앙이 있었다. 기독교와 이슬람교의 차별성을 가장 부각시킬 수 있는 방법은 다음과 같은 것이 아닐까 생각한다. 무함마드는 그의 사역의 결정적인 순간에 칼을 찬 채 말을 타고 예루살렘에 진입한 반면에, 예수는 그의 사역의 결정적인 순간에 죽기 위해 당나귀를 타고 예루살렘에 들어갔다는 것이다.

그런데도 우리가 그런 사실을 늘 잊어버리곤 했으니 하나님의 용서를 빈다. 기독교 역시 칼을 들었고 그로 인해 치욕을 당했다는 사실을 우리는 알고 있다. 그러나 이 두 종교 모두 성경에 뿌리를 두고 있지만, 하나님의 뜻이 하늘에서 이뤄진 것 같이 땅에서도 이뤄지는 방식에 있어서는 이처럼 크나큰 차이가 있다는 것은 여전히 사실이다.

세속종교와 원시종교

다음에 다룰 거대한 세계 종교는 '근대성' 내지는 '근대화'라는 세속적인 신앙이다. 이것을 내가 종교라고 불러서 여러분이 놀랐을지 모르겠다. 이 종교는 17세기와 18세기에 유럽에서 발흥하여 19세기에는 유럽을 지배했고 서유럽을 확장시키는 역할을 했다.

내가 그것을 종교라고 부르는 이유는 근대화가 전통적으로 종교가 했던 역할을 수행했기 때문이다. 근대화는 지배적인 실재관이 되었고, 기독교를 비롯한 모든 종교를 주변으로 몰아냈으며, 그것들에게 개인적인 삶의 작은 부분만 허용했다. 그래서 많은 나라의 공적인 삶이 우리가 '근대성'이란 말로 요약할 수 있는, 한 포괄적인 실재관에 좌우되기에 이르렀던 것이다.

이 종교의 뿌리 역시 성경에 있다. 이 새로운 실재관은 서구 기독교의 산물이었다. 달리 말하면, 아시아 문화에서는 발생할 수 없었다는 뜻이다. 성경적 뿌리를 갖고 있었기 때문에 역사가 진정한 의미를 갖고 있고, 역사가 끝없이 순환하는 게 아니라 어디론가 향하고 있다고 천명했던 것이다.

차이점이 있다면, 성경이 말하는 역사의 의미는 하나님의 행위에 비추어 이해할 수 있는데 비해, 이 새로운 종교는 그 의미를 사람의 행위에 비추어 이해하려 했다는 것이다. 인간의 능력, 기술, 문명, 과학, 테크놀로지 등이 세계를 지배하여 역사의 종점으로 인도할 것이라고 믿는다.

이 신앙은 20세기에 두 가지 형태로 표출되었다. 하나는 마르크스주의이고, 다른 하나는 자유주의적 자유시장 자본주의이다. 둘 중에 마르크스주의가 성경에 더 가까운 것은 유대인이었던 마르크스가 신학 훈련을 받았기 때문이다. 마르크스를 들여다보면 성경의 영향을 뚜렷이 발견할 수 있다. 노예상태에서의 자유와 해방의 개념이 역사의 중심 주제로 나오고, 해방의 일꾼이 될 메시아 백성, 선택받은 백성의 개념 역시 중요한 주제로 등장한다.

물론 그 과업을 이룰 장본인은 이스라엘도 아니고 교회도 아니다. 메시아 백성은 다름 아닌 프롤레타리아, 곧 노동자 계급일 것이다. 그리고 성경에서 말하듯이, 마침내 억압하는 계급과 억압받는 계급 사이에 싸움이 벌어져 그것이 절정에 도달한 끝에 묵시적 결과를 초래할 것이며, 그 최후의 전투를 치른 뒤에 자유가 실현될 것이다. 이런 마르크스의 이상이 20세기의 대부분을 지배했지만, 우리가 알다시피 그 공적인 형태, 즉 정치적 형태는 이제 무너지고 말았다.

다른 하나는 모든 종류의 제약으로부터의 개인적 자유를 중심 개념으로 삼는 자유주의적 자유시장이다. 이것은 이슬람교가 말하는 하나님에 대한 순종이 아니라 기본적으로 우리가 원하는 대로 행할 수 있는 자유를 말한다. 그것은 적극적 의미의 자유라기보다 소극적인 의미의 자유이다.

우리는 자유란 것을 제약으로부터의 자유로 소극적으로 정의할 수 있다. 그래서 각 사람이 바깥에 있는 어떤 힘에 의해서도 구속받지 않는다. 이런 의미의 자유를 보여주는 궁극적인 본보기로 한 우주인이 우주선과의 접촉이 끊어진 채 공중에서 떠돌아다니는 모습을 설명할 수 있다. 이 불행한 사람은 그 어떤 구속에서도 자유로운 상태이나 아무 것도 할 수 없을 터인데, 우리 인간은 제약을 받아들일 때에만 행동할 수 있기 때문이다.

적극적 의미의 자유, 즉 무언가를 이루기 위한 자유는 전혀 다르다. 그러나 서구 문화는 자유를 정의할 때 제약으로부터의 자유라는 소극적인 의미로 이해한다. 그 중심에는 자유시장의 개념이 있는데, 이는 각 개인에게 아무런 구속 없이 가능한 최소의 노동으로 가능한 최대의 소유를 자유로이 누릴 권리가 있다는 것이다. 심지어는 타인을 희생시키거나 타인의 자유를 희생시키더라도 그럴 권리가 있다고 한다.

물론 자유시장이 좋은 하인이란 것을 나도 잘 안다. 변화하는 세상에서 지속적으로 수요와 공급의 균형을 잡는 최선의 방법이다. 그러나 자유시장은 나쁜 주인이기도 하다. 자유시장을 서구 문화에서처럼 궁극적인 힘으로 취급할 때, 정부조차도 시장을 통제할 수 없다고 생각할 때에는 이 시장들이 결국에는 인간의 운명을 좌우하고, 우리가 경제적, 사회적, 도덕적 노예상태에 빠질 위험이 있다. 그럴 경우에는 우리 자신을 바울이 '통치자들과 권세들'이라고 부르는 것, 여러 모양으로 우리를 얽어맬 수 있는 부조리한 세력에게 넘겨

주게 되리라.

문제는 교회가 이런 근대성의 종교에 길들여졌다는 사실이다. 교회는 모든 점에서 이른바 '근대사상'에 적응하려고 한 나머지 그 거짓 종교에 도전할 수 있는 능력을 잃고 말았다. 그 결과 한 때 근대성 프로젝트를 압도했던 자신감도 땅에 떨어졌고 빅토리아 시대의 조상들은 상상도 할 수 없었던 사회의 모습을 낳게 되었다.

우리가 알다시피, 그들은 기독교 문명이 세계의 미래라고 확신하면서 온 세상으로 나갔다. 오늘날의 상황은 전혀 다르다. 지금은 죄책감과 변명과 망설임만 있을 뿐이다. 그리고 교회는 근대성과 너무 동일시된 나머지 덩달아 자신감을 잃고 말았다.

요약하자면, 첫째는 아시아의 종교들이 있고, 둘째는 그 책의 종교들―기독교, 유대교, 이슬람교―이 있으며, 셋째는 근대성의 종교가 있다. 이 중에서 지금은 셋째가 여러 면에서 가장 막강한 편이다. 교회는 이제야 지난 이천 년의 역사를 통틀어 근대성이 가장 강한 적이란 사실을 서서히 깨닫고 있는 중이다. 오늘의 세계를 관찰해보면 근대화가 점령한 지역은 교회가 내리막길을 걷는데 비해 그렇지 않은 지역에서는 교회가 어느 때보다 더 빠르게 성장하고 있음을 볼 수 있기 때문이다.

다음 그룹에는 원초적인 종교들이 있다. 이는 한 때 원시종교 내지는 부족종교라고 불렸었다. 이것은 호주, 아프리카, 아메리카 대륙의 단순한 부족민들과 인도의 많은 마을 사람들이 믿은 자연종교들로서, 인도에서 사역한 내 경험으로 보면 이들은 힌두교에 대해서는 많이 모르지만 이들의 종교는 아프리카의 부족종교와 비슷하다.

세계 어느 곳이나 하나님의 존재에 대한 보편적인 의식이 있다. 명확한 성격을 지니지 않은 모호한 신으로 이해하고 있지만 말이다. 신은 나무와 강과 산 등 어디에나 현존하고 있다는 의식이 있다. 그는 부족의 상황과 밀접한 관계가 있고, 현 세대와 그 조상들 사이에는 연속성이 있으며, 조상에 조상을 거슬러 올라가면 결국 하나님으로 연결된다. 이처럼 원시종교에는 아시아 종교들과 달리 심오한 상호 책임감이 있다.

부족에는 이런 강한 상호책임감을 낳는 결속력이 있다. 이런 의미에서 부족종교들은 매우 개인주의적 성향을 띠는 아시아의 종교들보다 성경에 훨씬 가깝다고 할 수 있다. 그런데도 우리가 왜 그것들을 '하등종교'라고 부르고 아시아 종교들은 '고등종교'라고 부르는지 나는 무척 의아하다. 어쩌면 이 부족종교들은 경전이 없어서 그럴지도 모르겠다. 하지만 이것이 그것들을 '하등종교'로 분류할 만한 정당한 근거가 될 수 없다.

다원적인 세계와 복음

이 간략한 개관으로부터 어떤 결론을 도출할 수 있을까? 첫째는 하나님이 그 자신에 대한 증거를 남겨놓지 않은 곳이 없다는 점이다. 세계의 모든 언어는 하나같이 하나님을 가리키는 단어를 갖고 있다.

어떤 언어들의 경우에는 비록 명료하진 않지만 하나님이 모든 곳에 존재한다는 의식이 있다. 이런 경우에 하나님은 독특한 성격을 갖고 있지 않기 때문에 다양한 이름으로 경배를 받고 있다.

힌두교의 기본적인 성전(聖典)의 하나인 베다(Veda)에는 "실재는 많은 이름을 갖고 있고, 지혜로운 자는 그것이 하나임을 안다"는 글이 실려 있다. 세상에는 많은 이름들과 다양한 특성들이 존재한다. 무언가 있지만 그것은 분명히 알려지지 않은 것이다. 그것은 뚜렷한 성격을 갖고 있지 않기에 여러 가지 세계관이 존재하고 있다. 이런 현실을 우리가 의아하게 생각할 필요가 없는 것은 초기 교회 역시 다원적인 세계로 진입했었기 때문이다. 그래서 바울은 고린도 교인들에게 "비록 하늘에나 땅에나 신이라 불리는 자가 있어 많은 '신'과 많은 '주'가 있으나…"(고전 8:5)라고 말했다. 바로 이런 세계에서 초기 교회가 탄생했던 것이다.

역사가였던 에드워드 기번이 그의 대작 『로마 제국 쇠망사』(*The Decline and Fall of the Roman Empire*, 민음사 역간)에서 이 사실을 잘 표현했다. 그는 당시 로마 세계에 관하여 "모든 종교가 보통 사람들에게는 똑같은 진리였고, 철학자들에게는 똑같은 거짓이었으며, 정부에게는 똑같이 쓸모 있는 것이었다"고 말했다. 참으로 명쾌한 글귀이다.

로마의 법은 다양한 종교들을 수용했다. 법적으로는 공적인 컬트(cultus publicus)와 사적인 컬트(cultus privatus)를 구별했다. 매우 많았던 사적인 컬트는 주로 아시아에서 온 것으로서 여러 종류의 수양이나 신비적 체험이나 금욕적 관행을 통해 개인 구원에 도달하려는 집단들이었다. 이들은 개인 구원의 종교들이었기 때문에 로마 제국이 아무런 문제도 제기하지 않았다. 그래서 교회가 만일 개인 구원의 종교로 안주했더라면 로마 제국과 충돌할 일이 전혀 없었을 것이다.

그러나 이런 사적인 컬트와 황제 숭배로 표출되었던 공적인 컬트 사이에 뚜렷한 선이 그어졌다. 그것은 하나의 구체적인 예배 행위였다. 주요 도시마다 황제의 형상이 있었고, 사람들은 그 앞에서 약간의 향을 피우고 절을 하게끔 되어 있었다. 우리가 알다시피, 그리스도인들은 그런 행위를 거부했고 그 때문에 죽을 준비가 되어 있었다. 그들은 '누가 과연 주님인가?'라는 질문을 놓고 도무지 타협할 수 없었고 또 타협하려 하지도 않았다. 교회는 로마 황제를 주님으로 부르는 것을 용납할 수 없었기에 목숨을 내놓을 준비가 되어 있었던 것이다.

그런 시대에 복음이란 새로운 메시지가 고대 헬레니즘 세계에 들어왔다. 그런데 이것은 기독교가 아니라 복음에 관한 이야기임을 기억하자. 이 둘을 구별하는 일이 필요하다. 복음은 하나님께서 예수 그리스도 안에서 행한 일, 즉 그의 성육신과 사역, 죽음과 부활, 승천과 재림의 약속에 관한 이야기이다. 이것이 바로 복음이다. 이는 하나님이 실제로 행하신 일에 관한 사실적인 이야기다.

요한의 첫 편지가 말하듯이, 복음은 "우리가 눈으로 보고 귀로 듣고 손으로 만진 것"(요일 1:1)에 관한 이야기다. 이런 의미에서 사실에 관한 이야기란 말이다. 물론 복음은 성경 전체의 맥락에서만 이해할 수 있고, 성경 역시 복음의 열쇠로만 이해할 수 있다는 것을 나도 알지만, 가장 중요한 점은 그것이 하나님이 실제로 행하신 일에 관한 사실적인 기사라는 것이다.

기독교는 우리가 복음으로 만든 것이다. 그런데 우리가 엉망으로 만드는 경우가 적지 않다. 세계의 여러 종교 중의 하나로서의 기독교는 언제나 변하는 실체이다. 그 역사를 살펴보면 아주 어두운 길을 걸을 때도 있었고 좋은 면과 나쁜 면이 모두 존재했다. 그런즉 기독교는 언제나 종교적인 측면이 아니라 복음에 의거하여 평가해야 한다. 복음이 그 다원적인 세계 속에 들어왔을 때, 사람들은 어떻게 생각해야 했는가? 그들은 복음에 대해 무엇을 할 수 있었는가? 물론 그것을 믿지 않을 수 있다. 사실 방대한 수가 그렇게 반응했다.

그러나 만일 우리가 복음을 진리로 수용한다면, 만일 전능한 하나님이 우리가 신조와 찬송에서 되풀이하는 그런 일을 실제로 행하셨다면, 만일 우리가 골로새서 1장을 진실을 담은 이야기로 읽는다면, 복음은 하나의 지배 원리임에 틀림없다. 만일 예수 그리스도 안에서 우주가 창조되었고 또 모든 것을 통제하는 권능의 손길이 여기에 우리 역사의 일부로 존재하고, 그분이 미지의 하나님이 아니라 우리가 알고 사랑하고 따를 수 있는 존재라면, 이 모든 것이 참이라면, 그것은 기존의 세계관들에 끼워 맞출 수 있는 것이 아니다. 그것은 어느 한 자리에 끼워 넣을 수 없고, 다른 원리들에 바탕을 둔 백과사전에 단지 하나의 기사로 집어넣을 수 없다. 오히려 다른 모든 것을 형성하는 유일한 지배 원리가 되어야 한다.

예전에 아리우스와 아타나시우스가 벌였던 큰 논쟁을 생각해보라. 아리우스는 복음을 모든 사람이 사실로 간주하는 것에 끼워 맞추려고 했다. 그 '사실'이란 하나님은 인간 세계 밖에 계신 존재인즉 예수가 하나님일 리가 없다는 것을 말한다. 그는 하나님과 비슷한 존재임에 틀림없다는 주장이다. 당시에 호모이우시오스(*homoiousios*, 유사본질)와 호모우시오스(*homoousios*, 동일본질)를 둘러싼 유명한 논쟁이 있었고, 그 결과 우리가 우리의 신조에서 '아버지와 동일한 본질을 지닌'이라고 고백하게 된 것이며, 어떤 이들은 그 논쟁을 이중모음('o'와 'oo')을 둘러싼 싸움이라고 조롱하기도 했다. 그러나 이제까지 다수의 세계적인 싸움은 약간의 차이점을 둘러싸고 일어났는데, 그것이 매우 중요한 문제였기 때문이었다.

이에 대해 G. K. 체스터턴이 아주 적절한 예를 든 적이 있다. 작은 여자아이가 집에서 멀리 떨어진 잠자리에 누워 엄마가 보고 싶어 울자 어느 아줌마가 그 아이에게 "나는 네 엄마와 아주 비슷해"하고 말한다. 그래도 아무 소용이 없다.

예수는 과연 하나님의 현존인가, 아니면 하나님을 매우 닮은 존재인가? 만일 하나님의 현존이라면, '하나님'이란 단어의 뜻으로부터 시작하여 우리의 모든 개념이 완전히 개조되고 또 재고되어야 한다. 이것이 초기 몇 세기에 걸쳐 교회가 직면했던 엄청난 문제였다. 우리의 개념을 개조한다는 것이 오늘처럼 다양한 종교가 공존하는 상황에서 과학과 지식, 정치적 및 경제적 행습에 어떤 의미를 지니는 것일까? 이것은 별개의 주제이다.

결론: 네 가지 함의

이제 내가 생각하는 함의를 몇 가지 사항으로 정리하는 것으로 이 논의를 마감할까 한다. 첫째, 우리가 다른 종교인들과 관계를 맺을 때 그들도 하나님의 형상으로 창조되었다는 사실을 기억해야 한다. 모든 사람을 비추는 그 빛이 우리 모두를 비춘다. 어느 인간이든 그 속에 하나님의 진리를 가리키는 증거, 하나님의 은혜를 가리키는 증거가 있는 법이다.

그러므로 우리는 맨 먼저 힌두교도, 무슬림, 불교도 혹은 마르크스주의자 안에서 선한 것을 찾고, 환영하고, 동경하고, 기뻐해야 마땅하다. 그리고 다음과 같은 노선을 취하면 안 된다. '이 친구는 힌두교도이니 무언가 잘못된 것이 있어. 그게 무엇인지 찾아내자'라고 생각한 뒤에 어떻게든 그의 죄를 알아내어 구원에 대해 말해주려고 하는 태도다.

이 접근은 완전히 틀렸다. 우리가 우선적으로 해야 할 일은 어떤 사람이나 다른 종교 속에 있는 선한 것으로 인해 하나님께 감사하는 것이다.

둘째, 그래도 우리에게는 들려줄 이야기가 있다. 나는 사도행전 10장에 나오는 로마 백부장의 이야기를 좋아한다. 거기에는 하나님의 천사가 그 이방인 군인에게 그의 기도와 자선 행위가 하나님에게 상달되었다고 말하는 장면이 있다. 이어서 "그런즉 아무 문제가 없다"고 말하지 않고, "지금 사람을 욥바에 보내어 베드로라 하는 인물을

청하라. 그러면 당신이 꼭 알아야 할 것을 일러줄 것이다"라고 말했다. 그리하여 베드로가 와서 한 마디로 예수의 이야기를 들려주었다. 그 때 베드로와 함께 온 사람들과 고넬료 집안이 성령을 체험하게 되었다.

그러므로 우리는 하나님의 은혜로 이미 존재하고 있는 선한 요소를 인정할 뿐만 아니라 우리에게 맡겨진 이야기도 들려주어야 한다. 물론 우리는 그 이야기를 들려줄 자격이 없지만 우리라도 들려주지 않으면 다른 누구도 그렇게 하지 않을 것이다. 우리는 그 이야기를 위임받은 사람들이다.

언젠가 어느 저명한 여성이 교회를 맹비난하는 모임에 참석한 적이 있다. 그녀는 교회가 가치가 있는 것이라곤 눈곱만큼도 없는 전혀 가망 없는 기관이라고 했다. 새롭고 흥미로운 아이디어를 원한다면 다른 곳에서 찾아야 할 것이라고 역설했다. 그 때 내 곁에 앉아있던 캠브리지의 니콜라스 라쉬 교수가 차분한 목소리로 "그렇지만 우리가 그 이야기를 들려주지 않으면 누가 할까요?"라고 응답했다. 우리는 그 이야기, 곧 복음을 위임받았기 때문에 그것을 들려주어야 한다.

세 번째 사항은 우리는 재판관이 아니라는 점이다. 우리는 그 이야기를 위탁받은 사람들이고, 우리는 우리 자신이 아닌 예수에 대한 증인들이다. 우리는 재판관이 아니다. 우리에게는 장차 누가 구원을 받고 누가 받지 못할지를 미리 알거나 정할 수 있는 권한이 없다. 약간 부연해서 설명하겠다.

종말에 관한 예수의 가르침을 보면 하나같이 뜻밖의 요소를 강조하고 있다. "첫째가 꼴찌가 되고 꼴찌가 첫째가 되리라." 안에 있다고 생각했던 사람들이 밖에 있는 것을 알게 될 터이고, 밖에 있다고 생각했던 이들이 안에 있는 것을 발견하게 되리라. 장차 불태워질 것은 포도나무 주변의 엉겅퀴가 아니라 열매를 맺지 못하는 포도나무 가지들이다. 우리는 뜻밖의 결과를 직면할 준비를 갖춰야 한다.

그리고 종교 상호간의 관계에 대한 논쟁이 있다. 내가 생각하기에는 그동안 "장차 누가 구원을 받을 것인가?"라는 질문을 핵심 이슈로 삼는 바람에 크게 잘못된 것 같다. 그 결과 한편에는 오직 그리스도인들만이 구원을 받을 것이라고 믿는 '배타주의자들'이 있다. 그러면 당신이 누가 진정한 그리스도인이고 누가 명목상의 그리스도인인지를 정해야 한다. 다른 한편에는 다른 사람들도 구원을 받겠지만 오직 그리스도를 통해 그럴 것이라고 말하는 '포용주의자들'이 있고, '다원주의자들'은 어느 길로 가든지 모든 사람이 구원을 받을 것이라고 주장한다.

나는 이 가운데 어느 것도 지지할 만한 입장이 아니다. 나의 견해는, 만일 하나님이 실제로 복음이 말하는 대로 행하셨다면, 누가 구원을 받을 것인가 하는 의문이 생기지 않는다는 것이다. 오히려 "어떻게 하면 하나님이 영광을 받을까? 어떻게 하나님께 감사를 드릴까?"라고 묻는 것이 바람직하다. 교회의 사명은 하나님과 예수의 이름을 모두 영화롭게 하는 것이라고 나는 생각한다.

우리는 나의 구원이나 다른 사람의 구원에 초점을 맞추지 말고 하나님과 그분의 영광에 맞춰야 한다. 한 마디로 말해서, 다른 사람의 종국적 구원은 하나님의 몫이다. 누군가 예수에게 "구원을 받을 자가 적습니까?"라고 묻자, 그분이 "좁은 문으로 들어가라. 멸망으로 인도하는 문은 크고 그 길이 넓어 그리로 들어가는 자가 많다"라고 응답했다는 것을 기억하라. 구원은 하나님의 손에 달려있다. 우리의 책임은 예수를 좇아 올곧고 좁은 길을 걷는 것이다.

네 번째 사항은 우리가 초연한 관점으로 다양한 입장들을 평가할 수 있는 방관자의 베란다는 존재하지 않는다는 것이다. 이제 내가 앞에서 언급한 명제로 돌아가겠다. 만일 당신이 다른 종교인과 대화를 하는 중에 어떤 철학적 내지는 역사적 근거에 의지하여 당신의 예수에 대한 믿음을 정당화하려고 하면, 당신은 사실 과거를 팔고 있는 셈이다.

결국 우리는 사람들에게 예수를 소개하고 하나님이 행하신 일에 대한 이야기를 들려줄 뿐이다. 하지만 이것이 최종 결론은 아니다. 나는 힌두교를 믿는 친구들에게 이런 질문을 종종 받았다. "왜 당신은 굳이 예수만을 고집하는가? 왜 예수를 세상에 살았던 위대한 인물 중에 가장 위대한 인물로 인정할 수 없는가? 어째서 당신은 이것을 받아들이지 못하는가?"

나는 결국 하나님이 내가 완전히 이해할 수 없는 방식으로 나를 불렀기 때문이라고밖에 말할 수 없다. 하나님이 나를 예수 그리스도를 위한 증인이 되도록 불렀기에 나는 증언을 하지 않을 수 없다.

그래서 나는 "너희가 나를 택한 것이 아니요, 내가 너희를 택하여 세웠다"(요 15:16)는 예수의 말씀에 기댄다. "내가 너희를 택했다." 이 때문에 우리가 여기에 있다. 그리고 이것이 우리가 예수를 주님으로 증언할 때 우리의 믿음을 뒷받침해주는 궁극적인 근거가 된다.

12.
복음과 공공 영역

마지막 장에서는 교회의 복음이 공공 영역, 즉 사회의 시민적, 정치적, 경제적 삶의 영역에서 어떤 역할을 담당했는지를 살펴보도록 하자. 한 때는 교회가 공공 영역을 지배했었다. 오늘까지 남아 있는 건축물들이 이 사실을 입증해준다.

19세기는 종교가 사적인 견해의 수준으로 전락한 반면 이제는 과학이 사회의 안내자 역할을 한다고 주장하는 운동이 활발히 일어났던 시대였다.

우리가 '복음은 진리다'라고 말할 때에는 그것이 또한 공적인 진리임을, 즉 우리의 사적인 삶과 공적인 삶을 모두 지배해야 할 진리임을 천명하는 것이다. 그렇다면 교회가 중세 혹은 천년에 걸친 비잔틴 세계에서 담당했던 역할을 되찾도록 노력해야 한다는 뜻인가?

예수의 사역과 세상 권력

맨 먼저 예수의 사역을 간략하게 살펴보되 그분의 지상 사역과 세상 권력의 관계에 초점을 맞추는 것이 좋을 듯하다. 무엇보다도 예수는 세상을 장악하려 하지 않았다는 명백한 사실을 언급할 필요가 있다.

이것이 사실은 광야에서 받은 시험 중의 하나였다. 마귀가 여러 방법으로 예수를 유혹하면서 던진 질문들이 마태복음과 누가복음에 생생하게 묘사되어 있다. "네가 만일 하나님의 아들이라면 무슨 일을 하려고 하는가? 네가 하나님의 나라를 어떻게 가져오려고 하는가?" 예수는 양식을 제공하고 능력을 과시하라는 시험을 받았으나(이것은 세상 권력의 전형적인 방법이다.) 그것을 거부한 뒤에 맨몸으로 자신의 사역을 시작했다. 이것이 첫 번째 사항이다.

두 번째로 예수의 가르침이 있었다. 그는 권력을 잡은 자들에게 그들의 길이 멸망을 향하고 있다고 경고했다. 필요할 때에는 가혹한 말까지 사용했다. 누군가 예수에게 헤롯왕이 그를 죽이려고 한다는 말을 전하자, 그는 "너희가 가서 저 여우에게 이르되 '오늘과 내일은 내가 귀신을 쫓아내며 병을 고치다가 제삼 일에는 완전히 이루리라' 하라"고 응답했다.

예수는 당시의 권력자들에게 그들이 회개하지 않으면 그 나라가 파멸될 것이라고 반복해서 경고했다. 그리고 그런 경고를 할 때 얼마나 깊은 고뇌를 느꼈는지를 우리는 알고 있다. "아 예루살렘아, 예루살렘아, 너희가 평화의 길을 알았더라면 좋았을걸. 이제 너희 집이 황폐하여 버려질 것이다"(마 23:37-38, 의역). 그 끔찍한 경고는 40년 후 로마인들이 유대 나라를 쓸어버렸을 때 그대로 이루어졌다.

세 번째로 예수가 본디오 빌라도 앞에서 재판받는 장면을 보면 빌라도의 권한은 하나님에게서 받은 것이라서 그것을 인정했다는 사실을 알게 된다. 예수는 아버지께서 빌라도에게 주신 만큼 그의 권력과 권한을 수용했지만 이런 말을 덧붙인다. "…나를 네게 넘겨 준 자의 죄는 더 크다"(요 19:11). 그런 권력과 권한을 남용해서 불의를 낳는 것이 곧 죄이다.

요컨대, 예수에 대해 다음 세 가지 사항을 말할 수 있다. 그는 세상적인 권력을 추구하지 않았고, 권력을 잡은 자들에게 하나님께 책임을 져야 한다고 경고했으며, 부당한 고소를 받아 로마 총독 앞에 섰을 때에도 빌라도의 권력과 권한이 하나님이 주신 것임을 인정했다고.

이 세상의 통치자들

우리는 이런 질문을 던지게 된다. 누가 공공 영역을 다스리는가? 누가 최종 권한을 갖고 있는가? 성경은 '이 세상의 통치자'에 관해 말한다. 우리가 알다시피, 사도 바울의 글에는 통치자들, 권세들, 주관자들, 주권들에 관한 내용이 많이 나온다(엡 6:11 이하). 예수의 가르침 속에도 '이 세상의 통치자'에 관한 내용이 상당히 많다. 아울러 무장한 강한 자에 관한 예수의 비유를 기억하라. 더 강한 사람이 강한 자를 압도할 수 있어야만 그의 물건을 강탈할 수 있을 것이라는 비유이다(막 3:26-27).

예수의 오심은 하나님의 나라가 이 세상 속으로 들어온 사건이었다. 그러나 이 세상의 통치자들은 그를 알아보지 못했다. 바울이 고린도전서에서 말했듯이, "이 지혜는 이 세대의 통치자들이 한 사람도 알지 못하였나니, 만일 알았더라면 영광의 주를 십자가에 못 박지 아니하였으리라"(고전 2:8).

이 통치자들—정사와 권세—은 당시에 율법과 정치권력을 각각 대표했던 제사장들과 본디오 빌라도 같은 인물들이었다. 이들이 '이 세상 통치자'의 대리인들이었다.

그리고 유명한 로마서 13장에서 바울은 모든 권세는 '선행을 보상하고 악행을 처벌하기 위해' 하나님이 임명한 것이라고 말하는데, 이는 우리 시대에도 적실성이 있는 내용이다. 그들은 하나님에게 권한을 받아 칼을 차고 다녔다. 달리 말하면, 그들에게 최종 권력이 있었기 때문에 모든 그리스도인은 그들에게 복종하고 세금을 바칠 의무가 있었던 것이다. 이는 오늘날의 정치적 논의에도 상당히 적실하다.

그런데 로마서 13장의 뒷부분에서는 로마 제국이 '공의를 유지하고 악인을 처벌하는 하나님의 일꾼'으로 묘사되어 있는데 비해, 계시록 13장에서는 동일한 로마 제국이 로마시가 딛고 서 있던 일곱 언덕들, 곧 일곱 뿔로 알아볼 수 있는 '심연에서 올라오는 짐승'으로 그려지고 있는 것이 무척 흥미롭다.

이는 정치 질서에 대한 완전히 상반된 두 가지 그림이다. 이와 비슷한 내용이 사무엘상에도 나온다. 이스라엘 백성이 자기들도 선지자뿐만 아니라 다른 민족들처럼 왕을 갖고 싶다고 불평한다. 사무엘은 백성에게, 왕들이 그들의 권력을 휘둘러 끔찍한 일이 벌어질 수 있다는 말씀을 전달한다.

그런데 그 다음 장(9장)에서 하나님이 사울에게 기름을 부어 왕으로 세우라고 사무엘에게 말씀하신다. 따라서 정치권력에는 양면성이 있는 셈이다. 한편으로, 정치권력은 하나님이 세운 것이다. 하나님이 사울에게 기름을 붓는다. 정치적 권력과 권세는 하나님이 임명한 것이라고 로마서 13장이 말한다. 그러나 다른 한편, 정치적 권력과 권세는 악마적 권세의 도구가 될 수 있다.

그러면 복음서들과 편지들 모두에서 두드러진 역할을 담당하는 통치자들, 권세들, 주권들, 주관자들과 같은 신약성경의 언어를 우리는 어떻게 이해해야 할까? 먼저 그것들에 대해 말하는 내용을 살펴보자. 골로새서(1:15-20)에서는 모든 왕권들과 주권들과 통치자들과 권세들이 다 그리스도 안에서 그리고 그리스도를 위해 창조되었다고 말한다. 그러므로 그것들은 세상을 향한 하나님의 선한 목적의 일부였던 것이다.

그러나 골로새서 2장에서는 그리스도가 십자가에서 권세들을 무장 해제시키고 구경거리로 삼았다고 말한다. 그분이 그들을 파멸시킨 게 아니라 그들의 무장을 해제시켰다는 것이다. 그런즉 십자가에서, 권력과 정치질서와 종교질서와 도덕법 등 권세들의 일부였던 이 모든 것이 살아계신 하나님의 적으로 드러났던 것이다. 이는 그들의 정체가 백일하에 드러났다는 뜻이다. 그들은 바울의 말대로 무력화되었다. 하지만 그들이 파괴된 것은 아니다. 그래서 당시에도 존재했고 지금도 존재하고 있는 것이다.

에베소서 6장에서는 우리의 씨름이 "혈과 육을 상대하는 것이 아니요, 통치자들과 권세들과 이 어둠의 세상 주관자들과 하늘에 있는 악의 영들을 상대하는 것"이라고 말한다(12절). 이런 권세들이 한편으로는 선한 목적을 위해 창조되었지만, 다른 한편으로는 악의 도구가 될 수 있는 것이다. 이 말은 본질적으로 예수가 권력과 권세에 관해 빌라도에게 답변한 것과 동일한 뜻을 지니고 있다.

세상의 권세들과 복음

이제는 복음이 그런 권세들에 대해 어떤 입장을 취했는지를 살펴보도록 하자. 노예제는 1세기 헬레니즘 세계의 경제 질서의 일부였다. 그 제도는 오늘날의 이자 제도만큼이나 그들 경제의 불가결한 일부였다. 성경은 고리대금 —돈을 빌려주고 이자를 받는 것— 을 금한다(느 5:15). 지금은 고리대금이 부당한 이자율을 부과하는 것을 의미하지만, 그럼에도 적당한 이율을 부과하는 일은 현행 경제제도의 불가결한 일부이다. 이와 비슷하게, 노예제는 하룻밤에 폐지될 수 없는 불가피한 현실이었다.

그러면 복음은 노예제에 대해 어떤 입장을 취했는가? 한편으로, 바울은 그리스도 안에서는 종이나 자유인이 없다고 말했다. 자유인은 그리스도의 종이었고, 사회에서 종인 자들은 하나님의 자유로운 아들과 딸이었다. 그러므로 어느 의미에선, 노예제가 교회 안에서는 폐지되었으나 경제 질서 안에서는 여전히 존재했다고 할 수 있다.

이 책의 5장에서 우리는 이것이 실제로 의미하는 바를 보여주는 훌륭한 본보기를 언급했다. 바울의 편지들 중 마지막에 나오는 아름다운 빌레몬서에 감동적인 짧은 이야기가 담겨 있다. 거기에 오네시모라 불리는 도망친 노예가 등장한다. 오네시모란 이름은 '유익한'이란 뜻이다. 그는 주인의 돈을 훔쳐서 도망쳤던 것 같다(행간을 읽으면 그랬을 가능성이 많다).

그런데 오네시모가 어쩌다가 바울과 만나서 기독교 신앙을 소개받고 신자가 되었다. 그래서 바울이 어떻게 했는가? 그는 오네시모에게 도망가서 자유인이 되라고 권유하지 않았다. 그 대신 그를 주인에게 돌려보내되 그 놀라운 편지를 첨부했다. 이는 성경 전체에서 가장 아름다운 한 편의 문학이다. 바울은 "전에는 네게 무익하였으나 이제는 유익하므로…"(몬 1:11)라고 썼다. 그리고 이렇게 이어진다. "이제는 그가 그의 이름에 걸맞은 인물이 되었고, 내가 당장에 갈 수 없으므로 그를 나의 대리인으로 네게 돌려보낸다. 그는 내가 나를 대신하여 보내는 사람이다"(16-17절, 의역). 그리하여 오네시모는 여전히 노예로 그의 주인에게 돌아갔지만 동시에 사도의 '대사'란 신분을 지니고 갔던 것이다. 그는 빌레몬 집안에서 사도 바울의 대리인이었다. 이것이 복음과 권세의 관계를 보여주는 하나의 훌륭한 본보기이다.

우리가 알다시피, 노예제가 (교회에서뿐 아니라 사회에서도)완전히 폐지되어야 한다는 것을 교회가 인식하는 데는 오랜 세월이 걸렸다. 그런데 오늘날에도 그와 비슷한 이슈들이 많이 있다. 우리는 이런 권세들과 공동생활의 구조들의 실존을 인식하되 그것들을 당장에 폐지시킬 수 없다는 것과 그것들이 또한 악마적인 존재가 될 수 있다는 것도 알아야 한다.

또 다른 좋은 예는 인종이다. 인척과 가족의 인연이 좋은 것이므로 인종은 좋은 것이다. 인종은 일종의 확대 가족이다. 우리는 서로 바뀔 수 있는 당구공과 같은 존재가 아니다. 우리 인간은 집안과 인종 집단의 일원으로 존재한다. 이런 유대관계는 우리의 귀중한 일부이다.

이 점은 과거에 남아프리카에서 사역했던 잉글랜드 선교사들이 알게 된 사실이었다. 당시에 포르투갈과 프랑스 선교사들은 아프리카인 개종자들을 잉글랜드 문화에 동화시켜 영어로 말하고 잉글랜드 회중의 일부가 되게 해야 한다고 주장했지만, 잉글랜드 선교사들은 그렇게 주장하지 않았다. 이 사람들은 자기네 인종끼리 모여서 자기네 언어로 예배할 수 있는 그들만의 교회를 가질 자유가 있다고 했다. 그건 바람직한 정책이었다.

그러나 이런 생각이 절대시되어 그리스도 안에서의 연합보다 우선할 때에는 마귀의 도구로 전락한다. 인종격리정책의 죄악이 되는 것이다. 그러므로 그 자체로는 선한 것이 악한 것이 되고 악마적 권세의 도구로 전락할 수 있다. 이와 비슷한 예는 상당히 많다.

이제까지 우리는 노예제가 경제 시스템의 불가결한 일부로 자리 잡고 있던 경제 질서에 대해 생각했는데, 당신이 그 제도를 당장 폐지시킬 수 없는 것은 오늘날 이율을 금방 없앨 수 없는 것과 마찬가지다. 그럼에도 복음은 그 경제 질서에 무언가를 도입했고, 그것이 마침내 그 제도를 근본적으로 변혁시켜서 노예제가 더 이상 용납될 수 없는 지점까지 끌고 갔던 것이다.

이제 로마서 13장에 나오는 정치질서에 대해 생각해보자. 여기서는 현재의 권세들은(이는 실질적으로 로마 제국을 의미했다.) 하나님이 임명한 것이므로 우리가 그 권세에 복종하고 세금을 내야 한다고 노골적으로 말한다.

그런데 그 권세들은 바울의 말대로 특정한 목적을 위해 임명된 것도 사실이다. 한 마디로 공의를 세우고, 악한 자를 처벌하고, 선한 자를 지지하기 위해서였다. 따라서 그리스도인은 권력자들에게 그들에게 책임을 물을, 하나님과 그들이 존재하는 목적을 상기시킬 의무가 있다. 우리 시대의 가장 슬픈 현실 중의 하나는 교회들이 이런 일에 대해 너무 겁이 많다는 사실이다.

나는 학생 시절에 참가했던 한 수련회를 결코 잊지 못할 것이다. 당시에 이천 명의 학생을 대상으로 강연했던 분은 캔터베리 대주교였던 윌리엄 템플이었는데, 그 강연이 BBC 라디오로 생중계되는 중이었다. 그 때 정부가 약속을 어기는 언어도단의 행위를 했다는 뉴스가 터졌다.

나는 그 순간을 잊은 적이 없다. 당시에 베란다에 앉아서 대주교를 옆에서 보고 있었다. 그 순간 그는 강연노트를 내버려둔 채 생방송 중이던 마이크에다 입을 대고 "온 영국인이 하나로 일어나서 이런 짓을 하는 정부는 단 하루도 존재할 자격이 없다고 말해야 한다"고 선포했다.

오늘날에는 그럴 만한 용기를 지닌 교회 지도자가 많지 않다. 하지만 템플 대주교가 행한 일은 교회에 주어진 의무의 하나였다. 교회의 의무 중에는 선출된 정부가 통과시킨 법을 순종하고 세금을 내는 등 정부를 지원하는 일이 포함된다. 또한 정부에게 끊임없이 그 존재 목적을 상기시키는 일도 들어있다. 아울러 정부에게 최종적으로 책임을 물을 절대 권위가 있다는 사실도 상기시켜야 한다. 그들이 마지막 날에 하나님 앞에 서서 재판을 받아야 한다는 사실 말이다.

그리고 어떤 정치질서이든 스스로 절대 권력과 권위를 가졌다고 주장하면 그 정부는 마귀의 도구가 된다. 악마적인 정권이 된다는 말이다.

경제 문제, 어떻게 볼 것인가?

이제 경제 문제로 다시 돌아가자. 18세기까지는 경제가 윤리의 한 분야로 간주되었던 것 같다. 경제는 우리가 돈을 벌고 쓰는 방법을 다루는 것이었다. 윤리의 하부 분과로서 사람들에게 탐욕을 멀리하도록 경고하고 공정한 임금과 공정한 가격을 관심사로 삼았다.

중세 교회는 법률제정이 공정한 임금과 가격을 책정하기 위한 것임을 분명히 하려고 애썼고 이 점에서 상당히 성공한 편이었다. 경제생활의 목표는 끝없는 성장과 재화와 서비스를 무한정 늘리는 것이 아니었다. 오히려 공정성과 탐욕의 부재, 공평한 권력 분배를 보장하는 일이었다.

구약의 선지자들은 정치적인 부(富)의 남용을 강경하게 비난했고 특히 고리대금의 행습을 반대했다. 중세 교회 역시 그런 입장을 유지하려고 애썼다고 할 수 있다.

법적으로 이방인에게는 이자를 부과할 수 있었던 유대인은 이자를 받고 돈을 빌려줄 수 있었기에 중세 후기에 거대한 초창기 자본주의자들이 되었다. 그렇지만 그리스도인의 경우에는 대부금에 이자를 부과하는 일은 여전히 성경의 가르침에 상반되는 것으로 간주되었다.

독일 프로테스탄트 종교개혁자인 마르틴 루터가 1546년에 죽기까지 이자 금지 관행이 확실히 유지되었다는 것은 참으로 흥미로운 사실이다. 제네바의 종교개혁자로서 1564년에 죽은 존 칼빈은 좀 더 도시화된 사회를 대표했기 때문에 어떤 상황에서는 그리스도인도 적당한 이자를 부과할 수 있다고 허용할 준비가 되어 있었다. 그런데 이런 준비단계는 신세계에서 금이 발견됨에 따라 발생한 유례없는 인플레이션 때문에 수포로 돌아가고 말았다.

당시에 엄청난 양의 금과 은이 발굴되고 그것들이 유럽에서 교환 매체로 사용되면서 물가가 폭등하는 바람에 임금과 물가의 균형을 맞추려던 노력이 좌절되고 말았다. 더구나 나중에 인도와 극동 지역의 착취가 폭발적인 인플레이션을 심화시킨 결과 예전의 중세법이 쓸모없게 되고 말았다.

그런데 당시까지만 해도 기독교 목사들은 국가의 경제생활을 성경과 기독교의 법에 종속시켜야 한다고 주장했다. 그러나 계몽주의라고 불리는 17세기 말과 18세기에 걸친 이성의 시대에 이르면, 공공 영역에서 신의 계시를 제거하고 신의 계시나 도덕법이 아니라 합리적 변수와 합리적 계산이 경제생활을 주도해야 한다는 입장이 등장한다.

18세기 사상을 좌우했던 거대한 패러다임, 거대한 모델은 아이작 뉴턴 경이 주창했던 우주관이었다. 이에 따르면, 우주는 원자 형태의 미립자들이 중력과 운동량의 법칙들에 따라 끊임없이 움직이는 방대한 메커니즘이었다.

이 놀라운 평형상태에 의해 수많은 별에서 사과의 낙하에 이르기까지 방대한 우주가 그 법칙들에 따라 영구적인 조화를 이루며 영구적인 운동을 거듭한다고 보았다. 그 모델이 18세기의 지성을 사로잡았다. 그리고 어쩔 수 없이 다른 분야에도 적용되었다.

그래서 근대 경제학의 아버지로 불리는 아담 스미스가 등장했다. 그는 그와 비슷한 토대 위에서 움직이는 자본주의 내지는 자본주의 시스템이란 개념을 개발했다.

이 개념에 따르면, 사회는 중력이 아닌 자기이익에 의해 움직이는 무수한 원자 같은 개인들로 구성되어 있다. 각 사람은 가능한 최소의 노동으로 최대의 부를 얻으려고 하는 자기이익의 단위였다. 여기에 중력의 법칙에 상당하는 것이 있다. 사회 전체에 번영을 초래하는 것은 이런 기계적 시스템에 따라 움직이는 그런 개인들의 상호작용이라고 생각했다.

스미스가 말한 유명한 예화가 있다. 정육점 주인이 당신에게 주일 저녁식사용으로 양질의 고기를 공급한다면, 그것은 자선행위가 아니다. 그는 당신에게 봉사하려는 게 아니라 자신을 위해 이익을 창출하려는 것이고, 이익을 창출하는 과정에서 당신에게 봉사한 것이다. 스미스에 따르면, 보이지 않는 손이란 것이 있는데, 이것이 인간사(事)를 잘 조정하여 자유시장 안에서의 자기이익의 작동이 모든 사람에게 최대의 이익을 가져다줄 것이라고 말했다.

이제 우리가 19세기 말로 이동하면, 과학이 공공 영역의 궁극적인 잣대로서 종교를 대체했다고 주장하는 소리를 듣게 되고, 알프레드 마샬(Alfred Marshall, 1842-1924)을 만나게 된다. 그는 경제학을 독자적인 학문으로 승격시켜서 도덕과 윤리로부터 완전히 떼어놓으려고 했던 최초의 경제학자였다. 자유시장 시스템이 도덕 감정과 상관없이 사회의 유익을 위해 자동적으로 움직일 것이라고 주장했던 인물이다.

이 관념이 다윈의 진화론, 즉 사회와 인류의 발달이 자연선택 혹은 '적자생존'의 결과라는 이론과 결합했을 때, 우리가 궁극적으로 치러야 할 값이 있었다. 그것은 사회적 진화론이라고 불렸다.

경제학의 이론적 법칙들은 절대적인 것이라서 함부로 고칠 수 없었다. 예컨대, 백만 여명의 아일랜드 농부들이 19세기 중반에 일어난 감자 기근으로 죽게 되었을 때, 경제학자들과 영국 정부는 구제가 그런 경제학의 이론적 법칙들에 지장을 초래할 것이라고 믿었다. 그러면 큰 재난이 닥칠 것이라고 생각했다. 그리하여 경제학의 이름으로 팔백만 명의 인구 중에 백만 명이 그냥 죽도록 내버려두었던 것이다. 우리는 그 대가를 아직까지 지불하는 중이다.

잉글랜드에서는 어린이들이 광산의 터널을 기어 다니고 탄광용 손수레를 끌었다. 굴뚝 청소에도 개구쟁이 아이들을 이용했는데, 그 작은 소년들로 중산층 집의 굴뚝에 기어올라 그 내부를 청소하게 했다. 그런 비인간적인 행습에 자선의 이름으로 간섭했다면 그것 역시 그 시스템에 해로운 것으로 비난을 받았을 터이다. 그런 자선 행위가 경제적 법칙의 이론이 유익하게 작동하는 것을 방해했을 것이기 때문이다.

여기에 참으로 커다란 역설과 아이러니가 있다. 영국이 세계에서 가장 부유한 나라로 등극하던 그 시점에 영국 민중은 인간 이하의 상태에 처해 있었다는 사실이다. 찰스 디킨즈의 소설들이 당시의 현실을 생생하게 보여준다. 그런즉 아담 스미스의 책 제목인 『국부론』(The Wealth of Nations, 동서문화사 역간)은 인간의 불행 위에 축적되도록 되어 있었다.

그 결과 19세기 말에 마르크스주의가 높이 부상했다. 그것은 자본

주의의 불의에 대항하는 도덕적 분노의 폭발이었다고 나는 생각한
다. 그러나 그것은 19세기 운동이었던 만큼 스스로를 과학으로 위
장해야만 했다. 그래서 마르크스주의 경제학이 말하는 경제 과학이
라는 일종의 난센스가 탄생했던 것이다. 그럼에도 나는 마르크스주
의가 19세기의 사악함에 대항하는 도덕적 분노의 표출이었다고 확
신한다.

세계화의 문제점

1980년대 말에 세계적 세력을 자랑하던 마르크스주의가 몰락함에
따라 자유시장이 지구촌 전역에 뻗어나가는 등 전혀 새로운 상황이
조성되었다. 이 글로벌 경제 시스템은 현대의 컴퓨터가 이룩한 굉장
한 커뮤니케이션 능력과 효율적인 정보 이용에 힘입어 갈수록 더욱
자치적인 실체로 움직이고 있고, 이는 가장 강력한 정부조차 통제할
수 없는 하나의 시장이 되었다.

"당신은 시장에 저항할 수 없다"고 선언한 사람은 상급자의 지시를
받아들이는데 익숙하지 않은 어느 여성이었다. 마치 온 세상이 자동
조종사의 손에 맡겨져서 인간 조종사가 불필요하게 된 듯했다. 그런
데 글로벌 경제의 문제점은 우리가 그 목적지를 모른다는 데에 있다.
한 인도 주교는 나에게 인도 마을들이 세계화로 인해 황폐해지고 있
다고 말했다. 인도 정부의 정책 변경을 계기로 인도 전역이 자유시장

에 노출되어 인도가 그런 글로벌 메커니즘의 일부로 전락했고, 그에 따른 결과는 우리가 잘 알고 있다.

사람들은 자기네 문화의 영향을 많이 받은 나머지 이 세상에는 아직도 '자율적인 경제'를 가진 사회가 많다는 사실을 자주 잊어버린다. 나는 인도 마을에서 사역한 경험이 있어서 이런 경제에 익숙한 편이다.

자율적인 경제란 것은 자기 분수에 맞게 사는 법을 배운 자급자족하는 사회를 말한다. 이런 사회는 외부 세계와의 교역이 거의 없는 편이다. 그들은 돈을 소유할 필요가 별로 없고, 어느 정도의 생활수준을 그냥 받아들이고 그걸 바꾸고 싶은 마음이 없다. 이런 자율적인 경제는 탐욕을 미덕으로 간주하지 않고 오히려 현실을 있는 그대로 수용하는 것을 미덕으로 여긴다.

이런 특성은 글로벌 경제를 완전히 역행하는 것이다. 지금은 인도 마을들이 세계적인 다국적 기업들의 엄청난 광고 폭격을 당하고 있는 중이다. 그런 물건이 없이도 그들이 수천 년 동안 만족스럽게 살았는데 이제 와서 그들에게 꼭 필요하다고 설득하는 광고들이다.

내가 언젠가 세계 자본주의의 센터 중 하나인 제네바의 어느 자그마한 성공회 교회에서 설교한 적이 있다. 그날은 마침 사순절의 둘째 주일이었고, 당일의 기도는 하나님에게 "경건한 금욕의 은사를 허락해 달라"는 간구였다. 나는 교인들에게 그 기도를 드릴 때 사실 무엇을 하고 있는 것인지 아느냐고 물었다. 하나님이 만일 그 기도에 대규모로 응답하시면 자본주의 시스템이 무너질 것이기 때문이었다.

세계화를 통해 단일한 자유시장이 조성되면 여러 부정적인 결과가 생기게 된다. 첫째, 우리가 지난 40여 년 동안 겨우 의식하기 시작한 대규모의 환경 파괴가 따를 것이다. 환경 문제를 1970년대 중반에 들어서서야 우리가 의식하게 되었다는 것이 참으로 놀라울 뿐이다.

1970년에 미래학 서적인 앨빈 토플러의 『미래의 충격』(*Future Shock*, 범우사 역간)이 처음 출판되었다. 그 책은 널리 읽혔고 많은 비평을 받았다. 거기에는 우리가 백여 년 뒤에 볼 수 있을 것으로 예상되는 세계의 모습이 담겨 있었다.

그런데 그 책은 환경에 관해서는 단 한 마디도 하지 않았다. 훗날 이 책이 베스트셀러가 된 뒤에야 로마 클럽 보고서가 처음으로 우리가 지속 불가능한 속도로 지구의 자원을 고갈시키고 있다고 경고했다. 그 내용을 간단하게 말하면, 만일 자유시장의 세계화 전략이 성공하여 모든 인류가 현재 서양의 생활수준에 도달하게 되면 지구는 몇 십 년 내에 거주할 수 없는 곳으로 변할 것이라는 경고다.

다음으로 지적할 문제는 빈부의 양극화 현상이다. 이는 국가들 간의 문제인 동시에 국내 문제이기도 하다. 이런 현상이 19세기에 영국에서 일어났던 것을 우리가 살펴보았다. 이 문제를 가장 간단하게 진술하려면 UN이 발표한 통계자료를 인용하면 된다.

1960년은 '개발의 10년'이 시작된 원년으로서 개발이 처음으로 경제의 핵심 단어가 되었던 해였다. 당시는 세계에서 가장 부유한 10억의 소득이 가장 가난한 10억의 소득보다 30배 정도 많았다고 한다. 그런데 30년 동안의 개발이 진행된 후 그 배수가 30배에서 150

배로 늘어났다.

더 나아가, 자유시장의 세계화 과정은 자율적인 경제를 파괴하여 자율적인 마을에 살던 사람들을 캘커타와 봄베이 같은 대도시들로 이주하지 않을 수 없도록 만든다. 오늘날 이런 대도시의 길거리에 얼마나 많은 사람이 사는지는 제대로 모르는 실정이다.

세계화 과정의 마지막 결과는 이른바 '아노미' 현상이다. 현재 소위 선진국들에서 볼 수 있는, 의미와 목적의식의 상실과 절망감은 사람들로 하여금 마약을 비롯한 다양한 도피책에서 즉각적인 만족을 구하게 만들고 있다.

그리고 지금은 마르크스주의가 이미 몰락한 상황인지라 자유시장의 지배에 도전하는 유일한 세계적인 세력은 바로 이슬람교이다. 이슬람교가 세계적인 세력으로 떠오른 것은 현재 가장 중요한 현상이다.

1979년 이란의 왕이 폐위되고 아야톨라 호메이니의 이슬람 혁명 정부에 의해 대체된 뒤에 테헤란 주재 영국 대사가 이런 말을 했다고 한다. "이 사건은 세계 역사에서 1789년의 프랑스 혁명이나 1917년의 러시아 혁명만큼 의미심장한 사건으로 판명될 가능성이 많다."

이 예측이 맞을 수도 있고 틀릴 수도 있지만 이슬람교가 세계화에 도전하고 있다는 것은 틀림없는 사실이다. 이슬람교는 경제생활을 포함한 무슬림의 전반적인 삶의 기준을 이슬람 법(샤리아)에서 찾고 있으며, 여전히 이자금지법을 수용하고 근본적으로 다른 경제 질서를 좇고 있다는 면에서 세계적인 자유시장에 도전하는 유일한 세력이라고 할 수 있다. 이슬람교의 정치적 및 종교적 이데올로기가 지금 은 국제정치의 중요한 변수가 되었다.

그러면 어떻게 할 것인가?

이제까지 우리가 처한 상황과 우리가 걸어온 길을 살펴보았다. 우리 그리스도인은 경제와 관련된 이 모든 문제에 대해 어떤 반응을 보일 것인가? 내가 1세기의 노예제를 다룰 때 말했듯이, 우리는 이 세상에서 탈퇴할 수가 없다. 우리는 하나님의 뜻과 상충되는 이런 사회적 요소들을 쉽게 제거할 수 없다.

바울과 오네시모의 경우와 마찬가지로 우리 역시 이 세상의 일부라서 그로부터 다른 곳으로 이주할 수 없다는 사실을 알아야 한다. 하지만 동시에 결국에는 그런 제도를 변혁시킬 만한 요인을 그 속에 주입해야 한다. 그리고 무엇보다 먼저 할 일은 내가 사순절의 둘째 주일에 개진한 논점이라고 생각한다.

사실 그리스도인들은 소비 이데올로기에 노골적인 반대를 표명해야 할 사람들이 아닌가? 많은 이들이 인생의 목표가 마치 재화와 서비스의 생산 증대에 있는 것처럼, GNP의 증가가 그 자체로 좋은 것인 듯이 생각하고 있는데, 그것은 착각일 뿐이라고 일러줄 사람도 그리스도인들이 아닌가? 우리는 경건한 금욕을 권장하는 성경의 가르침으로 되돌아갈 필요가 있지 않은가? 달리 말하면, 탐욕의 배양이 기독교 제자도와 양립할 수 없다는 것을 알아야 하지 않은가?

그리스도인들은 우리 경제생활의 상당부분과 충돌할 수밖에 없는 길을 걷고 있음을 인식해야 하지 않을까? 오늘날 거의 모든 광고가 더욱 정교한 수단을 이용하여 우리에게 없는 물건이 꼭 필요하다고 설득하고 우리를 탐욕의 문화에 물들게 하고 있음을 우리가 잘 알고 있기 때문이다. 이 시점에서 우리는 노골적이고 공공연한 반대자가 되어야 한다고 생각한다.

우리는 자유시장 시스템을 인간화시키기 위해 최선을 다해야 한다. 이 시스템 자체는 악한 것이 아니다. 자유시장은 늘 변하는 시장 상황에서 수요와 공급의 균형을 잡는 가장 효율적인 방법이다. 이런 의미에서는 좋은 하인이라고 할 수 있다.

그러나 자유시장이 절대시될 때, 자유시장이 최종 결론이고 가장 강력한 정부조차 '자유시장에 맞설 수 없다'는 말을 들을 때, 즉 자유시장이 절대 권력으로 변할 때, 우리는 그것이 마귀의 손아귀에 들어갔다고 공개적으로 선언해야 한다.

종으로서의 자유시장은 바울이 말한 다른 모든 권세와 같이 하나님이 주신 복이다. 그러나 그것이 절대시될 때에는 악마적 권세의 도구로 변질한다. 그리고 우리는 오직 살아계신 하나님만이 마귀를 대적할 수 있다는 것을 알아야 한다. 아울러 살아계신 하나님을 예배하는 일만이 우상숭배를 몰아낼 수 있다. 단지 도덕적 주장만으로는 불충분하다.

바울이 오네시모를 그 자신의 대리인의 신분으로 빌레몬의 집으로 돌려보냄으로써 당시의 노예제를 인간화시켰듯이, 하나님만을 주님으로 공공연하게 고백하는 우리는 모든 영향력을 총동원하여 자유시장 시스템을 인간화시켜야 마땅하다. 이것이 그리스도의 제자가 할 일이다.

나는 전문가가 아니라 더 이상 나아갈 수가 없지만 몇 가지 단계가 있다는 말만 하고 싶다.

예컨대, 우리는 감사 제도를 개발할 필요가 있는데, 이는 모든 기금이 제대로 사용되었는지를 검사하는 방법으로 이용할 뿐만 아니라 진정한 비용 — 환경과 사회의 필요에 대해 이미 사용한 비용과 현재 사용되고 있는 비용 — 을 평가하는 수단으로도 활용하기 위함이다.

우리는 죽어가는 문화에 복음적인 지식의 틀을 제공할 준비가 되어 있는가? 복음이 우리 사회의 공적인 삶에 도전하려면, 기독교 정당을 만드는 일이 급선무가 아니다. 변화의 움직임은 지역교회로부터 시작되어야 한다. 말하자면, 지역 교회의 회중이 하나님이 모든 사물과 사람을 다스린다는 그 나라의 메시지에 충실하게 사는 것을 그 출발점으로 삼아야 한다. 새 창조로 말미암아 형성된 이런 회중들은 성령의 부르심을 받아 공적인 삶의 모든 부문이 그리스도의 것임을 주장하고, 그것을 복음의 빛에 노출시키고 세속 사회의 감춰진 환상을 폭로하는 사명을 받았다. 지금은 교회가 그 옛날 초창기에 개진했던 주장을 되찾아야 할 때이다. 근대에 들어와서 주춤하긴 했지만 이제는 사회를 하나로 통일시키고 나아갈 방향을 제시할 수 있는 공적인 진리를 제공해야 할 때이다.

우리가 확신을 품고 이런 일을 할 수 있는 것은 하나님은 신실하신 분이고, 그분이 행하는 일을 알고 계시고, 그분이 시작하신 일을 끝까지 이루실 것이기 때문이다.

변하는 세상에서의 복음

초판 1쇄 발행 2014년 7월 15일
개정판 1쇄 발행 2025년 5월 9일

지은이 레슬리 뉴비긴
펴낸이 정선숙

펴낸곳 협동조합 아바서원
등록 제 274251-0007344
주소 경기도 고양시 덕양구 향동로 217 DMC플렉스데시앙 B동 1523호
전화 02-388-7944 **팩스** 02-389-7944
이메일 abbabooks@hanmail.net

ISBN 979-11-90376-86-0 (03230))